体育教学改革与创新实践研究

杨艳生 著

吉林人民出版社

图书在版编目 (CIP) 数据

体育教学改革与创新实践研究 / 杨艳生著 . -- 长春：吉林人民出版社，2021.9
ISBN 978-7-206-18452-9

Ⅰ.①体… Ⅱ.①杨… Ⅲ.①体育教学－教学改革－研究 Ⅳ.① G807.01

中国版本图书馆 CIP 数据核字 (2021) 第 179514 号

体育教学改革与创新实践研究
TIYU JIAOXUE GAIGE YU CHUANGXIN SHIJIAN YANJIU

著　　者：杨艳生	
责任编辑：关亦淳	封面设计：吕荣华

吉林人民出版社出版 发行（长春市人民大街 7548 号） 邮政编码：130022
印　　刷：长春市昌信图文电脑制作有限公司
开　　本：170mm×240mm　　16 开
印　　张：13.75　　　　　　　　　　字　　数：240 千字
标准书号：ISBN 978-7-206-18452-9
版　　次：2021 年 9 月第 1 版　　印　　次：2021 年 9 月第 1 次印刷
定　　价：69.00 元

如发现印装质量问题，影响阅读，请与印刷厂联系调换。

前　言

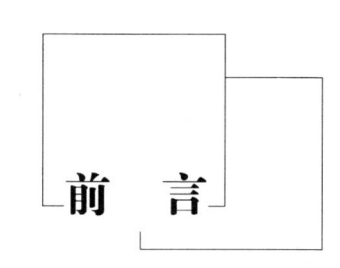

体育教学把教学的概念与体育的理论体系相结合，形成了全新的教学内容与教学方法。在实际的体育教学过程中，体育教学和其他学科一样，具有完整、成熟的体系，需要进行组织活动和管理活动。本书从体育教学理论出发，对体育教学的概念、特点、本质、功能等进行了理论阐述，使人们对现代体育教学改革与创新有了理论依据。本书对教学改革的发展历程和趋势做了详细介绍，对体育教学的现状与创新进行了系统解释。

体育教学的改革要先从体育教学思想观念体系着手，中国从清末至现代的体育思想受到历史的渲染和国外先进思想的影响，一直在不断地进步，最终发展到现代三大体育教学思想，分别是"健康第一"教学思想、"以人为本"教学思想、"终身体育"教学思想。现代体育教学思想的方法改革中的"健康第一"，是强调根据健康需要进行锻炼，把体育锻炼与每个人的健康紧密相连，可以充分激发学生的学习锻炼热情，为从"要我学"转变到"我要学"奠定了良好的基础。在新时代背景下，贯彻"以人为本"的教育理念对学校体育教育的发展和青少年的身心健康成长都具有重要的意义。"终身体育"思想的形成是人类自身和社会发展的必然要求。"终身体育"思想在体育教育中所占的比重越来越突出，已经逐步发展成为当今十分先进的体育教学思想。本书介绍了这三大体育教学思想，并对体育教学思想方法的改革策略也进行了具体说明。

体育教学改革还可以从体育文化建设方面入手。体育人文观对以人为本的人文精神的引入进行了强调。如果想要将体育人文精神在学校体育中展开，就需要同现代人类社会可持续发展的趋势相顺应，将体育学科的改革工作做好，同国际体育发展相适应。对于新时期的体育而言，需要人文精神的加入，始终坚持以人为本，学会关心，实施人文关怀，使体育逐渐成为一种能够对人类健康起到维护作用的有效方式，因此我们要坚持弘扬人文体育精神，促进体育强国的建设。

在体育教学课程改革方面，首先介绍了高校体育课程教学的基础理论，然后对体育教学内容结构体系进行构建，从体育专业核心课程与特色课程的设置方面进行改革，在此特别引入了"术科"概念，是对体育教学改革策略的一种创新与尝试。

我们对体育教育的专业教材改革与教学模式改革分别进行了详细的研究，提出了合作学习、多媒体网络体育教学、翻转课堂等创新性的体育教学改革模式，是对新时代体育教学方式的肯定，也是想通过创新手段提高体育教学质量。

我国体育事业的蓬勃发展离不开体育人才的培育，因此本书对体育人才培养提出创新发展策略，旨在培养应用型体育人才。在互联网发达的今日，体育人才的培养也要与时俱进，因此本书重点提到了关于"互联网+"体育的人才培养策略，为体育人才培养提供全新路径。本书最后是对体育教学改革的创新实践的策略分析。

本书是由赤峰学院学术专著出版基金资助出版，笔者根据自身多年的实践经验，结合相关专家学者观点，提出了客观及建设性的意见，以供本学科的相关研究者、从业者学习及参考。本书的撰写耗费了不少精力，在撰写过程中，参考了相关专家、学者的研究成果，在此表示衷心的感谢！由于时间仓促，水平有限，不足之处，恳切希望广大读者、专家批评指正！

目　录

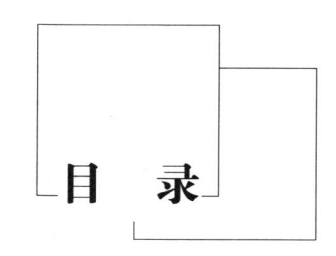

第一章　体育教学理论 / 001

　　第一节　体育教学的概念与特点 / 001

　　第二节　体育教育的本质与功能 / 008

　　第三节　体育教学的现状与创新 / 014

　　第四节　体育教学改革的发展历程与趋势 / 021

第二章　体育教学思想观念体系改革 / 029

　　第一节　体育教学思想的演变 / 029

　　第二节　现代三大体育教学思想 / 037

　　第三节　现代体育教学思想的耦合与发展 / 051

　　第四节　体育教学思想方法的改革 / 060

第三章　校园体育文化建设与改革 / 067

　　第一节　校园体育文化建设 / 067

　　第二节　体育教学改革中人文素质教育的开展 / 077

　　第三节　人文素质教育理念下的体育教学改革 / 084

　　第四节　人文理念在高校体育教学中的融合 / 090

第四章　体育教学课程改革 / 094

　　第一节　体育课程教学理论概述 / 094

　　第二节　体育教学内容结构体系构建与改革 / 103

　　　　第三节　体育专业核心课程与特色课程设置 / 111
　　　　第四节　体育教育专业教材改革与建设 / 125

第五章　体育教学模式改革 / 132

　　　　第一节　体育教学模式理论与发展 / 132
　　　　第二节　体育合作学习教学模式 / 139
　　　　第三节　多媒体网络体育教学模式 / 147
　　　　第四节　体育翻转课堂教学模式 / 151

第六章　体育人才培养创新策略 / 157

　　　　第一节　体育人才培养基础理论 / 157
　　　　第二节　体育人才培养创新发展策略 / 163
　　　　第三节　体育人才培养模式的创新实践 / 169
　　　　第四节　"互联网+"时代体育人才培养策略 / 176

第七章　体育教学改革实践创新 / 180

　　　　第一节　体育教学评价的改革策略 / 180
　　　　第二节　体育教学改革的创新路径 / 187
　　　　第三节　体育教学改革的策略分析 / 194
　　　　第四节　体育教学的创新实践路径 / 198

参考文献 / 207

第一章

体育教学理论

第一节 体育教学的概念与特点

一、体育教学的概念

(一) 体育教学的定义

体育教学是由"体育"和"教学"这两个词语组成的，把教学的概念与体育的理论体系相结合，形成了全新的教学内容与教学方法。在实际的体育教学过程中，体育教学和其他学科一样，具有完整、成熟的体系，需要进行组织活动和管理活动。体育教学与其他学科的教学也有着不同点，如体育教学对教学环境有独特要求，对场地和器材也有不同的需求。由此可见，体育教学并不是思路固定、例行公事的教学活动，他不能把其视为一种休闲娱乐的放松活动，它需要众多因素的共同作用才可以正常、合理、科学地开展。

体育教学的实践过程就是通过学校教育，学生在教师的管理指导下，通过理论的学习和了解，运动技术和技能的尝试与掌握，从而提高身体素质、保持身心健康、提高运动水平，形成对自然和社会环境的适应能力，培养良好的思想品德，养成终身体育的习惯，塑造自我个性的教育过程。

体育教学的概念目前尚无统一定义，不同学者都有各自的独特看法。潘绍伟、于可红在《学校体育学》中把体育教学定义为"学校体育的重要组成部分，是实现学校体育目标的基本组成形式，体育教学是教师的教与学生的学的统一活动。"龚正伟在《体育教学论》中指出："体育教学论研究的对象是体育教学。体育教学与其他各科教学一样具有共同性，都是一种有目的、有计划、有组织地对学生传授知识和技能，发展智力和体力，培养品德与形成个性的教育过程。"① 姚蕾在《体育教学论学程》中指出："体育教学是一种以体育教材为中介，学生在体育教师的指导下掌握体育知识、技术和技能，养成良好的体育锻炼习惯，促进学生身体、心理和社会适应能力健康发展的教育活动。"② 人们对新事物的概念界定一般都是通过长期实践中的认识和总结，只有把概念弄明确了，人们才可以进行客观和准确的思考与判断，才能更好地展开深刻的研究，进而得出更加深刻的结论。

任何事物的概念都应具有简洁、科学的特性，而如果把事物的目的、功能、价值等问题融于概念之中，则会使其不够简洁。基于相关学者的研究和定义，可将体育教学的概念进行归纳总结。体育教学是以体育实践性知识，即运动技术为主要学习内容的教学活动。需要注意的是，这种定义从一定程度上忽视了体育教学理论的学习。在体育教学中，学习技术、技能和战术的同时要学习理论知识。体育学习中，理论性知识的学习不是单纯地通过看教材、上网、看视频或室内理论教学课获得的，而是要把身体技能练习与理论性知识的学习充分结合，或者把体育理论知识的学习穿插于体育课堂教学的动作练习之中。也就是说，在体育教学中，既要重视技术技能的传授，也应该重视传授理论知识。而仅仅依靠阅读教材、论文、期刊、媒体资料或室内理论课等形式来进行体育理论知识学习，从某种程度上来说是不太可靠的。

当然，在体育教学中，体育室内理论课肯定也是教学体系中不可或缺的一环，但它与一般意义上的理论知识学习仍有一定差异。一是在体育教学中，理论课的比例很小，每学期只有两课时左右；二是作为运动技术学习的补充课程，当学生对技术动作具有了一定经验后，再去学习相关的理论知识，这样能够对已经学习的实践性知识有更深入的理解。体育教学的上位概念是教学，它指的是"以课程内容为中介的师生双方教与学的共同活动"，其特点是通过各学科系统知识、技能的传授与掌握，发展学生的身体和心理。教学的上位概念是课程，课程概念的覆盖范围比较大，教学是指各科学、各领域内（如语文、数学、物理、英语、体育等）的师生双边活动，在范围上不如课程那么大，更加具体化。因此，体育教学具有明显的学科教学特征，是教与学的互动，也是体育课程的下位概念，与它同一层次的概念有物理教学、数学教学、语文教学等。体育教学是各学科教学

---

① 龚正伟.体育教学论[M].北京：北京体育大学出版社，2004：45.
② 姚蕾.体育教学论学程[M].北京：北京体育大学出版社，2005：39.

的一部分，体育教学应先属于教学，教学活动是体育教学的下属概念，是体育教学的第一本位。

（二）体育教学的内涵

体育教学活动并不是一成不变的，而是一个动态过程，这一过程中包括知识和技能的传授过程。在体育教学的不同阶段，体育教学的概念、角色等也因为多方面的作用和影响而不断发生着变化。经过多年发展，现阶段体育教学的内涵包括以下三方面。

1. 体育教学是一门学科

在体育教学体系中有着诸多构成要素，其中主要有教学目标、教学内容、教学方法、教学模式、教学评价等内容。体育教学的目标主要是锻炼学生体能、提高身体素质、增进学生身心健康，它是一门相对特殊的课程，配合德、智、美、劳的发展，促进学生身心的全面发展。体育教学中主要的教学组织形式是课程教学，体育课程教学是指为了实现教学目标，配合德、智、美全面发展，并以发展学生体能、促进学生身心健康为主的特殊课程教学。通过上述界定，明确了学习体育运动的知识与技能，但对学生的活动与对体育运动的体验，情感的反映与社会适应的关注还比较有限。

2. 体育教学是教育的组成部分

体育教学是在体育教师的指导下，从运动科学、生物学、教育学、运动心理学、运动保健学、社会学等学科中吸收知识的精华，在体育与健康方面有规划、有组织、有目标地以身体练习为主要形式的活动，它与德、智、美、劳方面的培养相配合，共同促进学生身心的全面发展。除了在运动能力上没有比较详尽的要求外，体育运动与体育活动训练方面的教育都能让学生身心的发展得到锻炼和培养，这也是素质教育的主要内容及方法。

3. 体育教学是活动

体育教学主要是相关有组织、有计划、有目标的体育活动的组合。相关学者在研究中也提出了类似看法："现代体育教学是为了使学生能在身体、运动认识、运动技能、情感及社会方面和谐发展的有计划、有组织的活动。"因此，在教学实践中，学生仅仅掌握课本上的理论是远远不够的，体育教学是在亲身参与学习运动技能的基础上，进行动作技能的体育活动，要达到一定的标准，是体育感受体验的积累，通过这种身体的感觉和感触才能学习并掌握技术动作。

二、体育教学的特点

体育教学与其他学科教学有一定的共同点，但也有很多不同点。从体育教学的性质来分析，体育教学与其他学科教学的共性主要体现在以下几个方面。

第一，体育教学是教师与学生的交流及互动。在体育教学过程中，教师与学生的双边活动和其他学科的教学活动一样具有互动性强的特征，教师与学生存在着双向交流。学生在课上的一举一动是公开的，教师的指导对全体学生会带来或大或小的影响，教师的"教"与学生的"学"是课堂教学对立而统一的充分体现。

第二，班级授课制是体育教学和其他学科教学都具有的上课方式。与其他课程教学一样，体育课的班级组成一般是自然班，但也有打破自然班组合的情况，如在高校体育课的选修课程中，每个教学班的人员组成并不是自然班，有同一个学院、同一个专业各个平行班的学生，也有同一个学院不同专业的学生，甚至有不同学院、不同专业的学生在同一时刻一起上体育课的情况。出现这样的情况是由高校体育教学的特点所决定的，虽然打破了自然班的建制，但实际教学中依然体现出了班级授课的特征。班级授课制的特点是一个学期内体育课堂教学的班级学生相对固定，且班级内学生的年龄、生理基础、技能水平基本处在同等水平线上。

第三，体育教学的主要目的是为了传授相应的知识和技能，这与整个教育事业的"传道授业"有着同样道理。一方面，相较于其他文化学科，大部分学生喜欢并且愿意上体育课，并且学校对体育课的要求越来越细致、严格。大家都知道参加体育活动对身心发展具有很好的促进作用，特别是对智力开发具有特殊的意义。

因此，体育教学是对"知识与技能"进行传承的独特方式。所不同的是，体育教学传承的是体育文化。结合体育教学的性质，并对其他学科教学进行对比分析，可以总结出体育教学的基本特点。下面就来阐述一下体育教学的具体特点。

（一）师生身体活动的频繁性

在体育教学过程中，由于"身体知识"源于人体不断地思考、操作与实践，因此在体育教学中，需要体育教师反复进行技术动作的示范、反馈与指导,而学生要做的则是端正态度,集中注意力观看,之后再进行身体动作的尝试与体验。不通过亲身实践与身体练习,是无法习得相关技术与技能的。所以,在体育课的实际教学过程中,教师与学生进行身体动作教学是很常见的事情,但在其他学科的教学中很难看到。其他学科的课程一般情况下都在室内进行,要求安静融洽的课堂氛围,这样才能对激发学生的思维、产生学习效果起到良好作用;但体育教学则恰恰相反,在活动过程中既有学生强烈的身体活动,也有适当的感情与情绪表达,这些都是外显的行为表现,渲染了体育文化,直观地体现了体育运动中积极与阳光的一面。

(二)传承运动知识的操作性

与其他学科明显不同的是,体育运动的知识是"身体"的知识,身体知识对学生认知自我具有重大作用,其重要性需要得到足够重视。身体知识是一种回归人类自身感觉的知识。这方面的理论是人类发展过程中的一种特殊知识,是人们对外部自然知识的追求转向对人体内部知识的追求的结果,是人类面向自我、面向人类人体、面向人类自身的一种挑战。当今,各级别的学校都十分重视学生的主体性,关注学生的个性养成,这种追求人类自我知识的回归不仅显示出体育教学的特殊性,还体现了体育教学知识传承的特殊目标与根本意义。可以满怀信心地认为,在未来,这类知识必将被大部分教育者所接受与认可,并将广泛地应用于人类身心健康的具体研究之中。

(三)学生身心合一的统一性

体育对人自身自然的改造,不仅是外在结构与生理机能的统一,还是身体和心理的统一。体育教学要在传承体育文化的同时改变学生的身体形态,并强化学生的心理与社会适应能力的发展。体育教学与其他学科的智育教学所处的情境是不同的,它营造了一种能够直观感触到的教学环境,这些直观明显的、生动形象的、富含情感的教学情境对学生的心理与社会适应能力的健康发展起到了促进作用。

因此,体育教学中的身心发展是一元的,符合辩证唯物论的哲学观点。身体发展是体育教学的基础,心理发展是依靠身体的发展而发展的,心理的发展同时促进着身体的发展。体育教学中身心合一的统一性主要体现在以下三个方面。

第一,体育教师在教学中选择教学方法时必须要考虑学生的个人情况,符合学生的身心变化规律,使学生在一定运动负荷的要求下,在身体锻炼与整理休息的过程中实现发展身心的目的。在人体开始运动后，机体的生理机能状态出现变化，各器官进行工作，长期坚持后运动水平就会进一步提升；发展到一定水平时，会固定一段时间；当体内堆积大量代谢物质，如糖原等物质消耗过多后，机体的运动水平就会下降。在体育课程教学中，教师对运动负荷和调整休息有着科学的分配，所以学生的生理机能变化不是直线，而是具有波峰和波谷的曲线。

第二，体育教学的内容在选取上不仅要注重对学生身体各器官与系统、各种运动能力和各种身体素质的正面促进，还要注重对学生心理健康及社会适应的培养，要符合心理学、体育美学和社会学等方面的要求。

第三，体育教学要符合学生的年龄特点和心理特点。因为学生尚处于成长发育阶段，心理上很容易出现变化及波动，思维、情绪、意志等方面的变化会对动作技术和体育技能的学习产生影响。这种生理、心理负荷波浪式的曲线变化规律体现了体育教学具有鲜明的节奏。

因此，体育教师应根据学生的心理特征对教学进行全面设计和组织，在促进学生身心发展的同时，培养学生对体育的积极性、形成对体育项目的兴趣，让体育教学更有效地发挥自身的功能。

（四）教学内容的审美情感性

体育具有艺术感和美感，而体育教学中体现出的美感首先体现在师生运动过程中的形体美与运动美上。学生通过身体锻炼让自己的身形变得更具有美感，形成身体各部分线条的美、身体比例对称的美，在运动的过程中体现出人体结构的美，这些都是体育运动的外在美。其次，体育教学还体现了人类挑战自我的精神之美，也就是内在美。在运动中克服身体和精神的障碍，达到运动学习的目标；运动实践中体现谦虚、谦让、尊重等良好的道德风范，这些也都是美的表达。除了体育运动的外在美和内在美外，体育教学活动还体现了教学内容的审美性。

每一个运动项目都彰显出不同的审美特征与美学符号，如球类项目，除了表现出人的运动能力和运动天赋外，还需要具备团队合作、相互协调、互帮互助等人际交往的素质；田径项目更多的是表现人类的力量与速度，同时显现出没有永远的赢家、永不放弃、奋勇拼搏的豪迈气概；健美操项目展示的是柔韧、灵巧、艺术表现、婉约、柔和的美等。

人们在长期的发展实践过程中，各种体育方面的知识和技能通过反复积累得到了运用及发展。首先，体育教师通过长期的总结和提炼，将其准确地传授给学生，让学生去感触与体验，从中感受到美，得到美的启迪，陶冶情操，净化心灵，促使身心的和谐发展。其次，教学是一种思维创造的社会活动，师生共同创造的和谐课堂教学情境给人以意境的感悟与精神上的感化，令人感受到体育教学的美好。同时，在体育教学中教师与学生之间还有一种看不见、摸不着的联系，构成了教与学的统一。教师在传授知识的过程中，也伴随着师生之间丰富的情感交流。

（五）教学过程的直观形象性

体育教学的过程中体现了鲜明的直观形象性。具体来讲，教师在讲解动作的直观形象，教师在教学讲解中的声音要洪亮、清楚，还要生动形象、通俗易懂地描述动作技术，把要传授的知识进行艺术加工，把复杂的技术动作诠释得形象、通俗，这样能让学生加深对动作的感知与记忆。同时，体育教师采用特殊的方式进行动作演示，需要通过直观的动作形象进行示范，具体方式有教师亲自示范、优秀学生示范、学生正误对比示范、教学模具示例、人体模型实例和动作图解等，使学生通过感官形成对动作的基础意识，建立正确的、清晰的运动表象。学生通过各种渠道与媒介观看正确的动作示范，获得生动的表象，同时活跃思维，从而达到掌握体育知识、技术和技能的目的，还能发展自身的观察能力和形象思维能力。另外，体育教学的组织与管理也体现了直观形象性的特征。

在体育教学中，每个学生的动作和形态都是直接显露出来的，教师能看得一清二楚；而反过来，教师在课上的一举一动，所有学生也能一览无余。因此，体育教师对自己的言行也要自我约束，因为教师要起到表率和带头作用，对学生的行为具有潜移默化的教育意义；而学生的课堂表现则是直接的、真切的反映，特别是在学生于教学中学习动作的过程中，所表现出来的言谈举止都是真实的情感流露，这一信息正是教师所需要注意与收集的，通过观察、反馈及指导，帮助学生不断进步。直观形象性是体育教学的重要原则，只有坚持直观性和形象性才能使学生更好地理解、更快地学习。

（六）客观外界条件的制约性

体育教学还有一个与众不同的特征，那就是体育课的教学效果更容易受到外界各个方面的影响，更容易遭到客观实际情况的制约，如学生的体育基础素质、体质水平，学生的性别、年龄、生理和心理特点，外界气候条件、运动场地、器材设备等，这些因素都从不同层面对体育教学的质量有着不同程度的影响。

从体育教学的角度来说，体育教学的实施要体现教育的全面性，不仅要根据学生的运动基础进行区别对待，还必须对学生的年龄、性别、生理和心理特点等进行全面考虑。因为男生和女生在身体形态、运动素质、机能水平、运动功能等方面差异巨大，所以教师在教学设计、教学要求、教学组织等方面根据学生的性别不同要有所区分。如果忽略了学生的差异，在组织、方法和内容上盲目地选择，不仅达不到增强体质、培养身心的目标，还有可能增加学生的运动负担，造成运动疲劳情况。

从体育教学的环境角度来看，体育课大多数情况下都在室外进行，而在室外就会有各种客观影响因素，如天气、气温、气候、噪声等。同时，学生在室外有新奇感，心理上更加不受拘束，这种环境会使学生的注意力不集中。还有一些不可控的因素，如学校的各种活动、节假日等，都会对体育教学产生大大小小的影响。同时，体育教学对场地、器材设备条件的要求也是体育课比较独特的一个方面。因此，在教学计划中，从教材内容选择到教学组织方法实施，从一学期的教学计划到每一课时的具体计划，每一位教师都必须考虑到这些客观实际与影响因素，排除各个因素的干扰，提高体育教学质量与效果，同时要克服严寒酷暑、风雾雨雪等不利条件，培养学生坚持不懈、战胜自我的精神。

第二节 体育教育的本质与功能

一、体育教育的本质

从根本上讲，体育教育的性质是由体育的性质决定的，体育的本质属性是"增强体质、增进健康"，而身心健康是人全面发展的重要内容，体育在促进人的全面发展中起着非常重要的作用。另外，我们对组成体育教育的教育部分做一个详细的认识，广义的教育泛指一切有目的的影响人的身心发展的社会实践活动。狭义的教育是指专门组织的教育，即学校教育，它不仅包括全日制的学校教育，也包括非全日制的学校教育、函授教育、成人教育等，它是根据一定社会的现实和未来的需要，遵循年轻一代身心发展的规律，有目的、有计划、有组织、系统地引导受教育者获得知识技能，陶冶思想品德，发展智力和体力的一种活动，以便把受教育者培养成为适应一定社会（或一定阶级）的需要并促进社会发展的人。下面主要探讨一下体育教育的本质。

（一）体育教育促进人全面发展的特性

根据马克思主义教育观的原理，体育是全面发展教育的重要组成部分。体育教育是全面发展人的教育中的一部分。体育教育是以学生身体活动（运动）为根本特征，区别于学校中的德育过程和智育过程，它主要以身体教育或透过身体教育的角度来实现马克思历史观念中的人的全面发展。

（二）体育教育的社会制约性和服务性

从体育教育的产生与发展过程来看，体育教育受一定社会的政治经济的影响和制约，并为一定社会的政治经济服务。现代体育教育更是引起世界各国的重视。近年来，很多国家都修改和补充了体育教学大纲，加强与改革体育教育，提高体育教育的地位，加强体育师资队伍的建设，投入一定的物力和财力，促进体育教育事业的发展。我国也非常重视体育教育，特别是20余年来，国家出台了一系列的政策文件来加强青少年的体育教育工作。1999年，中共中央、国务院颁布了《关于深化教育改革、全面推进素质教育的决定》，明确指出了实施素质教育不仅要抓好智育，还要加强体育，促进学生的全面发展和健康成长。切实加强学校体育工作，使学生养成体育锻炼的习惯。2007年，中共中央、国务院颁布了《关于加强青少年体育增强青少年体质的意见》。[①]

2011年，教育部颁布了新版的《体育与健康课程标准》。教育部、发展改革委、财政部、体育总局于2012年联合出台了《关于进一步加强学校体育工作的若干意见》。

2016年，国务院办公厅颁发了《关于强化学校体育促进学生身心健康全面发展的意见》，文件指出要不断改革创新体制机制，全面提升体育教育质量，健全学生人格品质，切实发挥体育在培育和践行社会主义核心价值观、推进素质教育中的综合作用。

从以上我国20余年来不断出台的加强学校体育的政策文件来看，体育教育已经深受我国政府和社会的关注和支持，体育教育事业在我国迎来了发

---

① 任远.全国贯彻落实《中共中央国务院关于加强青少年体育增强青少年体质的意见》推进会议举行[J].中国学校体育,2010（7）:14.

展的良机。综上所述，社会经济的发展会在一定程度上制约体育教育的发展，但是良好的社会经济发展会为体育教育的发展提供良好的土壤，促进其健康发展。而体育教育事业的不断推进也会为社会培养一批德智体美全面发展的人才，从而为社会的经济发展提供最好的服务，因此两者是相辅相成的、不可或缺的。

（三）体育教育研究的多维体育观和方法论

随着现代社会的快速发展，人与人之间的竞争越来越激烈。因此，在学校教育中，必须提高体育教育的质量。通过体育教育的方式培养身体强健，意志力顽强，能适应现代社会竞争的，具有综合素质的现代人才。这要求我们必须从多方面，并且用多种方法去研究体育教育，从而提供一定的理论支撑。体育教育的本质应该从生物学、社会学、心理学、人体科学等多维的角度去探究，其本质的理论应该是全面的、系统的、多维的、立体的。现代体育教育的发展已经充分显示出它的多种功能。随着社会的进步和不断发展，还需要不断更新观念，不断提高研究的方法技能，并从多角度去分析和研究体育教育，这样才能使体育教育不断适应社会发展的需求，并促进体育教育的改革与发展。

二、体育教育的功能

（一）体育教育的本质功能

根据体育教育的本质特征，体育教育的本质功能包括健身功能、健心功能、教育功能。

1. 体育教育的健身功能

（1）提高人体心血管系统的机能。①参加体育运动可以使心肌细胞内的蛋白质合成增加，心肌纤维变粗，从而使心肌收缩力量增强，进而使心脏的每搏输出量增加，心脏的供血能力就会增强。②参加体育运动可以增加血管壁的弹性，从而预防或缓解因血管壁退化引起的疾病，如退行性高血压等。③参加体育运动可以加大人体毛细血管的开放程度，从而加快血液与组织液的交换，提高机体新陈代谢的水平。④参加体育运动可以显著降低血液中的血脂含量（胆固醇、蛋白质、三酰甘油等），从而有效地预防冠心病、高血压和动脉粥样硬化等疾病。⑤经常参加体育运动可以使人在安静时的脉搏和血压降低。

（2）增强人体呼吸系统的机能。①经常参加体育运动，特别是做一些有氧耐力运动，如长跑、游泳等运动项目，可以使呼吸肌的力量增加，促进肺组织的生长发育和肺的扩张，从而使肺活量增加。此外，经常性地进行深呼吸运动也可以提高人的肺活量。②参加体育运动后，由于增大了呼吸肌的力量，从而使呼吸深度增加，提高了肺的通气效率，从而提高氧从肺进入血液的能力。

（3）促进人体骨骼和肌肉的生长发育。人从出生到成人，是一个不断生长和发育的过程，而人的生长和发育主要体现在骨骼和肌肉的生长和发育方面。参加体育活动可以促进骨骼和肌肉的生长发育。人身高的不断增长主要是因为人长骨的骺软骨的不断增生，直到其骨化的完成，身高将不会增长。在青少年时期，通过让青少年接受一定的体育教育，参加一些体育运动，特别是一些跳跃类、牵拉类的运动可以刺激骨骼中骺软骨的增生和分裂，从而促进青少年身高的增长。此外，参加体育运动还可以使人的骨骼变粗、骨密度增厚，并且可以增加骨骼的抗压和抗弯折能力。相关医学研究表明，经常参加体育运动，可以增加人体内氧化酶的浓度和线粒体的数量，从而提高人体肌肉的有氧代谢水平，提高肌肉的能量利用能力，从而更好地为机体供能。总之，青少年通过参加体育运动，可以促进骨骼和肌肉的生长发育，从而健康地成长；成年人通过参与体育运动，可以保持骨骼的硬度和韧度，保持肌肉的力量和柔韧，从而健康地生活。

2. 体育教育促进心理健康的功能

这里所说的健心功能主要指的是，参与体育运动可以调节人的心理状态，促进人保持心理健康。现代社会极大地丰富了人们的物质生活，但是精神生活不能很好地得到满足，快节奏的生活、高压力的竞争使人们在精神上和心理上出现了一定的问题，出现了如抑郁、焦虑、感情淡漠等心理症状。而在青少年群体中，如恋爱受挫、考试升学的压力、大学生就业的压力等都给他们带来了不同的心理问题，而心理健康对人的整体健康具有重要的意义。

参加体育运动能够调节人的心理状态，促进人的心理健康。主要体现在以下方面：参加体育运动可以刺激人体产生一定的内啡肽，而内啡肽具有调节体温、心血管和呼吸的功能，也可以调节人不良的情绪，振奋精神，缓解抑郁，使人的身心能够保持轻松愉悦的状态。此外，参加体育活动可以增加人与人之间的情感交流，特别是一些集体的运动，可以培养人的团结协作精神，化解人的孤独感和抑郁感。参加体育活动还可以让人获得自信，如在比赛场上的制胜一击、球场上的关键角色的扮演等，都可以让人对自己进行一个重新的认识，在现实生活中的失败或许可以在赛场上获得认可，从而增加自己对生活的信心。总之，参与体育运动是一项非常好的调节人心理的活动，可以促进人的心理健康。

3. 体育教育的教育功能

作为一种教育活动，体育教育对人的教育功能是其本质功能之一，主要体现在以下四个方面。

（1）教会人基本的生活能力。人从生下来以后，缺乏生存需要的基本能力，如走、跑、跳等，这些都需要后天加以学习和训练，而体育教育是最好的途径。体育教师从小就教我们站立、走路、跑步的正确姿势，为我们日后生活打下了坚实的基础，这是人最初始的需求，从这个角度来讲，体育教育不可或缺。

（2）传递体育知识和文化。体育是人类生产生活中不断形成的文化活动，是一项宝贵的文化遗产，因此必须通过一定的活动来传递这种文化。体育教育就是承担这个职责的最好助手。通过体育教育，人们可以学习体育知识，掌握锻炼身体的办法，并且可以让人认识到体育对人的健康的价值，促进人们形成一定的体育意识，养成体育运动的习惯，从而形成健康的生活方式。通过引导青少年参加体育比赛，观看体育比赛，对体育规则和文化有进一步的认识和了解，从而起到传递体育文化的作用。

（3）促进人的社会化。每一个人都不仅是一个自然人，更是一个社会人，具有很强的社会性。人在经历家庭教育、学校教育、社会教育的共同作用后，人的社会属性逐渐成为第一性，逐渐完成个人的社会化。每个人只有完成社会化，才能不断适应社会的需要，如果一个人不能充分地、完善地完成社会化，那么他就可能会对社会产生一定的危害，因此必须努力促进人的社会化。很多学者都提出了通过体育教育、体育运动来促进人的社会化。这是因为，人在参加体育运动或者体育比赛时，都需要遵守项目的规则和要求。而遵守规则放到社会领域便是遵守法律法规、遵守纪律等。体育比赛中强调的公平公正，如果延伸到生活中，就是追求社会的平等和公正。在参与体育比赛的过程中，需要跟不同的人交往，如队友、裁判、观众等，这些都可以帮助人适应社会中的角色，通过参与和体验，不断修正自己的行为。体育教育是一项非常好的促进人社会化的活动。

（4）进行爱国主义的教育。在体育教育的活动中，体育比赛等活动可以激发人们的爱国热情，是一项非常好的进行爱国主义教育的手段。我们时常能在奥运会、世界杯等世界性大赛的舞台上看到运动员在取得胜利后披着国旗绕场一周的画面，这些都能很好地给观看比赛的青少年传递极大的爱国热情，进行良好的爱国主义教育。国际比赛前的奏国歌仪式总能激发人们爱国的热情，让人们接受爱国主义的洗礼。因此，各种形式的体育活动和比赛是最好的爱国主义教育。

（二）体育教育的延伸功能

体育教育除了本质功能以外，还有一些延伸功能，其延伸功能主要包括娱乐功能和经济功能。

1. 娱乐功能

在进行体育教育的过程中，可以感受到体育活动与娱乐的天然联系。体育运动中本身就包含着娱乐的元素。体育教育过程中为学生安排的体育游戏就含有娱乐的成分。现代的体育教育已经不单单是传统意义上的体育课了。人们在闲暇时间参加一定的体育教育活动，如参加体育培训班接受健身指导等，都可以缓解人紧张的情绪，让人产生快乐的情绪，从而起到娱乐的功能。

2. 经济功能

体育教育的经济功能主要体现在以下几个方面。一是，通过让人学会体育技能，参加体育运动，促进人的身心健康，从而可以为国家和社会健康工作，就像那句口号"每天锻炼1小时，健康工作50年"。一个人只有拥有健康的体魄，才能为社会创造价值，创造经济效益和社会效益。这是体育教育经济功能的间接体现。二是，现代社会已经拥有了很多的体育教育培训机构，通过培养青少年的体育技能来产生经济效益，这是体育教育的经济功能之一。三是，通过体育教育可以培养一批竞技运动员，而优秀的竞技运动员可以成为体育明星。体育明星具有很强的吸金能力，如一些足球运动员的代言收入可以达到几千万美元，这是他们产生的经济效益，也是体育教育产生的经济效果。

第三节 体育教学的现状与创新

一、体育教学现状

近年来，学校体育教育已经成为体育教育领域中重点关注的问题，许多专家学者都将研究的目光锁定到这个领域，而高校体育教育更是成为其中的关键。一时间，许多关于改革高校体育教育的理念和方案被提出来。然而在经过更加深入的论证和实践的尝试后发现，其中许多方案的实施存在问题，不能如预期那样给体育教育带来效益上的明显改变。为此，要想提出最恰当和符合我国教育情况的方案就应该先从最基本的高校体育教育现状开始分析。通过对大量相关文献的研究，目前国内外的教育形式可归纳为以下几种类型。

（1）传统守旧的体育教育。
（2）基于学生体育的体育教育。
（3）基于竞技体育的体育教育。
（4）快乐体育教育。
（5）基于个性特征的体育教育。
（6）基于传统项目的体育教育。
（7）基于发展能力的体育教育。
（8）注重体能的体育教育。
（9）基于终身教育的俱乐部体育教学。

目前来看，我国绝大多数的高校体育教学的形式仍旧更多采用传统的体育教学模式。这种模式把走、跑、跳、投等基础运动作为主要教学内容，为了确保教学模式的统一性，追求教学程序循环渐进的结果，会侧重于某一层面，而不能照顾到更加全面的需求。这就是体育教育改革的着手点，但是目前的改革也并不理想，一种改革只是盛行一时，没有推动改革浪潮的兴起。

目前，随着中国高校体育教育的重要性日益增加，教学目标和教学需求也随之增加。对教育进行改革的同时，要把素质教育作为教育改革和发展的主题，并与科学技术、经济、文化、社会相结合。因此，高校体育不再是提高学生体质的一种简单方法，而是一种全面的素质教育方式，使大学体育充分发挥个人才智，促进个体发展。基于这样的环境背景，高校体育教育应该具备的功能如下。

（1）增设"野外生存体验""攀岩登山"等新课程，在课程开展的过程中，适时地增加难度和阻碍，使学生在扫除阻碍的过程中，发散思维，借助团体的力量，共同面对困难并想办法解决，提升他们的适应能力，培养吃苦耐劳的精神，强化团队意识。

（2）课程的设置要以学生的兴趣、喜好为基础，添加一些时代元素，要吸引他们参与其中，在体验的过程中感受快乐，要让他们有成就感，培养他们自信、自强、乐观的心态。

（3）提升他们的沟通交流能力、组织能力等，促进身心的健康发展。

二、高校体育教育现状中的问题

高校体育是国民体育的基础之一，是全面发展教育不可或缺的组成部分，它对培养有理想、有道德、有文化、有纪律的社会主义建设人才，增强人民体质，建设社会主义精神文明有着直接或间接的效能，所以党和各级政府历来把它放在相当高的地位。

随着改革的不断深化，高校体育较之以往有了比较大的发展，但同时，必须看到在我国市场经济发展的新的历史时期，社会发展对培养人才提出了更高的要求。在学校教育的内涵和外延的不断扩大和丰富，大众体育的逐步普及和竞技体育飞速发展的社会背景下，作为高等学校教育工作的重要组成部分和培养学生全面发展的主渠道高校体育，从某种角度上看，它的现状已不能满足现如今社会发展的需要。了解高校体育的现实情况对高校体育以后的发展具有重要意义。

卢元镇教授在《中国学校体育必须走出困境》中总结了我国学校体育面临学生体质状况下降、"每天锻炼一小时"不能得到落实、中小学体育课被挤占和体育课低质量、学校体育不能为国家培养竞技运动后备人才和学生运动竞技不能纳入国家比赛体制四个方面的困境。这些情况除了体育课被挤占在高校体育没有涉及之外，其他几个方面的困境也同样是高校体育面临的现实问题。但是，现实中的高校体育不仅仅面对这几方面困境，还面对其他诸多影响高校体育良性运行方面的困境，如有来自教育制度方面，也有来自体育理论和实践矛盾等方面，具体来说有以下几方面。

（一）大学体育功能的弱化

学校体育是促进青少年全面发展的重要内容，对青少年的思想品德、智力发育、审美素养的形成都有不能代替的重要作用，是进行爱国主义、集体主义教育，弘扬民族精神、传承民族文化的重要途径。大学体育是我国各个大学必不可少的一门基础课。体育课目的在进一步增进学生的身心健康，努力提高学生的体育活动能力，使学生在校期间能精力充沛、更好地进行学习，为将来建设祖国、保卫祖国打下良好的基础，真正变成德、智、体全面发展的人才和接班人。体育的功能可以总结为七个方面，即健身功能、娱乐功能、促进个体功能、社会感情功能、教育功能、政治功能、经济功能。

当前我国高等学校体育课主要有三种主要形式：一是普通体育课。主要进行全面身体锻炼，这类课大多在大学一年级开设。二是专项体育课。为满足学生不同的爱好和个性发展，进一步提高某项体育运动技术、技能，使之在全面发展的基础上有所特长，有利于开展终身体育。这类课一般在大学二年级开设。三是保健体育课。这是为体弱或患有某种慢性疾病的学生开设的，带有医疗性质的体育课。目的是通过适当的体育活动，改善学生的健康状况，使其早日恢复健康。体育课的内容和方法皆视学生的具体情况而定。

从大学体育实施的情况来看，大学体育功能并没有得到完全发挥，甚至有弱化的现象。其中，从大学生体质健康状况来看，体育总局发布的2010年全国学生体质和健康调研结果表明，大学生身体素质继续呈缓慢下降的趋势。[1] 增强大学生体质健康是大学体育基本而又重要的功能，但是大学体育实施效果并不理想。

到2020年，我国已经进行了6次全国范围内的学生体质健康测试，结果显示：现代疾病和青年人缺乏体育锻炼相关。我国中小学生及大学生的体质健康水平表现出明显的不协调，具体表现为形态发育水平提高，体能素质差；高身材、低素质等特点。另外，我国学生近视率一年比一年高，尤其是小学生、初中生近视率上升幅度明显；肺活量、爆发力、速度、耐力等素质水平呈持续下降趋势。

（二）体育课程实际地位低下

体育课程的实际地位低下是相对于体育课程法律地位来说的。高校体育课程的主要组织形式为体育课堂教学，高校体育的法律地位也同样奠定了高校体育课堂教学的法律地位。但法律体系下的高校体育在具体实施中出现了

---

[1] 刘忠良. 大学生体质健康与学校体育改革探索[J]. 新西部（理论版），2015（05）：150，149.

较大不同，高校体育课程在课程建设、资源配置、课程实施等方面和其他学科课程相比，投入明显不足，影响了体育课程教学的顺利进行，影响了体育教育质量。

多年来，因为受传统体育教学思想的影响，很多人错误地认为体育教学就是要学习运动技能，通过跑跑跳跳、锻炼身体来增强学生体质，从而严重忽视了体育理论知识的学习和教学。

国家在体育教学方面安排了小学—初中—高中—大学十多年的体育课课时，并制定了《学校体育工作条例》系列法规文件。中国高等学校普通体育课教学大纲和中小学相比，主要有以下特征：①教材内容按运动项目分类，强调"田径是各项运动的基础"，把田径作为重点教材。女生规定学习篮球和排球，男生在篮球、排球和足球中必须选择两项。②规定了男女分班上课，对病弱学生开设保健课或医疗体育课。③没有具体划分年级要求，各校自行编订教学进度。中国高等学校普通体育教学大纲规定体育课是一门基础课，并列为考试和考查科目。根据学生的运动成绩、学习态度和掌握体育知识、技能的情况，评定学生体育课的成绩。许多高校在中共中央及教育部门政策的大力扶持下，组建学校的体育管理机构以及体育教师在职前和任职后的培训机构，并组织大量的专职研究者制定各种各样发展条件的标准，完善体育课程教学制度。但很多学生在毕业时就和体育告别，十多年的体育教学并没有使终身体育概念深入人心，也没有培养出体育锻炼的技能和良好习惯。

（三）高校体育教材和教学内容陈旧

我国高校体育教材大多针对传授体育竞技技能编写，教学内容千篇一律、很久不变，没有体现出当今社会发展对体育教学培养真正需求的内容，和时代不相符，实用性比较差。体育课的内容、教学配置形式和考核方式的设计，以及课外体育活动内容安排和实施办法，当前有相当一部分院校基本上还是在使用五六十年代的运作模式，在培养目标上力求统一性，教学内容安排上强调系统性，考核标准注重竞技性，教学形式体现规范性，学生练习要求纪律性，所以这样的模式显得呆板、机械，以至于使高校体育的主体——学生的体育意识和能力在客观上造成障碍，使教师的主导作用和潜力难以发挥。

体育教材的编排多数以运动项目的单项教学和训练为主，背离了现代体育教学的培养目标，一定程度上忽视了多数学生的参与需求。很久以来，我国高校体育一直沿用竞技运动教材体系，采用培养运动员的教学训练模式来给大学生上体育课,因为过分注重技术动作的规范,对完成动作的质量标准有些高,被挺大一部分同学视为"负担",从而使他们对体育运动失去兴趣,这和高校体育教学的目标相"脱离"。无论运动训练还是体育教学,如果采用同一种运动技能教学模式,实施一个教学质量标准,就会忽视不同教学对象对体育运动需要的个性。普通学校体育教学中不分情况照搬竞技运动教学模式,一定会导致偏离教学基本目标,进而使高校体育陷入形而上学的沼泽。此外,体育教材的编排多数以运动项目的单项教学和训练为主,背离了现代体育教学的培养目标,一定程度上忽略了大部分学生的参与需求。最后,教材的编写没有考虑到学生特点、个性和兴趣的培养,不利于学生依据教材知识形成一套适合自己的锻炼方法和锻炼习惯。

三、高校体育教学创新

21世纪的高等学校体育,创新是教学改革最强烈的呼唤,也是时代的最强音。学校体育不仅有培养和发展人的创新意识、创新精神、创新能力的任务,学校体育的发展也要靠改革和创新来实现。创新方法真正落实到教学实践中,一个很重要的问题是对过去的教学模式、教学内容、教学方法进行积极的反思,提高教师对教学过程的反思意识。

(一)构成高等学校体育教学创新的基本条件

教学创新从本质上看,应是教师的一种能力,是一种在传统教学方案基础之上的提升,是在对传统教学过程不断质疑的过程中,教师对教学过程的一种逆向思维和发散思维。因此,高师学校要实现体育教学创新的目标,必须明确创新的指导思想,创新应具备以下基本条件。

1. 提高体育教师的教学研究能力是实现教学创新的根本出路

体育教师要积极投身于教学实践与改革中,改变自己的职业形象,改变体育教师的职业形象,这要靠体育教师自己的努力,积极增强科研意识、参与学校的教学改革,不断进行反思,设计和运用切合实际的教学方法,才能使教学处于一种创新状态。从自然观察的角度看,任何外来研究者都会改变课堂的自然状态,如想要达到观察的目的,又不改变原有的气氛与状态,做到原汁原味,就只能依靠教师。体育教师从教学实践出发,拥有更多的研究、创新机会,充分利用实践机会,大胆改革,创新先进的教学模式和教学方法,才能获得本身的生命力和尊严。

对于教学创新来讲，意味着体育教师要确信自己有能力构建新的知识结构，积极改进自己的教学实践。因为学校体育教学改革和创新的关键在于教师，改革和创新的任务最终要落实到教师身上。改变体育教师的职业形象，就必须下大力气提高体育教师的教学研究能力。以改革创新为契机，促进教师大量涉猎和收集教育教学的信息，提高理论素养，增强情报意识，使教师较快地接受先进的教育思想、理论和观念，进一步拓宽知识面。教学创新是教师的一种积极的教学实践活动，是教师对教学改革的一种强烈愿望，是自觉自愿的行动。

2. 提高体育教师的教学效能感是实现教学创新的动力源泉

教师的教学效能感是影响教师素质提高的一个重要因素。也就是说，一个满足于现状、教学效能感不强的教师，很难在教学中有创新。

从现阶段高师体育教学面临的困境来看，如何满足当前学生对体育的需要，如何实现教和学的完美统一，除了受学校教学模式、目标、课程、教法和教学环境、教学条件等诸多因素的影响外，还会受到教师主观因素的影响，教师的教学效能感便是其中之一。教师的教学效能感是教师教育信念的重要组成部分，自我效能教师的教学效能感更多地表现在教师的师德和人格方面。高师学校要推动教学改革和创新的不断深入，加强教师师德的培养，将是未来教师竞争的焦点。

3. 拓宽教师继续教育的渠道、提高教师的教学能力是创新教学的基础

高师学校体育教师继续教育的必要性和必然性已经成为共识，在加强对教师继续教育的措施上，要采用灵活多样的方法，应重视对教师所学课程的正确引导，立足本职工作，把教学实践与所学课程结合起来，引导工作和学习相互促进。重视学科理论、理论素质的培养，重视教师教学艺术和技术的训练。改变教师继续教育的观念，更重要的是在选用教材方面，能够编制一套包括参考资料性的阅读教材、适合自学的通俗理论教材、适合答疑性的高层次结构导论式教材在内的继续教育的专门教材。只有这样，才能把教师的学习和工作有机地结合起来，促进教师教学能力的提高。教学创新需要教师专门的教学能力，教学能力是教师最基本的能力，是教师能力的综合表现，能力是知识内化的结果，知识是能力的基础。拓宽教师继续教育的渠道为进一步提高教师教学能力和教学质量，积极进行教学创新打下坚实的基础。

（二）反思性教学对高师体育教学创新的启示

反思性教学是近些年西方一些发达国家兴起的新的教学实践。20世纪初反思性文化的出现强化了教学主体的反思意识，给教育工作者以极大的启示。随着心理学和伦理学以及教育理论等的进步，人们认识到把增强教师的职业道德感或责任感作为反思性教学的基础，教师对教学的"合理性"追求，成为教学主体反思自身行为的动力。反思是教师自觉的行动，教师在长期的教学实践中，借助反思不断探究和研究解决教学问题。

1. 立足教学实际，创造性地解决教学问题

创新是对传统、常识、常规与秩序的修正、超越和发展。其实，教师和学生都是创新教学实践活动的主体，唤醒学生的主体意识，弘扬学生的主体精神，就必须在教学实践活动中，为学生创设一个宽松、民主、和谐的教学氛围。教师针对问题设计教学方案并加以研究，通过解决问题，进一步提高教学质量。立足教学实际，实施创新教学，培养学生的创新精神和创新能力，要重视学生创新智力品质的培养，又要抓学生创新非智力品质的培养，在教学的各个方面都要重视学生的创新。

2. 立足"两个学会"，加速教学过程的整体优化

由于反思性教学以"两个学会"为目的，因此体育教师在教会学生掌握运动技术的过程中，要让学生树立终身锻炼的思想，学会自我锻炼的方法。教师学会教学，本身就是一种不断学习和创新的过程，学会教学是为了更好地满足学生学习的需要，是教师对教学内容的进一步理解。

3. 增强教师的职业道德感

教师的职业道德感不仅是反思性教学的重要基础，也是教师创新教学的基础。教学创新要求教师要有更高的职业道德感，才能对教学中出现的问题进行思考，进而想办法来解决。教师要关注和研究同行在同一问题上的研究成果，在教学实践中加以推广和改进，只要有利于本地区学生的实际情况，有利于学生的发展，能够提高课堂教学效果，就是一种创新。

从一定程度上讲，提高教师的职业道德感比提高教师的技术、技能更为重要。体育教学是一种积极的、主动的师生共同活动的过程，体育教学的过程也蕴含着创新教育的过程，改变教师的教育观、教学观、质量观、学生

观，必须重视教师全面素质的发展。提高教师的自我效能感和教学效能感，使教师真正从"运动技术型"向"技术理论型、学者型"转变。

第四节　体育教学改革的发展历程与趋势

一、学校体育教学改革的发展历程

（一）学校体育教学的改革历程

改革开放以后，我国学校体育进入新的发展时期，表现出思想的多元化与实践的多样化。在指导思想方面，随着20世纪80年代初以增强体质为主导思想的确立，以往以传授运动技术、技能为中心的思维模式得以改观并逐渐被打破。

1990年《学校体育工作条例》的颁布施行使增强体质、增进健康的主导思想再次得到确认，增强学生体质、增进学生健康作为学校体育的首要目标，已逐渐取得共识；随着思想的解放及认识的深入，快乐体育、终身体育、成功体育等多种学校体育思想也相继出现。由于认识不断深入，对学校体育的结构功能与体育教学的结构功能也有了新的看法，明确了体育教学与学校体育在过程、任务、内容及评价等方面的差别，促进了学校体育实践的发展。随着基础教育向素质教育的转轨，从社会、生物、心理等多维看待学校体育的观念逐步形成，重视体育意识、习惯与能力的培养为终身体育打基础，并将学校体育看作终身体育一个子系统，学校体育思想也逐渐形成。在体育教学方面，由于明确了体育教学与学校体育的区别与联系，逐步确立了以体育知识、技能教学为主的指导思想，并注重卫生保健知识及体育健身基本原理的教学。

在认识上逐渐注意到体育知识、运动技术、运动技能的区别，明确了增强体质与运动技术、技能及运动项目技能的关系。为处理好体育教学中运动技术、技能与增强体质的关系，1996年国家教委根据课程论研究的进展，颁发了《体育两类课程整体教学改革的方案》，将体育课程分为学科课程和活动类课程两部分，并对两类课程的目标及要求做出了规定。

体育课教学以追求运动技能提高的模式在认识上被打破。在体育教学的内容上，坚持健身性与文化性相结合的原则，在注意健身性时，也考虑内容的文化性,并注意对一些竞技运动项目做"教材化"处理;坚持民族性与世界性相结合的原则,在继承教学内容以现代项目为主的同时,重视对民族传统体育内容的引入;坚持统一性与灵活性相结合的原则,教学大纲规定的选修内容比例逐渐提高,使教学内容在统一基本任务与要求的指导下,表现出较大的灵活性。在课外体育方面,重视课间操、课外体育锻炼与课余运动训练。在内容上提倡丰富多彩,以发挥地区、学校的特色、传统,注意组织形式多样,重视校内与校外的结合,体育俱乐部的形式也开始出现。在课余训练方面,提倡为国家培养体育后备人才,重视课余训练和小学、中学、大学的"一条龙"制度建设。

(二)学校体育教学的改革趋势

从总体看,随着素质教育的深入以及对学校体育功能认识的深化,学校体育的发展将会有以下几个方面的趋势:①在指导思想上,更注重社会需求与学生需求的结合,注重个性的发展,注重科学化与社会化发展,注重体育意识、兴趣、习惯和能力的培养,注重体育与卫生保健的结合,注重体育教学与课外体育的结合,以求整体效益的获得;②在学校体育内容上,注重健身内容与竞技文化的结合,并注重竞技文化的"教材化"及多种变式的引入,健康及运动文化知识将更多地融入教学内容,地方性、民族性的体育内容也将更多地走进学校;③在组织形式上,学生体育俱乐部及学生体育团体将受到更大程度的重视,校内外体育组织形式间的联系也会得到加强;④在课余训练及竞赛方面,随着学校体育的发展及运动训练体制的改革,学生课余运动训练与竞赛将会有更大发展,并表现出多层次性特点。上述发展变化,将对体育教师提出更高的要求,也将对旧有的体育教育专业的培养模式、课程模式进行改革。

二、体育课程改革历程与趋势

2001年,国家教育部颁布了义务教育《体育(与健康)课程标准》。2003年,又相继颁布了高中《体育与健康课程标准》(以下简称《课程标准》)。[①] 这昭示着新的体育教育思想和理念将成为我国基础教育体育课程改革和发展中的主旋律。基础教育体育课程的改革对高校体育教育专业的课程

---

① 赵庆军.能力本位视域下的体育教育专业人才培养改革研究[D].天津:天津师范大学,2018:23.

改革提出了新的思考和要求。因为高校体育教育专业是培养基础教育体育教师的"母鸡"，理应主动适应基础教育体育课程改革和发展，加大、加快高校体育教育专业课程改革的步伐。"体育课程教学改革"对高校体育教育专业培养目标和课程设计有什么影响？这些影响的程度如何？以什么方式施加这些影响？都牵扯一个基本问题，即"对第八次体育课程教学改革的基本认识"的问题，只有把这一问题梳理清楚，才能对上述疑问有清晰的认识，才能明确地回答，才能有效地解决。

（一）对第八次课程改革的基本认识

基础教育体育课程在课程理念、课程内容、教学方法、教师的行为等方面都发生了重大变化，强调"健康第一"和"以学生发展为本"的指导思想，重视课程内容的时代性和地方特色，注重教学方法的多样化，关注教师的职业专业化过程，特别是强调体育课程在增进学生的健康和促进学生全面发展方面的重要功能和价值。淡化体育教育专业中的竞技化教学倾向，牢牢树立"健康第一"的指导思想；丰富课程内容，应体现时代特征和地方特色；提倡多样化的教学方式，重在培养学生的实践能力和创新能力；提高学生未来的职业专门化意识，强化体育的健身育人功能。

（二）新课改对体育教育专业的直接影响

高等教育体育教育专业是培养中小学体育教师的摇篮，由此基础体育教育与高等体育教育专业有着血脉一体的内在联系；基础体育教育改革必然对体育教育专业发展产生较大的牵引作用，这些作用主要表现在如下方面：

（1）是否承认知识、运动技术对体育教育专业的影响：淡化、轻视运动技术，直接导致学科与术科比例的失调，术科学时比例过小。这是在课程设置上导致学生运动技能下降的根源。

（2）是否承认教师的地位和作用对体育教育专业的影响：否认体育教师的地位和作用，必然降低体育教育专业学生的学习动力和兴趣，易导致学业无用论的结果。

（3）是否承认教材研究对体育教育专业的影响：否认教材研究的实质，即反对教材的完整性、系统性和规范性，易降低体育教育学科的科学性，进而引起体育学习的不完整、不深入。

（4）是否承认身体素质的提高对体育教育专业的影响：否认身体素质的提高就是否认体育锻炼的效果，就是把身体素质与健康割裂，将扰乱体育教育专业的学生对两者的正确认识。

三、现代体育教育的发展趋势

（一）"健康第一"的体育教育思想

健康是当今时代的主题，也是我国目前提倡的生活理念。接受一定的健康教育，对每一个人的成长和全面发展至关重要。健康教育和学校健康教育的概念是1800年由美国的教育家霍列斯曼首次提出的。世界教科文组织也曾表明：每一位孩童都应当享有健康学习的权利，要注重提升他们的健康观念和具体的实践能力，提高全世界范围内民众的健康水平。所以，为了顺应时代的发展，社会的需求，在未来的教学活动中，要借助体育教学这一途径，强化对学生身体健康的教育，达到强身健体、提升品德素养、促进身心全面发展的教育目标。体育教育和健康教育两者是紧密相连且彼此促进的。基于此，未来的体育教育理念更要注重"健康第一"思想的贯彻，在体育教学中融入健康的元素，让学生意识到健康的重要性，掌握强身健体的方法，调动对体育的积极性。我国最新版的《体育与健康课程标准》中，也提出了"健康第一"的理念，强调促进学生健康成长是体育课程的最终目标。本书第二章第二节现代三大体育教学思想内容中会详细介绍"健康第一"的教学思想，在这里就不详细展开了。

（二）以素质教育为主线的体育教育

现代教育已经逐渐发展成为真正的素质教育，素质教育注重个体在各方面的发展，体育教育是素质教育的一个重要手段。其本质内涵在于学生参加体育锻炼，参与体育比赛，提高自身身体素质、心理素质、社会适应能力以及人格等方面的综合素质。在实行素质教育的过程中，身心健康素质是学生发展其他素质的重要基础。让受教育者参与一定的体育教育，使他们拥有优美的身材、强健的体质，身体机能也得到强化，并有助于平和心态和定期锻炼习惯的养成。因此，体育教育应该以素质教育为主线，不断提高自己的教育品质，丰富自己的教育内容，为培养全面发展的人才做出贡献。

（三）以创新性和快乐性为特征的体育教育

现代教育越来越注重对个体创新性的培养，创新是一个民族发展的动力源泉，有没有创造性思维也是衡量一个人综合素质的重要指标。因此，在素质教育发展的今天，任何教育都离不开对创新性的培养，体育教育也不例外。

因此，体育教育工作者应该在日常的体育活动中，注重培养学生的创造意识、能力和精神，通过一些体育项目中的技战术来训练学生的创造性思维，在体育教学中，让学生自己创造性地做出一些动作，如让学生自己创编徒手操，自己布置场上的战术等，不断提高学生的创造意识和创造能力。随着体育教育的不断发展，人们不断探索体育教育的形式。其中，日本出现了快乐式的体育教育，该模式流传到我国后，深受广大师生的喜爱，并且也在一定程度上缓解了学生的厌学情绪。

快乐教育模式的含义可以从三方面进行理解。①激发了学生的参与热情，提升他们对体育运动的喜爱度。②这种教育模式可以说是通用的，适用于任何群体，对每一个学生来说，都会起到促进作用。③顾名思义，快乐体育一定会给学生带来很多乐趣，会让学生感受到体育运动的意义和价值，会让他们变得更自信。从以上分析来看，现代体育教育越来越重视创新性在体育活动中的培养，而快乐性也日渐成为体育教育中的一个重要特征，这两个特征将会不断促进体育教育的发展和完善。

（四）以终身体育为目的的体育教育

"终身体育"的思想是1965年由法国成人教育家保罗·朗格朗提出的。苏联学者提出"终身体育"就是培养与发展学生从事体育活动的能力和学习的主导能力，让学生在学习时代学会"一技之长"，养成与掌握终身进行体育锻炼的习惯和方法，使之终身受益。这种思想的确立极大地丰富了体育教育的思想，促进了体育教育的发展。①

终身体育的含义包括两个方面的内容：一是指人从生命开始至生命结束中学习与参加身体锻炼，使终身有明确的目的性，使体育成为人在一生中始终不可缺少的重要内容；二是在终身体育思想的指导下，以体育的体系化、整体化为目标，为人在不同时期、不同生活领域中提供参加体育活动机会的实践过程。

终身体育倡导人们不仅在学生阶段参与体育运动，更应该在人生的每个阶段都参与运动，也许每个阶段参与的运动项目不同，但都是为了促进身心

---

① 张新华.对现代体育发展趋势的探讨[J].齐齐哈尔大学学报（哲学社会科学版），2007（6）:172-173.

健康的全面发展。因此，体育教育过程应该以培养人终身参与体育为目标，帮助其形成运动技能的同时，促进其形成运动健身的意识，激发其参与运动的永久兴趣，让受教育者充分认识到终身参与体育的意义和作用，这应该是体育教育的最终目的。

（五）探索"体医结合"人才培养模式

"体医结合"从表层进行理解就是体育与医疗的结合，即按照医学的理论体系将体育健身方法进行科学化归纳，使之处方化。在"体医结合"思想中体育具有健康（预防）、治疗、康复的作用。随着全民健身上升为国家战略，"体医结合"将成为推动健康中国建设，增进人民健康的重要战略依托。

北京体育大学副校长胡杨在接受《中国青年报》记者采访时表示，健康、医疗相关课程体系是体育专业院校社会体育指导员培养的薄弱环节。他还表示，体育专业院校的运动康复和运动人体专业的学生缺少体育技能实践能力，且专业知识主要为运动训练和运动损伤方面知识，缺乏健康、医疗方面知识，致使这部分体育人才很难即时转入医疗健身行业。

结合当前社会发展对体育人才的需求，体育专业院校应抓住机遇，探索"体医结合"人才培养模式，拓宽人才培养新领域，培育体育专业院校新的办学特色。在"体医结合"思想中体育具有健康（预防）、治疗、康复的作用。

体育专业院校在探索"体医结合"人才培养模式过程需要注意两方面：首先，探索"体医结合"人才培养形式及人才类型；其次，调整"体医结合"课程支撑体系。在"体医结合"形式方面，结合"体医结合"的指导思想以及大众的需求培养体育人才，主要包括传统中医学与体育的结合，竞技体育中的体能训练方法手段、身体监测、康复治疗手段在大众健身中的应用，民族传统体育与医学结合等形式。传统中医学与体育结合在成都体育学院中已经开展，并发展成为学校的特色专业；竞技体育训练方法与大众健身方式相结合，北京体育大学与首都体育学院也已经进行了实践探索，两个学校将竞技体育中的体能训练和身体功能训练方法应用到了大众健身和中小学体育课程之中，引起了强烈反响。

在传统体育与医学结合方面，北京体育大学成立了民族民间体育和体育养生专业，将导引术和太极拳等传统体育与健身、养生相结合。在体医结合人才培养课程体系方面，体育专业院校应当增设健身和医疗方面的课程内容，同时针对运动康复专业运动技术基础薄弱的问题，增加技术实践课程的学习。

（六）社会需求导向下的多元化人才培养模式探索

国家体育人才市场呈现出体育产业、高质量大众健身指导人才严重紧缺与体育专业院校培养的体育人才就业难的两极分化状态，反映出体育专业院校人才培养目标与社会需求的矛盾问题。由此体育专业院校应遵从社会发展需求，探索多元化的人才培养模式。

根据高等教育对人才培养类型的划分，体育专业人才可以划分为应用型人才、研究型人才、复合型人才。相应的人才培养也分为三种模式：应用型人才培养模式、研究型人才培养模式和复合型人才培养模式。应用型人才培养模式强调以社会服务为培养方向，注重理论知识和实践知识的掌握。

应用型人才培养模式是当前体育专业院校本科专业人才培养的主要方式。以社会需求为导向培养应用型体育人才，需要体现出"厚基础、宽口径""理论与实践并重"的培养方针，通过多种必修课程和选修课程拓宽学生的理论基础知识面，同时应当紧跟社会发展及时增加新兴知识，以适应不同的社会需求（如运动康复专业应增加健康、医疗课程，以适应"体医结合"人才需求）。另外，要注重学生的实践技能与实际操作能力的培养，以适应工作岗位的需求（如体育教育专业、运动康复专业的运动技术能力）。

研究型人才培养模式侧重对理性、学术与知识等目标追求。研究型体育人才培养要注重创新、专业、博学的发展方向，创新指把握专业和学术发展前沿动态，不断探索未知领域；专业指在体育某个专业领域有较深的研究和建树；博学指掌握深厚的体育学科专业知识，具有较强的学习、研究和实践能力。研究型人才培养模式主要适用于研究生层次体育人才培养。复合型人才培养模式是应用型和研究型人才培养模式的结合，兼顾社会需求和科研导向，适用于办学类型定位于研究教学型的体育专业院校。

（七）办学过程开放化：办学社会化与交流国际化

在办学主体多元化发展以及高等教育市场化、国际化发展的时代背景之下，中国高等体育教育的单一办学体制已经呈现出多种弊端。由此高等体育专业院校应实行开放化办学，提高体育专业院校的市场化和国际化办学水平。首先，体育专业院校要面向社会，提高服务国家和区域经济发展的意识，加强与地方企事业单位的合作交流，拓宽办学资金来源；增加与地方科研机构、高等学校、兄弟院校的科研、教学合作，提高学校的科研、教学水平；加强与国家、地方体育局的合作，增加对体育事业的科技、教育、训练方面的支持。其次，在国际化办学方面，体育专业院校在前期办学成果的基础上，继续扩大对外交流合作的范围和深度，在学术研讨、科研项目合作、体育项目引进、跨国课程开设、留学生培养等方面增加合作，提高高等体育专业院校的办学质量，增加在国际高等学校的竞争力，加快"双一流"建设的步伐。

第二章

体育教学思想观念体系改革

第一节 体育教学思想的演变

一、近代我国学校体育思想的演变

(一) 清末至中华人民共和国成立时期

在清末至中华人民共和国成立的半个多世纪里,我国社会经历了太多的变迁,最主要的社会特征就是侵略与反抗。作为社会大系统之一的学校体育系统,也被打上深深的时代烙印。研究这段学校体育思想的发展史,可以和新中国成立以后形成对比,以史为鉴,为发展我国当前学校体育工作到了积极的借鉴与反思作用。

1. 军国民体育思想时期(清末至1919年)

清末,随着帝国主义坚船利炮的入侵,康有为、梁启超等有志之士把教育作为救亡求存、富国强兵的手段。[1] 维新派极力提倡教育应是"制造国民之具",倡导尚武精神,鼓励国民大力开展各种体育锻炼,增强体质,把国民培养成德、智、体全面发展的社会人才。直至1903年,清政府颁布实施的"癸卯学制",规定在学校教育中开设体操课,基本上全盘吸收了"日本的军国民体育"。[2] 在第一次世界大战爆发后,为了不受外来势力的侵略,

---

[1] 苏竞存.中国近代学校体育史[M].北京:人民教育出版社,2014:56-57.
[2] 邵伟德.试论近代我国学校体育思想发展[J].体育科学,2001(5):14-16.

打破国内军阀割据一方的局面，学校教育不断加强军事体育，军国民教育思想此时达到了极致。回顾军国民体育思想的产生和发展，它其实是特定历史阶段的产物，当时国难当头，人民生活在水深火热之中，只有举起反抗的旗帜方能生存，因此此阶段的体育完全被当作培养强壮体格，上场杀敌的民族英雄的工具。在当时的时代背景下，它具有一定的积极意义，但军国民体育的诞生也长时间的深深影响到我国近代学校体育思想的发展。

2. 自然主义体育思想与民族主义思想共存时期（1920—1949 年）

新文化运动时期，引入了自然主义体育教育思想，其主旨是按学生兴趣和需要出发，顺其自然。在方法上，主张以学生参与为中心，从其个性爱好出发，在体验中学，在学中体验。其目的在于对学生进行文化知识的教育，较侧重于社会、道德、情感发展等精神层面的目标培养。较之军国民体育思想，有以下特点。一是强调"自身原始需要"，认为"学校体育活动必须适应学生的兴趣和满足其本能的需要"；二是主张"通过身体的运动来教育人"，并且这种身体运动是发乎自然、随性休闲的，以把自身和环境的和谐共存作为最高境界；三是推崇自然活动，主张尽可能开展满足学生天性和心理特点的游戏。这种思想不仅丰富了学校体育的理论内涵，还促进了学校体育教学的改革，可以说，自然体育课程理论成为 20 世纪 20—40 年代影响我国体育课程的主要课程理论，它极大地推动了我国学校体育理论体系的建构，可谓具有极其进步意义的。但遗憾的是，它过分强调学生的兴趣、自由，导致"放羊式"教学现象的产生，对于今天学校体育改革来说，仍然不失为一个警示。

（二）中华人民共和国成立至今

1. 苏联学校体育思想时期（1949—1966 年）

中华人民共和国成立以后，学校体育工作也发生了可喜的变化，不仅党和国家领导人十分重视学校体育工作，而且全国各地也十分关心学生的身体健康。在经历了一段恢复、改造时期之后，我国通过翻译苏联体育教学大纲、参观苏联体育工作、邀请苏联专家讲学指导等渠道，全面学习了苏联学校体育的理论，借鉴了苏联学校体育的经验，开展了体育课及课外体育活动，加强了师资队伍与体育干部的培训，有效地推动了学校体育的改革。尤其在 1955 年到 1956 年期间，教育部制定了以"劳动卫国"为目的的学校体育思想，在强调学生掌握体育的基本知识、技术和技能的同时，要大力加强学生思想品德教育，不断增强学生的体质，促进学生身体健康。[①] 在当时特定的社会环境下，由于我国的体育课程执行着类似苏联的体育教学大纲，因此学校体育仍以重视运动技能教学为主，导致了学生自主学习的时间和空间得不到保证，学生的良好个性得不到发展，自主学习能力得不到培养。

3. 体质教育思想时期（1977—1990年）

"文化大革命"结束后，因受苏联学校体育思想的影响，提高学生素质的理念没有得到贯彻，导致学校体育工作被削弱，学生的体质严重下降，身心健康水平低下等窘境。如何增强学生的体质已成为当时社会各界高度重视的课题之一。为此，我国在学习、借鉴外国教材的基础上，编写出适合我国国情的通用教材。在1978年教育部颁布的教学大纲中，就明显突出了"增强学生体质"的指导思想，它要求学校体育教育要引导学生积极主动参与体育锻炼，增强素质，提高运动能力，全面培养社会主义现代化建设的合格者和接班人。1979年5月在江苏召开的全国学校体育卫生工作经验交流会上，确立了"增强学生体质"的思想[②]，其核心就是强调重视运动技能的教学，把运动技术是否掌握和学生体质是否增强作为评价学校体育工作的标准。这一时期虽然存在着增强学生体质的理念没有得到真正的落实，"体育课"变成"锻炼课"，以致最后演变成"运动中心论"等弊端，但它极大地促进了我国中小学体育课程和教学改革。

4. 全新的学校体育思想时期（1990年至今）

随着改革开放的深入，学者开始多角度地重新审视学校体育。他们总结了新中国成立以来学校体育发展中的经验和教训，立足人才培养目标，不断进行教育改革，树立了新的教育观，并形成了许多诸如终身体育思想、健康第一思想等既适合学校实际，又符合学生身心特点的学校体育思想，这些富有特色的思想旨在倡导教师要树立"健康第一"的理念，变"应试教育"为"素质教育"，调动学生学习的兴趣和练习欲望，让学生在愉快的学习氛围

---

① 曲宗湖，刘绍曾.新中国学校体育50年回顾与展望[M].北京：北京体育大学出版社，2000:56.

② 张艳华，陆宗芳.我国近代学校体育思想流变及大学体育课程的演进[J].北京体育大学学报，2004（10）:1378-1380，1388.

中陶冶情操、发展体能、掌握技术、增强体质，确实提高学生的身心健康水平和运动水平。

早在20世纪90年代，我国就形成了多元化的思想。例如，终身体育思想倡导学生学会学习的方法，掌握一定的运动技能，为终身学习奠定基础；快乐体育则强调让学生享受学习体育带来的乐趣，更加积极主动地参与到学习之中；素质教育思想强调的是变"应试教育"为"素质教育"，培养德智体美等方面全面发展的一代新人；"健康第一"的思想要求树立"以人为本"的理念，激发学生学习的兴趣，提高课堂教学与体育锻炼的实效性。

二、近代我国学校体育思想的演变特征

学校体育思想是以教育理论为指导，经过长时间学校体育的实践，不断丰富和完善而发展起来的，它是指导学校体育实践的理论依据，对促进我国各时期学校体育思想的确定起到了不可磨灭的作用。近代以来，我国学校体育思想经历了五个阶段。

（一）初步探索阶段

其核心思想是倡导"通过体育教育达到强身健体"等目的。鸦片战争开始后，清王朝大门被西方列强的坚船利炮打破，先进体育思想和发达的科学技术也被引进中国。作为中国近代最早认同、倡导并主张引进西方先进的体育思想的龚自珍、林则徐、魏源等知识分子，在他们的著作论述中就包含着强兵兴国的教育思想、教育内容，这为中国近代体育思想的萌生产生了积极影响。曾国藩、李鸿章等作为清王朝时代举足轻重的人物，面对当时的形势，他们所关注的是国家的命运、社稷的前途，其立足点主要在于救国救民，虽然没有把体育纳入明确的思想视域，但由于西方军事思想、科学技术等方面都或多或少蕴含着近代体育思想，再加上洋务派注重"强以练兵为先"，使近代体育对中国军队的发展起到了一定的推动作用，尤其是维新派所倡导的新的身体观，作为强身健体手段之一的体育逐渐被社会人们所关注，被社会所重视，从而为近代体育思想的发展奠定了一定的基础。康有为、梁启超、严复等作为维新主义者的代表人物，他们把教育作为"救亡图存"、富国强兵的手段。严复是中国近代最早将体育与强国直接联系在一起的人物，他倡导应将体育放在国民教育的首位，发挥体育的教育功能和作用，通过体育教育达到增强体质、娱乐身心、培养意志等目的。康有为是另一位倡导将体育与强国直接联系起来的思想家，梁启超则明确阐述了体育教

育的地位和作用，倡导德、智、体全面发展，提出学校体育要秉持锻炼身体和尚武精神等理念，可以说是中国学校体育思想的启蒙。

（二）军国民体育思想阶段

其主要目的在于"强兵、富国、抵御入侵"，强调的是统治阶级的需要。19世纪末期，面对中国遭受外来势力的侵略，维新主义者提出了强身健体、保卫祖国的思想，并通过强化军事训练，以期达到振兴国家、振兴民族的目的。1903年清朝政府在全面效仿日本教育思想的基础上，颁布实行了"癸卯学制"，在学校教育中全面实施普通体操和兵制体操课程；1906年，清朝学部制定了更为明确的教育宗旨，"尚武"教育思想因此首次被提及。时任教育总长的蔡元培认为体育不仅是学校教育的一个重要方面，还能有效地增强国民的体质，培养人们坚强的意志品质及陶冶人们的情操等。

军国民体育思想达到高潮是在1914年第一次世界大战时期，为抵御外来侵略和保家卫国，体育受到了全国人民的重视，并呈现出军事体育训练的风气。五四运动时期，部分激进人士对军国民体育思想进行了质疑和批评。尤其是1917年恽代英发表了《学校体育之研究》一文后，彻底改变了"全民皆兵"的体育思想[1]，强调学校体育应改变以往的传统理念，重视学生学习的兴趣和练习的需要，提高学生的素质，弘扬学生的个性，保证学生的身心健康。此后，军国民体育思想逐渐被人们所淡化，直至1919年第五次全国教育联合会议认为军民国体育教育已不符合时代要求，应改革学校体育工作，1922年，我国学校体育把"体操科"改为"体育科"，新的体育教育思想应运而生。

（三）自然体育思想阶段

作为20世纪初体育改革的代表人物，美国的托马斯·伍德和赫塞林顿等人在1910年就提出了"新体育"的自然体育思想，后经过威廉士的不断完善，形成了一套较为完整的"自然体育"的理论体系。自然体育思想最早是由美国基督教青年会在1919年前后派来的麦克乐传入，后由方万邦、吴蕴瑞等学者，通过各种形式不断传播自然体育思想，对自然体育思想在我国的使用和推广起到了不可忽视的作用。

---

[1] 武海潭,季浏.中国近现代学校体育思想范式的流变—基于社会学视角的审视[J].北京体育大学学报,2013（6）:109-114.

自然体育思想强调的是文化教育。在教学手段上，倡导应根据学生的学习兴趣和练习需要设置活动内容；在教学方法上，主张以学生发展为中心，注重学生的个性发展，让学生自由学习、自由回答。比起军民体育思想而言，自然体育思想不仅有着更深厚的理论依据，还具备较完整的理论体系。究其原因，主要在于自然体育思想从多角度、多方面阐述了学校体育的教育意义；坚持以人为本，追求学生个性发展，为学生个体生长发育的需要服务；将体育与生活结合起来，做到理论联系实际，不仅丰富了理论体系，提高了理论的可操作性，还大大增强了实践的有效性。自然体育思想强调体育教育应从儿童的年龄、兴趣、爱好等实际出发，选择适合他们的体育锻炼内容与形式，促进儿童健康、自由的成长。这些理论观点对促进当时中国学校体育改革与发展具有巨大的影响与作用。

（四）全盘学习苏联阶段

中华人民共和国成立后，中国学校体育全面引进了苏联的体育思想。其中最具有代表性的是凯里舍夫强调的"基本知识、基本技术、基本技能"的"三基"教育思想。[1] 这种教育思想极为重视运动技术技能的传授、掌握，而淡化、忽视了体育教育的育人功能，认为体育教师应以传授学生体育运动技能为主的"三基"目标作为学校教育与指导思想。

我国首次体现凯里舍夫体育思想的时间是在1956年颁发的第一部全国统一的中小学学校体育教学大纲中，大纲明确规定体育教学的指导思想是掌握体育基本知识、基本技术和基本技能。由于"三基"教育思想注重社会的需要，力求将学生培养成为全面发展的社会主义建设者和保卫者，强调的是以教师、教材和课堂为中心，注重竞技运动技术的掌握，因此在教法方面，教师过于注重讲解、示范的教学形式，几乎没有给学生留有自由的活动时间和空间，可以说，它顺应了当时社会发展的现实需求，对我国学校体育的教学的规范管理起到了不可忽视的作用。当然，由于"三基"教学思想过分强调体育教育的社会价值，加上过分注重运动技术的传授与掌握，强调的是教师的主导作用，而导致了学生主体地位的下降，学生的个性得不到发展等弊端。随后，"三基"教学思想越来越受到人们的诟病，并相继提出了各种质疑的声音。

---

[1] 黄力生.中国近、现代学校体育思想的演进与发展过程[J].武汉体育学院学报，2009（5）:88-89.

（五）多元并存、百家争鸣阶段

这阶段学校体育思想的发展尤其空前，一些新的教育思想如春笋般不断涌现，有效地促进了学校体育的发展，为增强学生体质健康，发展学生体能及塑造学生良好个性起到了不可替代的作用。

开启中国教育发展的新局面始于 1978 年召开的中国共产党十一届三中全会，给我国带来了全面开放教育思想，并呈现出"百家争鸣，百花齐放"的现象。例如，20 世纪 80 年代以后，深受日本体育思想的影响而产生的快乐体育思想；变"以教师、教材、课堂为中心"传统教学观为"落实学生主体地位"的主动体育思想；肯定学生的进步，让学生体验到成功滋味的成功教育，还有诸如磨难体育、竞技体育、素质教育及终身体育思想等各种丰富多彩的教育思想应运而生。[1] 名目繁多、形式多样、特点各异的学校体育思想并不能完全适合中国国情，其中一些学校体育思想因传播速度较快，推广上较为激进，运用较为广泛，导致了效果上不尽人意。它引起了人们的深刻反思，并不断总结、改进、完善，使学校体育思想得以科学、合理、有效的加以应用、推广。1979 年在江苏扬州召开"扬州会议"，确定体质教育的指导思想。可以说这是中华人民共和国教育史上的一个重要里程碑，标志着我国学校体育工作走上了科学、健康、有序的发展轨道。

20 世纪 70 年代后期，随着世界格局的变化，随之而来的教育思想、教育理念、教育方式、教育内容也发生了深刻的变化。到了 20 世纪 80 年代，我国的教育在得到全面、迅速发展的同时，出现了被许多学者所诟病的现象，如由于重视应试教育，过分追求分数，忽视了学生能力的培养，导致了学生学业负担过重、个性受到抑制、能力得不到培养、素质下降、身心健康得不到发展等。[2] 这些现象促使学者不得不重新审视、反思推广已久的学校体育思路、途径、思想。

尤其进入 21 世纪以来，我国青少年体质健康出现了令人担忧的窘况，如肥胖率、近视率居高不下，耐力、弹跳、力量等素质明显下降，学生抗挫能力、意志品质、合作精神等情感意识较差等，青少年的身心健康因此也越来越受到各级重视，这也直接促进了学校体育思想的转变。

---

[1] 陈万红.我国学校体育教学指导思想的历史嬗变与反思[J].体育文化导刊，2015（3）:127.

[2] 武海潭,季浏.中国近现代学校体育思想范式的流变——基于社会学视角的审视[J].北京体育大学学报,2013（6）:109-114.

2011年，我国实行了新一轮课程改革，明确指出学校体育应树立"健康第一"的指导思想，强调要重视学生学习兴趣的培养，科学合理选择教学内容，提高学生自主学习、合作学习和探究学习能力，养成良好的锻炼习惯，为终身体育学习奠定坚实的基础。

三、现代体育思想的发展趋势

改革开放以来，总体上来说我国学校体育一直呈现出进步发展的态势，以前所未有的速度快速发展，并在高速发展中取得了辉煌的成就。立足于本国的学校体育课程改革，视体育课程为学校体育的基石，在搞好体育课程改革的同时，进行学校体育相关领域的改革。在当今世界范围内，以立法的形式保障其普及学校体育义务教育成了各国教育发展的基础，成了提高国民身体素质的必由之路。

21世纪中国学校体育在逆境中求发展，政府高度重视成为学校体育事业发展的保障，政府教育投入的持续增长，针对学校体育的相关法规政策不断出台成为学校体育事业发展的最佳契机。普及学校体育义务教育的年限呈现了不断延长的趋势，充分发挥社会主义国家的优势，在国家行政部门的统一领导、指挥、调度下，尽最大可能地保持自身优势，借鉴世界各种优秀的研究成果，使之能够真正地做到为我所用。学校体育管理领导体制改革的趋势是保留传统特色，学习别国优秀经验，取长补短，不断完善。

针对这些发展趋势，当前我国学校体育发展过程中存在许多不足之处：学校体育功能属性尚不统一；对学校体育的课程与教学目标把握不足；学校体育教育内容过于单一；学校体育教学方法与教学手段有待于改进；学校体育的评价模式功利色彩严重。针对这些问题，需要正确处理好引进与融合、创新与继承的关系；然后在学校体育指导思想上，要实现社会需求和个体追求之间的完美融合；还要将"终身体育"价值观始终贯彻在学校体育过程中；最后要加强教育理论研究，努力提高学校体育师资整体素质。

第二节　现代三大体育教学思想

一、"健康第一"教学思想

（一）"健康第一"教学思想的提出

1950年，毛泽东首次提出了"健康第一"的思想，旨在改变当时学生负担太重、健康水平日益下降的现状，他指出："各校要注意健康第一、学习第二。"中华人民共和国成立初期，党和国家高度重视青少年学生的身体健康。国民素质教育、国民体质教育、青少年儿童健康教育是当时体育发展的首要问题。20世纪90年代的"健康第一"指导思想与20世纪50年代的"健康第一"教育思想有着本质的不同，这一时期的"健康第一"主要是对"素质教育"的诉求，是一种多样化与复合型的新型体育思想，强调体育教学的"以学生为本"理念。

而进入21世纪后，我国对学生在体育教学中的全面发展投入更多注意力，教育部和体育部在2006年共同发表了《关于进一步加强学校体育工作，切实提高学生健康素质的意见》，中共中央也颁布了《关于开展全国亿万学生阳光体育运动的决定》。在现阶段，我国学校体育的指导思想应当是"健身育人"。当"健身"和"育人"被有机结合到一起后，方可把体育的教育本质表现出来，让学校体育与学校的其他课程一同系统地、全面地实现学校教育"健康第一"的目标。

（二）"健康第一"教学思想的依据

1. 健康教学思想符合世界发展潮流

1948年，世界卫生组织指出，健康状态应当是没有疾病并维持身体、精神以及社会三方面的良好适应，立足于身体、心理、社会三个层面来定义健康。随后，世界各地健康教育的开展情况表现出了良好的势头。

为了与世界卫生组织提出的健康指导思想维持统一，"健康第一"的体育教学思想在我国也被提出。1990年6月，我国教育部和卫计委首次联合颁发了《学校卫生工作条例》，正式借助法律形式把健康教育纳入学校教学计划中，为体育教育与健康教育的改革和发展做出很多尝试，打破了以往单一的竞技体育与单方面追求金牌的模式，使群众性体育活动的领域得以拓展，采取多种方式吸引学生自觉参与体育锻炼以及多种类型的健身活动，密切关注学生的生理健康和心理健康，使健康教育的发展速度更快、整体发展情况更平衡。第三次全国教育工作会议明确指出，青少年为祖国、为人民服务的基本前提是拥有良好的身体素质。如今，体育课程深受重视，中小学基础教育阶段和高等学校教育的体育教育工作都对此做出了相应调整，不管是哪类学校，都要求学校教育严格遵循"健康第一"教学思想的指导作用，密切分析学生身心健康与世界体育教学的发展走向是否吻合。

2. 健康教学思想适应了社会发展的需求

在社会大力培养和发展人才、社会不断影响人们日常生活的背景下，人们对健康教育的思考和认识更为深刻，越来越多的人开始密切关注"健康第一"。

一方面，当今社会的持续进步不只是向人们提供了很多便利，对人们的日常生活也产生了潜移默化的影响，当前很多"文明病"对人类的健康都产生了很大侵害，在体力劳动逐年减少和饮食质量逐年提高的双重影响下，包括学生在内的很多群体的体力活动都不断缩减，身体技能呈现出了不断衰退的趋势。另外，在过多摄入动物脂肪、高蛋白、糖类等的情况下，现代文明病出现于很多人身上。据有关社会调查得出，我国学生的营养正常率并不理想，营养不良和低体重学生的比例较高，学生超重和肥胖现象也越来越普遍，近视率也与日俱增。对于这些情况，我们要深刻认识到它的严重性。因此，重视对学生的体育教学、改善学生体质是一个重要的社会课题。学校要总结经验与教训，全面贯彻党的教育方针，加大学校体育工作的力度，普及全民健身和卫生保健等科普知识，广泛关注学生健康及体育卫生。众多实践证实，学生主动参与体育健身活动不仅能够达到强身健体的目标，还有助于抵御各种疾病，对学生的智力发展也有着积极作用，对国家和广大群众都有积极影响。

另一方面，随着社会科学技术的持续进步，各国之间关于国家综合实力的竞争日趋激烈，但其根本是专门人才的竞争和劳动者素质的竞争，这种情况对我国教育而言是机遇，亦是挑战。我国要想在国家综合实力的竞争中占据优势，就一定要培养出一大批优秀的专门人才。而培养出的专门人才不仅要有正确的政治思想，还要拥有稳固的科学知识基础以及运用能力，也一定要拥有良好的身体素质。

针对以上两个方面，为了更好地促进学生的健康和未来的健康发展，学校在教育过程中应当密切关注学生的生理健康情况和心理健康情况，树立与当今社会要求相吻合的"健康第一"思想。

（三）"健康第一"与体育健康教育

近年来，"健康第一"的教育思想在体育教学中的教学内容安排、教学方法选择、教学评价标准确定等方面得到了进一步贯彻落实，在新时期，"健康第一"在体育健康教育中的贯彻落实应注意以下几个目标的实现。

1. 落实体育健康教育标准

体育教学的所有环节都应当贯彻并落实健康标准的实施，教师应调整体育教学的各项内容，向学生传授科学的锻炼知识，最终使学生的身体素质得到质的飞跃，使学生终身健康的意识和行为得到升华。同时，体育教学也应当依据新的学生体质健康测试标准，根据本地区气候、资源以及学校自身的教学特点来进行较大程度的调整。应允许学生根据自己的爱好和特点自由选择体育项目，使他们参与到自己真正感兴趣的活动中，从而熟练掌握适合自己的健身方法。不应再强调各项目的达标与否，应在培养学生的终身锻炼意识方面下功夫。

2. 完善体育与健康教育体系

体育拥有多元教育价值，体育本身就具备十分宽泛的知识面以及深厚的文化底蕴。在体育教学的各个环节，教师应当科学渗透体育人文学、运动人体学、健康教育学等多方面的内容，促使体育锻炼的科学性特征和人文性特征更加显著，激发学生对体育课的兴趣，促使学生自觉探究体育课的深远意义，适当增添保证学生身心健康发展的常识性内容，让学生逐步形成健康的作息习惯和心理状态。

3. 转变体育教学工作重心

在不断变化的社会背景下，体育教学的教育育人作用应当把强身健体当成重要基础，推动学生的体质、心理、社会适应等方面都得到健康发展。

（1）体育教育应当把学生体质健康当成服务目标。在三维的健康观中，体质健康从很早开始就是颇受关注的健康内容。贯彻和落实"健康第一"的指导思想，要求体育教学和健康教育都应当把促使学生身心健康、提高学生身体素质、培养均衡发展人才当成重要目标。运动技术是学生锻炼身体的有效措施。此外，学生还应全面掌握体育和保健方面的知识，形成健康向上的锻炼习惯。

（2）在重视学生体质发展的基础上，重视学生的全面健康发展。当前，必须要贯彻国务院明确阐述的"学校教育要树立健康第一"的指导思想。在新时代，知识的更新和边缘学科的发展状况史无前例，社会上各种竞争也日趋激烈，而仅仅依靠强壮的身体、优良的体质、丰富的知识是不能适应这种变化的。在这样的时代背景下，国务院适时提出了"健康第一"的指导思想，对学校体育教育提出了更高要求，即培养身体健康、心理稳定、拼搏竞争、团结协作的新型高素质人才。

一方面，应关注学生的心理健康。社会主义市场经济的发展带来的竞争机制越来越激烈，来自社会各方面的因素如学习、生活、升学、就业、恋爱、婚姻等对学生的心理来说都是极大的负荷，许多学生都存在着不同程度的心理问题。由此可知，体育教学应当把学生心理健康教育摆到重要位置，促使学生的心理健康水平得到大幅度提升。对于学校体育的组织形式来说，应当与学生的实际需求密切联系在一起，定位体育活动的目标时应保证有针对性，立足于多个方面来评价学生的体育能力，由此使学生的心理素质得到大幅度提升。另一方面，要把提高学生的社会适应能力摆在重要位置。体育是一种特殊的教育形式，在遵守特定规则限制的情况下，开展公平、公正、公开的体育竞赛，对创造和谐的人际关系以及使学生形成顽强的意志品质、集体协作精神、自我心理调节能力都有着很大的积极影响，也能促使学生形成良好的社会公德和责任感，认真遵循各方面的社会规范，使学生更好地适应社会环境。

（四）"健康第一"教学思想在体育教学中的应用

在现代体育教学中应严格贯彻"健康第一"的指导思想，将它贯穿于体育教学工作的始终。让学生拥有健康的体魄，为终身教育打下基础，这就是 21 世纪体育教育工作者应当完成的重要任务，也是 21 世纪学校体育工作者应努力探索的新课题。贯彻"健康第一"教学思想需要达到的要求包括以下几方面。

1. 提高体育教师的综合素质

在体育教育逐步发展的背景下，现代体育教育要求教师不可以只采取以往知识培养的单个教学模式，体育教师还需要具备较高的科研探索水平。针对这两方面要求，体育教师需要掌握科学与人文两方面的基本知识以及基础稳固的体育基本功。

第一，体育教师要熟知信息科学、生命科学、环境科学等基础知识，了解体育教育的人文价值，掌握学生素质发展的规律性，努力提高自身的综合素养。

第二，体育教师还要树立终身学习的思想，适应不断发展与变化着的社会。体育教育也需要与任课教师、学生、家长等有关人员加以合作，以产生协调效应。

第三，体育教师应当不断地积累教学经验，主动参与各类体育科研活动，自觉在体育教学过程中发现问题、探索问题、解决问题，使自己逐步发展成为同时具备探索能力和创造能力的科研型教师。

除此之外，21世纪的体育教学把教师监控教学的能力摆到了重要位置。体育教师对教学的监控能力具体包括对教学活动的决策与设计能力，课堂组织能力和管理能力，以及评估学生知识、技能的能力等等。

2. 在体育教育中加强体育、卫生、美育的有机结合

学生在参与体育活动和体育锻炼时，一定要保证摄入身体所必需的营养，还要养成讲究卫生的良好习惯。所以，应当把身体健康和卫生保健密切联系在一起。对于体育教学来说，学校应当适当增强对学生的营养指导，高效地向学生传授与营养和卫生保健相关的知识。

实践表明，广泛开展群众性的体育活动，可以使校园文化建设丰富多彩，使学生的体育生活充满生机。美育不仅能够陶冶并提高学生的修养，还有助于开发他们的智力。体育是健与美的有机结合，寓美育于体育之中，可使体育内容与形式充满美的感受，提高学生对体育的兴趣，提高其运动质量，丰富学生的审美体验、提高学生创造美的能力。

就现阶段来说，学校体育与卫生保健的密切结合已经形成了良好开端，同时获得了比较满意的效果，但依旧未能形成完善的体系。这就要求紧密结合学生的生长发育与生活实际来开展健康教育，使学生学会自我保护，预防疾病的发生。把学生的青春期教育和心理健康教育作为健康教育的重要内容

来抓。加强学生的多元体育教育，应引起体育教学工作者的高度重视。

3. 培养学生的健康意识和行为

在体育教学的各个环节，教师均应采取多种方式把教学活动和学生生活实践联系起来，促使学生逐步形成健康意识并主动做出健康行为，努力让学生把所学知识转变成自觉行为。详细来说，学校和体育教师在培养学生健康意识与行为时，需要高质量地完成以下几方面工作。

（1）结合学生的具体实际，制定适合学生发展的体育教材，组织好学生参加体育运动锻炼。

（2）在上体育课时应注意适量，不应矫枉过正。

（3）在体育课外活动中应加强体育教师的指导力度。

（4）开展多种形式的体育比赛。

（5）有针对性地加强营养学、心理学、保健学、环保学、身心健康等方面的知识教育。

4. 不断提高学生参与体育的能力

在体育教学过程中，教师应当高效地向学生传授健康知识与锻炼手段，把开展体育运动项目与社会体育资源密切联系起来，让学生参与体育的运动水平得到大幅度提升。健康知识与健康手段对所有体育锻炼的参与者都至关重要，传统体育教学中往往存在重视运动技术传授而忽视健康知识传授的问题。学生只有全面掌握了健康知识与锻炼手段之后，才不至于漫无目的地参与体育锻炼活动，才能更加客观地评价自身的实际情况与锻炼效果。分析传统体育教学可知，学校开展运动项目往往只把场地器材、教师情况、学生情况视为重要考虑内容，而没有对学生所学运动项目在其步入社会后能否继续坚持进行全面的考虑。

现阶段，学校体育教学各项工作的开展应充分立足学校，放眼社会，多开设社会体育设施建设较好的项目，为终身体育的开展创造条件。各项运动项目是参与者参与体育运动的重要媒介，良好的运动技术可以激发学生对运动锻炼的积极性，从而逐步形成良好的运动习惯。所以，在体育教学中坚持以运动技术为主，注重培养学生广泛的体育兴趣，使学生一专多能，同时更加重视健康知识和健身方法的传授，使学生在学校之外也能科学参与体育锻炼。

二、"以人为本"教学思想

(一)"以人为本"思想的内涵

我国在提出"以人为本"的思想时,并没有于最开始便形成系统的理论体系。早在商周时期,我国的先辈就已经提出了民本思想,并指出人民是整个国家的重要基础。发展到春秋时期,儒家倡导"仁者爱人"的思想、战国时期齐国管仲提出"以人为本"的治国思想,再到后来孟子的"以民为国家之本"等思想,都与"以人为本"教学思想有着密切关系。毋庸置疑的是,我国古代传统的民本思想和现阶段的"以人为本"理念有着很多不同之处。

在西方,古希腊时期就出现了"以人为本"的理念与思想,而其正式形成则在意大利文艺复兴时期。19世纪初,哲学家费尔巴哈第一次提出了"人本主义"的口号。发展至今,很多人本主义哲学家选用非理性主义手段,使得人本主义体系更为完善。在人本主义思想的长期作用下,西方教学思想在教育观念、教育目标、教育内容、教育手段等方面都进行了大幅度调整,其对现代体育教学的发展进程起到了很大的推动作用。

截至当前,"以人为本"的体育教学思想已经演变成了中西方体育教学的关键性教学思想。我国现阶段"以人为本"思想得以建立的重要基础是马克思主义和与个体全面发展相关的理论,同时密切联系我国的具体情况,最终产生了科学、完善的教育价值取向。在体育教学中贯彻和落实"以人为本"的教学思想,不仅对我国落实科教兴国战略有着深远意义,还对我国实现民族的伟大复兴有着深远意义。

(二)建立"以人为本"教学思想的重要性

21世纪之后,人们对人才是社会发展的核心要素有了越来越深入的认识,我国一定要在实施科教兴国战略的前提条件下持续加深学校教育的改革深度,保证人与社会的全面发展。在现代社会不断发展的背景下,各级学校应积极贯彻落实科学发展观,坚持"以人为本"的教学思想,这是体育课程改革的必然要求。在新的时代背景下,贯彻"以人为本"的教育理念对学校体育教育的发展和青少年的身心健康成长都具有重要的意义。

近年来,在不断加深改革深度和发展深度的背景下,我国学校教育的发展成效十分显著,体育教育同样在积极顺应时代发展的主要趋势,大力更新各项教学观念,采取科学人性化的教学思想对体育教学发展提供着指导。学生在终身体育理念的科学引导下，在落实"以人文本"的科学发展观过程中获得了大力发展。当前，"以人为本"的科学发展观及教育理念对我国体育教学的发展具有重要的指导意义。"以人为本"中的"人"既是个体，又是群体，既具有自然属性，又拥有社会属性。现代体育教学要建立在以人为本的基础上，坚定不移地实施科教兴国战略和人才强国战略，不断满足大众日益增长的教育需要。

（三）"以人为本"教学思想在体育教学中的应用

贯彻落实科学发展观，建构社会主义和谐社会及在教学中贯彻以人为本教学思想是新课程改革的必然要求。与此同时，我国现阶段的体育教学还面临很多需要解决的问题，表现出了许多不足之处。针对各方面的问题，在学校教育中发挥重要作用的体育教育应当在教育目标方面落实以人为本的教育理念，具体应当从以下两个方面着手。

1. 以学生为本

学生是体育教学的主体，其同时也是独立生命个体，有资格获得认可与尊重，所以参与体育教学活动的教师应当树立以人为本的观念。在以学生为本的过程中，应当进一步丰富办学资源，尽全力为学生创造有利的学习条件和教学环境，进一步充实教师队伍；本着对学生高度负责的原则，提供充足的教育教学资源，并保证向他们提供其发展所需的知识、技能等教学内容；尊重学生的个体差异，促进学生个性发展；完善培养方案，建构科学的课程体系；重视改变教学方式，增强教学的感染力、吸引力，激发学生的学习动机，调动其学习积极性。体育教学中贯彻以人为本的思想，首先就要关注学生的利益，树立为学生服务的观念，使学生获得全面而又不失个性的发展。

21世纪以来，我国学校教育以惊人的速度不断发展，体育教育也要适应新时代的发展潮流，不断革新观念，以科学的、合理的、人性化的教学思想促进学校体育的发展，让学生在健康第一思想的指导下获得身心的全面健康发展。简单来说，现阶段的体育教育应当把保障学生身心健康当成基本原则和开展多种体育活动的立足点。在体育学校的实际过程中，应采取多种方式提高学生的主体地位，培养学生主动参加体育锻炼的意识。在培养学生主体意识的过程中，要求教育工作者应本着尊重学生、信任学生的原则，促进学生身心的健康发展。具体来说，要做到以下几点。

（1）尊重学生。教师应当树立以学生为中心的教育理念，在教育过程中严格遵循学生的身体发展特征和具体规律，同时对学生的个性特征予以尊重及肯定，贯彻并落实因材施教的原则。

（2）宽容学生。推动学生健康成长是教师所有工作的根本目的，教师要想顺利达到这个目标，就必须对学习中存在问题的学生进行密切关注。学生之间难免会存在差异，所有学生都存在优势和劣势，教师应当正视这种差异，对学生的优势进行积极肯定，对学生的劣势多多包容。针对班级中喜欢捣乱的学生，教师应当集严格管理和适度宽容于一体，在宽容的细节中提出严格要求。

在具体的教学工作中，教师在管理部分学生时，需要付出一定的情感，多下功夫，先对他们的错误给予宽容与理解，从而使学生的思想负担减轻，使其树立自信，将内在的精神力量激发出来，使其自觉改正错误、实现自我发展，这才是对以人为本的教育思想的真正贯彻落实。

（3）丰富教学形式。在体育教学中应努力彰显学生的主体地位，推动学生成为学习的主人，促使学生将体育学习融入情感和行动两个方面。所以，体育教师应当采取多元化的教学形式，从而科学组织体育教学。现代课堂教学就是教师和学生共同探讨问题的重要阵地，在课堂教学中便于运用多种形式开展教学活动。具体的教学形式有群体训练、小组合作练习、个人自觉练习等，这些都彰显出体育教学中贯彻以人为本理念的情况，有助于激发学生的内在需求，并推动学生的不断进步。

（4）科学评价学生。体育教学评价的全面性很重要，全面评价需遵循"以人为本"的原则，将学生的全面发展充分重视起来，力求通过全面评价充分了解学生对体育学科的态度、参与体育锻炼的情况以及对体育技能的掌握和运用情况，从而有针对性地调整课程教学方案，使学生在现有的基础上实现更大的进步。在体育教学过程中，要注重对学生体育学习情况的评价。一般来说，体育教学评价主要是对学生的平时表现、素质达标、技术技能运用等内容进行评价。然而，由于每个学生的学习能力不同，因而出现能力强的学生容易得高分、能力弱的学生付出行动但仍然难得高分，这种评价将无法客观反映学生的体育锻炼情况，也不利于增加学生的学习动力。由此可知，教师选用评价方式时应当密切联系学生的实际情况，从而推动所有学生的健康成长。

（5）建构和谐师生关系。体育教学的基本立足点是关爱学生生命，尊重学生人格和权益。教师对学生之间的差异性应予以认可，对学生的独立性、个体性应予以尊重，与学生建构平等和谐的师生关系。具体来说，在体育课堂教学中，教师要善于采用鼓励性的话语来激励学生、安抚学生。鼓励的话语可以给学生带来莫大的安慰与动力，可以使学生变得更勇敢、更自信。这样往往能够取得良好的课堂教学效果。

2.以教师为本

因为教师的"教"是学校培养学生和推动学生发展的实现手段，所以体育教学中也要以教师为本。学校需要完成的工作包括以下几个方面。

第一，向体育教师提供积极向上的工作环境和工作氛围，针对教师的工作量制定出合理标准，客观评估教师的教学，积极奖励表现突出的教师。

第二，时刻关注教师的发展情况，教师也需要随时代的变化而持续发展。在体育教师管理方面，严禁把防范性和强制性摆在重要位置，应当把人性化贯彻于各个环节，促使体育教师积极履行个人义务并承担相应的责任。

第三，给予体育教师应有的尊重与信任，避免制定过多内容来限制体育教师的自由，避免束缚体育教师的行为。

三、"终身体育"教学思想

（一）"终身体育"教学思想的概念

"终身体育"是指在人的一生中都要进行身体锻炼和接受体育教育与指导，它是终身教育的重要组成部分。具体来说，就是一个人从生命的开始，到生命结束，都要适应环境与个人的需要，进行身体锻炼，以取得生存、生活、学习与工作的物质基础或条件。"终身体育"思想的形成是人类自身和社会发展的必然要求。

在理解"终身体育"时，可以从几个方面进行分析：在时间上，"终身体育"贯穿人的整个生命过程；在活动内容上，"终身体育"运动项目包括多方面内容，在选择时可以结合自身的兴趣；在人员上，"终身体育"面向的是社会上的全体公民，特别是面向全体青少年学生；在教育上，"终身体育"有助于提升全体公民的总体素质，是实现富国强民的重要方式。

"终身体育"是思想意识及行为倾向的有机结合，体育意识是"终身体育"的思想基础。体育意识的强烈程度直接影响着人们终身体育思想的形成。"终身体育"强调个体生命整个过程中不同时期的体育，即体育锻炼贯穿于生命的全过程。"终身体育"贯穿人的一生，对社会而言是全体国民的体育，两者的统一是"终身体育"追求的最高目标。

随着发展时间的增长，"终身体育"思想在体育教育中所占的比重越来越突出，已经逐步发展成为当今十分先进的体育教学思想。"终身体育"思想由学校体育、社区体育以及家庭体育组成，它们互相联系、相互作用，从而共同影响个体。此外，还要求学校、家庭、社区积极开展各类体育活动，努力增加各类群体参与体育活动的机会。

（二）"终身体育"教学思想的特征

1. 终身性

"终身体育"是先进的教育思想，因为其彻底打破了以往体育教学目标过度重视学习和掌握运动技能的观念，发展并延续了学校体育教育。分析传统体育教学观念可知，其总是把个体接受教育的时间定位于在校期间，把学习及掌握体育理论知识和运动技能设定为体育锻炼的重要内容。然而，"终身体育"是在密切联系个体生长发育、发展以及衰退规律与阶段性特点的基础上组织个体参与身体锻炼，倡导体育锻炼对人们的整个生命历程都有积极作用，因此有必要进行终身参与。

2. 全民性

终身体育锻炼具有全民性的特点，这是指接受"终身体育"的所有人，在对象上，有儿童、青少年、成人和老年人等；在范围上，有学校体育、家庭体育、社会体育等。以"终身体育"为指导开展全民健身运动，其实质是群众体育的进一步普及与发展，以实现广泛普及化。身处当今社会的任何一个人都需要掌握生存的技能，而学会生存不能与体育相脱离。因为生存发展是时代的主流，要生存就必须会学习、运动锻炼及保健，人们要想更好地生活，就应把体育与生活紧密地联系在一起，在参与体育活动中终身受益。

3. 实效性

终身体育锻炼应当确定清晰明了的目标，换句话说，就是体育一定要推动人们实现均衡发展与终身发展。维持并提高人们的生活水平、提高人们的身体素质、延长人们的寿命是"终身体育"的终极目标。

"终身体育"的根本着眼点是更好地适应个体发展与社会发展。广大群众为了提升自身的生活水平，往往会结合自身的情况来选择最佳的体育方式，达到有的放矢，其表现出的针对性特征和实效性特征都十分显著。从整体来看，终身体育锻炼应当设置明确目标，推动学生实现均衡发展与终身发展。

（三）"终身体育"教学思想在体育教学中的应用

1. 培养学生的终身体育意识

"终身体育"教育思想指导下的体育教学不仅是追求学生某一特定的运动技能和运动的熟练程度，更为重视学生学会能够分析自身的身体锻炼与综合的运动实践能力，注重对学生的体育爱好和兴趣的重点培养，使学生养成良好的身体锻炼习惯。而在学校开展终身体育教育过程中，就应当致力于提升学生的体育意识，其具体措施如下。

（1）重视体育兴趣引导。心理学的有关理论证明，行为是在认识事物的前提下，在引发动机和兴趣的基础之上产生的。在体育教学中，教师应当指导学生端正体育学习态度，制定适宜的体育目标，逐步形成持久的学习动机，调动学生掌握体育锻炼与卫生保健两方面的知识和技能的积极性。除此之外，体育教师应当密切关注实施理论教学的实际效果，不断增强学生的终身体育意识，顺利实现体育的价值。

（2）重视体育习惯培养。体育教师应当指导与带动学生把体育锻炼习惯延续到校园生活以外，这不但有助于我国全民健身的发展，而且有助于实现"终身体育"的社会价值。

（3）重视体育素质培养。在体育教学过程中，体育教师应当制定使学生终身受益的目标，对每次课以及所有课外活动都要提出有针对性的要求，将健身设定为目标，把素质、技能、知识、能力等方面的教育内容都渗透到培养学生终身体育意识的过程中。

2. 重视学生自我发展与社会需要的结合

"终身体育"着眼于人一生中各个不同的年龄阶段，不同的生活环境，不同的职业特点来选择相应的锻炼方法和内容，进行不同形式的身体锻炼，以保证终身受益。学校体育教学正是为未来扮演不同社会角色的学生提供了一个良好的参与体育的契机，指导其参与体育锻炼，以便进入社会后可以更好地适应社会。因此，"终身体育"不仅要促进学生在学校的发展，还要充分满足社会发展对学生未来的发展需求，这就要求体育教育应重视学生的当前发展和长远发展。具体来说，在体育教学过程中，应实现学生终身体育发展与社会需求两者的结合，具体应该重点做好以下几方面工作。

（1）明确学生需要与社会需要的彼此地位。这是正确处理学校体育发展与社会需要适配性的关键问题。

（2）明确学生需求和社会需求之间的联系。学生需求是促进学校体育文化发展的重要动力，社会需求是体育运动发展的外在要求。

（3）体育教学应当以学生为主体并努力让学生的学习需求和发展需求都能够获得满足。

（4）对学生发展和社会需要在各个发展阶段的矛盾进行灵活有效的处理。尽管社会需要和主体需要在终极目标上应当维持统一，但并不是说之前的其他过程就不存在不同之处了，学生的终身体育发展为社会在人才方面的实际需求打下了基本人才素质基础，但学校体育教学涉及方方面面的内容，不可以只把社会需求发展当成服务对象，也需要把"以人为本""健康第一"考虑进来。

（5）重视与培养学生掌握系统的体育基础理论知识、科学的身体锻炼方法，以及检查评定的方法，促使学生形成从事"终身体育"的能力。

（6）校园体育教学应时刻注重对学生的生理、心理、行为模式、思想意识等方面的调查与研究，同时以社会需要为基础，以"是否符合社会发展需要"作为衡量学校体育教学合理与成功的重要评价标准。

3. 拓展和丰富体育教学内容

分析我国当前的学校体育改革目标可知，主要定位于让个体在有限的学生阶段掌握体育基础知识与基本技能，在未来可以独立自觉地继续进行身体锻炼并接受体育教育，密切衔接终身体育。学校体育在现阶段的重要任务是培养并增强学生的"终身体育"观念，在设置体育课程内容时适度增加促使体育教学内容更加多元化的内容，其具体有如下几点。

（1）在体育教学中积极开展学生乐于接受的体育项目。

（2）适当组织各类运动的赛事，如篮球运动赛事、足球运动赛事、健美操运动赛事等。

（3）在体育教学中适当安排耐久跑等锻炼内容，同时结合季节特征来做出对应安排。

（4）指导学生密切关注体育界的最新动态，向学生传授体育竞技规则与裁判的基础知识，详细解说某些大型体育赛事的技巧。

（5）支持学生自行组织比赛，全面培养学生的自我组织能力和参与意识。

（6）体育课内外教学相结合对于终身体育思想的发展也是有积极意义的，高校开设体育选修课可以让学生选择自己感兴趣的体育项目来学习，从而发挥自己的体育特长，养成良好的体育习惯，为终身体育锻炼习惯的形成打下坚实基础。

4. 不断提升教师的综合素质水平

教学是教师最基础与最核心的工作，教师教学能力往往对体育教学质量有着重要影响，所以体育教师应当借助多种方式来提升教学能力，由此使其教学质量得到大幅度提升。

（1）教师应树立起重视体育教学思想和意识，并在教学过程中积极贯彻落实。教育直接关系到了民族的兴亡，健康、健美的人才才是祖国未来需要的人才。所以，体育教师需要时刻考虑如何将祖国未来的希望培养成全面发展的新型人才。

（2）在体育课程教学中，针对特殊情况和事先未能考虑到的情况，教师可以对课程进行适度的调整，这是体育课中比较常见的情况。体育教师不应当只定格于提前设计好的方案，应当用不断变化的视角来实施课程方案。由此可知，体育教师应当结合实际情况来对做好的课程设计进行合理调整，从而对学生的体育学习与体育锻炼发挥出更大的积极作用。

（3）体育教师应当积极适应时代发展的实际需求，在体育教学过程中积极进行自我更新与自我优化，树立崭新的教育观念，选用切实可行、创新性高的教学手段来开展各项教学活动，有效激发学生参与体育运动的主动性，增加学生参与体育活动的兴趣，在参与过程中形成良好的体育锻炼习惯。

第三节 现代体育教学思想的耦合与发展

一、三基论与体质论：学校体育思想百年主线

（一）三基论的是与非

中华人民共和国成立后，百业待立，百废待兴。出于政治上的需要，我国照搬了苏联当时的教育思想、内容、手段和方法。这种体育理论是以马克思主义的思想基础为根基，以巴甫洛夫条件反射学说为自然科学基础和凯洛夫的教育教学原理融汇形成。其理论特点是强调体育的阶级性和"工具论"。

体育教育与社会发展相适应，在阶级社会里永远具有阶级性，为统治阶级服务，强调体育教育的统一性，有统一的教学大纲、教学内容。重视传授知识、技能、技巧，重视共产主义思想品德教育。学校体育思想是以传授体育基本知识、基本技术、基本技能即"三基论"作为学校体育教育的指导思想。当然，其中也存在一些对于盲目推崇的弊端。

一方面，在中华人民共和国刚成立的特定历史条件下，一切向苏联学习是一种历史的必然。当时学习苏联体育理论的主要方式是照搬与模仿，形成了以基本知识、基本技能、基本技术为特征的学校体育发展路径，然而这是对马克思主义"本本"的迷信，只看重"本本"和把"本本"作为检验真理的唯一标准。这是违背马克思主义正确学风的迷信转向而不是迷信的真正破除。另一方面，"三基论"本身对学校体育教学存在刻板的弊端，将教育形式过于"板起面孔"的做法，也在一定程度上影响着教育的效果，这也是"三基论"学校体育思想在日后教育实践中备受责难的最大问题。因此，一切唯书唯上的做法最终都会遭受历史实践的诘难，削灵活多变实践之"足"去适"划一"模版之"履"，终会因为捉襟见肘的功用不适应而被遭问责。

（二）体质论的是与非

教学观兴起于20世纪70年代末到80年代初，从提高整个中华民族素质着眼，将增强人民体质作为探讨学校体育问题的根本立脚点和依据，强调学校体育应适时地为促进学生身体的生长、发育与增强学生体质服务。这种思想认为体育教学应增强学生的体质，培养德、智、体全面发展的人才。恪

守体质教育的学校体育志士仁人认为,只有体质教育得以深入贯彻,才可以拯救中国当时学校体育效绩不佳的局面。

当时,面临学生体质下降的严峻现实,在政府部门以及体育界仁人志士的大力推广与宣传的推动下,体质教育思想成为当时甚至是目前最为重要的学校体育思想之一。"真义体育"在中国学校体育教育领域的实施得到了众多体育教育界仁人志士的赞同与推崇。然而,体质教育也是存在缺憾的。

首先,体质教育有其价值是不可讳言的,但若用它来取代技术教学,定然发生层次错位暂且不说,单说体质教育,还有什么积极性操作手段可资利用的呢?其次,手段与目的的混淆也是这一思想的硬伤所在。在"与健康有关的体质"和"与运动技能有关的体质"的认知方面,过于偏向后者的重要性推崇,而且在评定指标的遴选上也同样侧重"与运动技能有关的体质"方面的测评,将学校体育的认知与目的求索死死地控制在学科领域范畴内,学校体育主体其他方面的所求,诸如情感的需要、健康的累积在此设置过于模糊,从而造成瘸腿的学校体育发展局面。

(三)"三基"论与体质论作用的历史界定

"三基"学校体育思想与体质学校体育思想经过各自的发展与两者的对抗,对于中国学校体育的发展承担了莫大的职责,并取得了令人瞩目的成就,这是不可讳言的。一味批评已往学校体育认知方面这样那样的过错,或者将事质领域的划分等视为学校体育思维路径导引的认知,抓住"生物体育观"的"干瘪"讨伐口实不放,就会陷入历史虚无主义的漩涡之中。因此,为了更好地评判学校体育思想的得失,应该在把握学校体育实质的基础上,检验学校体育思想对学校体育某一领域认知与把握的标矢。

"三基"学校体育思想根据学校体育操作性特征的把握,将基本知识、基本技术、基本技能作为"可为领域"的预设,在认知、理解、解释的统一性上是不冲突的;同理,体质学校体育思想基于显性体质检验的需要,采用"物理评判手段"的方法也是无可厚非的。至于当下对以上两者的批判更多的是方向(价值视角)上的,而不是手段(畿域建设)上的,这种评判角度的选择并无意诋毁学校体育特定思想的优劣,旨意却在明确学校体育思想视角设置本身的考虑,以将其效力基盘规划清楚。所以说,对于学校体育思想当下的考量视角应该锚定在如何更好地发挥思想固有功能——价值取向上,而不是为了否定视角选定的偏狭。

"事实上,我国学校体育界一向就有两大思潮的纷争,其中一种思潮倾向于学校体育主要是为增强学生体质服务的。持此观点的人士被称'体质派'。他们当中的多数对此称谓亦自认不讳。另一种思潮则针锋相对,极力主张学校体育要突出基础知识基本技术和基本技能的传习。据此观点的人士便被称'三基派'。"[①] 由于对学校体育"真义"的迫切需求,"两论"在思维认知上都想占有学校体育建设筹划的全部。"所谓'体质派'与'三基派'之争,确实是我国学校体育系统中的基本矛盾。"[②] 在一定意义上而言,"事实是根据概念图式有关经验的一种陈述",源于学校体育的本质认识,理论的解释都是存在特定视角方面的理由的,是在综合考虑了时代特征、现世需要、社会认知程度的基础上,勾勒当时学校体育价值视角的明确与择用,对于它们的价值应审慎处置。

二、学校体育思想多元并举的审视

历史的脚步迈进20世纪80年代中后期,随着中国改革开放的火荼之势,以及学校体育发展自身的迫切需求,学校体育思想也进入了"百花齐放、百家争鸣"的假设论证阶段(表2-1)。学校体育界就学校体育应该"跟着谁走"的问题展开了讨论与争辩。基于以往学校体育思想过于"体育化"视角的认知与建设,学校体育界深刻体会到"小学科建设"初衷的狭隘,将置学校体育于孤立发展的危险状态。因此,在充分尊重学术争鸣的原则下,中国学术界在形式上对学校体育思想多元开发与建设给予宽宏的包容与兼顾。

学校体育思想在此后历史阶段处于多元探究的状态。多元指向学校体育思想呈现"百花争艳"的态势,在理解上更加全面地解读着学校体育的"应然"把握,为学校体育的发展提供了可以选择的取向。但是,源于"思维偏向固着"[③]的禁锢,形式上的多元诉求隐藏着一元极端的伸张意图,学校体育思想多元并举的局面,实际上却演变成了"流派"地对诘或思想路径的对抗。在这种情况下,学校体育多元的视角诉求并未形成合力,而是在互相消抵着彼此的指导价值。

---

① 张洪潭.体质论与技能论的矛盾论[J].体育与科学,2000(1):8-16.
② 张洪潭.体育教学思想起论、互补原理与技术健身论[J].上海体育学院学报,1994(1):89-96.
③ 沃克·索尔克,彭少麟.弹性思维:不断变化的世界中社会—生态系统的可持续性[M].北京:高等教育出版社,2010:23.

表 2-1　学校体育思想的价值表征

含义解读	快乐体育思想	全面教育体育思想	终身体育思想	健康第一思想
旨的	通过体育教学实践，追求运动的快乐，将运动过程中遭遇的困难与克服困难体验到的愉悦情绪相协调，强调学生触摸到参与体育的快感，将学生在体育教学活动中的心理体验作为教学是否成功的重要措施与指标	以增强学生体质为起点，基本知识、基本技术、基本技能教授为手段，思想教育为导向，社会教育为辅助，培养学生德智体美劳全面发展的素养	将培养学生终身体育的习惯与能力作为学校体育建设的主要目标和任务，强调体育和体育活动不只是人生某个阶段的活动，而是伴随人的一生所必需的生活需要和生活内容	强调增强体质的基础上，发展人的心理品质、社会性品质，促进人的身心和谐发展，为学生"立体健康"服务，在保障生物学功能得以实现的基础上，兼顾学校体育对学生心理建构和社会适应方面的作用
表意	体验运动快感，激发学生自觉主动地参与体育运动的兴趣，强调教学结果，重视教学过程，注重身体的锻炼，关注心灵的塑造	以马列主义思想为考据，培养学生德智体美劳全面发展的素养，育体与育人相结合，进行全人教育	一是指人从生命开始至生命结束过程中学习与参加身体锻炼的总和；二是以体育的体系化、整体化为目标，为人在不同时期、不同生活领域中提供参加体育活动的技术支持	关注学生身体、心理、社会适应以及道德方面的培养，注重"三层次五目标"教育目标的实现
价值视角	情感价值取向	维度价值取向	时间价值取向	人文价值取向

　　这一时期学校体育思想的发展虽然光鲜，但缺陷也是显而易见的。快乐体育思想、全面教育体育思想、终身体育思想以及健康第一体育思想并未形成统一和科学的体系，硬要将学校体育装在某一思维器皿里塑形，展览谁更为"本意"的解读着学校体育，在此学校体育被不同领域视角所辖制，弥漫着"各推其政"的硝烟。学校体育多元发展阶段实质上也是思维固执的阶段，并未进行思维解放的卓有成效的努力。思想文本本来是从不同视角来谋建学校体育发展意旨的，而此时却成了分裂学校体育建设的元凶。

究其原因笔者认为：一方面对于学校体育的认知是阶段性、层次性的。学校体育的特征应该顾及"快乐、全面、健康、终身"等关键词的意蕴，但是每一个关键词在融入学校体育生命之后，那只是对学校体育一小块领属的解读，不足以整体解读学校体育的全貌。另一方面由于思维价值固有的偏向性特征作祟，导致思想对学校体育的解读只是洞察到某一个方面，造成思维路径的偏执依赖。应该明确，每一种理论都清楚地洞察到学校体育的一个特定方面或侧面，而同时又"歪曲"或没有看到其他方面，至于被模糊的那一部分，由谁来承担责任以及如何承担责任是必须明确的。因此，有必要澄清学校体育思想的特征与优劣，诠释某一特定思想的"可为"与"不可为"的"先验领域"，依此破解学校体育思想多元构建与解构重组在方略上的窘迫。

三、学校体育思想耦合路径构建

（一）学校体育思想的兼容并蓄需求

体育学界深切感知到有必要营造学校体育思想部分之和大于整体的景象，纷纷建构各自的学校体育思想架构见解，并出现了两股颇有影响力的导向认识。例如，以终身体育思想作为学校体育主导思想的学者认为，终身体育作为学校体育长效目标的设定与追求，是统领学校体育其他指导思想的最佳选择；以终身体育思想作为学校体育改革与发展的主导思想，这是学校体育观念演变的必然，也是推进学校体育改革和全民健身的现实需要。[①] 而以健康第一思想作为学校体育主导思想架构思路的学者认为，学校体育教学思想的核心在于建立健康第一这一支点，健康第一本身所蕴含的特性成就了其统领其他思想地位的确认与确定。[②] 学校体育思想构架试图在终身体育与健康第一两者的各自统一之下，谋划着自圆其说的理论规划。应该说，构建学校体育思想的初衷是好的，有利于学校体育思想效力发挥的最佳整合。然而，"各美其美，美人之美，美美与共，天下大同"[③] 的诉求，如果是在没有坚定的起点设定基础上进行的，始终是过于形而上化的。以某一思想作为学

---

① 陈琦.以终身体育思想作为学校体育主导思想的研究[J].华南师范大学学报（社科版），2003（1）：105-111.

② 喻坚.以"健康第一"思想作为学校体育主导思想的研究[J].北京体育大学学报，2005（5）：661-665.

③ 张蓉."各美其美，美人之美，美美与共"——全球化背景下中国基础教育改革走向[J].教育与教学研究，2011（4）：45-48，58.

校体育主导思想构建的思路并不圆满，就在于这一学校体育思想整体构建意图是在思想版本诠释的基础上进行的，是在学校体育这一实体缺席的前提下对思想进行的优劣规划，是一种比较思想论。[①] 现行的整体论建构在学校体育思想方面的实施是不完满的，以特定思想文本为起点的问题思考形式不可避免地侵浸着价值臆判的阴影，不足以澄清学校体育发展的本性之选。

（二）学校体育思想耦合的理论构建与实践路径

理论建构的意义在于实践功效的取获。失去了对这一底线的把握，事物发展的指导意义就会产生异化。由于学校体育思想多元化的理念推及，学校体育的内在价值被分解在不同的思想版本中，学校体育多条腿走路，这是学校体育发展的历史宿命。然而，为了避免学校体育思想互相抢占学校体育指挥权的混乱局面，如何最优化地规整学校体育思想导向的整体意义，则需要将诸多学校体育思想拧成一股绳，实现学校体育理论的最优化回报。

鉴于此，笔者认为学校体育思想走出象牙塔的途径并非是以理论的基调调控学校体育的现实状况，或用框框辖制学校体育的鲜活，实现程序化、平行化的下放，这样不仅挫伤着理论的导向价值，更是对时空条件限定下学校体育的无视。因此，在思想指导实践的道路上，学校体育思想只是被裁剪了思想的核心要素，在实践中形成思想间要素凝合的动力（图2-1）。学校体育思想作为文本的考量是一种断面审视，是一种视角占有的界定与解说。它们都不是圆满的学校体育建设规划。每一种思想都不足以承担学校体育总体建设的重任，如若秉承兼容并蓄的原则，则必须在确保思想发挥效力的基础上进行。

三基学校体育思想（质料型）	快乐体育、成功体育思想（动力型）←反馈 指向→	健康第一学校体育思想 体质学校体育思想 终身体育思想（目标型）

图 2-1 学校体育思想整合型制

实践是检验真理的唯一标准，在整合了学校体育思想理论构架的基础上，学校体育思想体系的效力释放也是需要进行适时调整的，并非一劳永逸的照搬理论。学校体育思想体系的理论构建只是在一般性上实现了其效力释放的结构基础，至于在实践中，则应经过限定条件和体育实践的筛选，将学

---

① 江文奇，袁国良.学校体育思想集置状态的内生态机理构建研究[J].北京体育大学学报，2014，37（9）:105-110.

校体育思想体系进行弹性化的响应设置，形成适应现实学校体育开展的有针对性的指导方略（图2-2）。

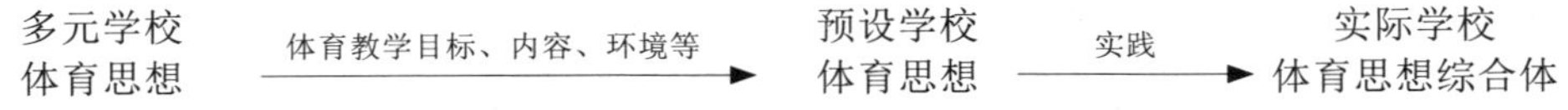

多元学校体育思想 —体育教学目标、内容、环境等→ 预设学校体育思想 —实践→ 实际学校体育思想综合体

图2-2 学校体育思想应用程序

在审视学校体育思想实践中的融汇起效时，必须诊视学校体育可考参数的实际状态，有的放矢地针对实际状况进行操作。[①] 将学校体育思想的"所指""能指"与学校体育实践层面进行对接，是学校体育思想体系实现优化理论导向的有效保障。基于上述思维路径的考究，在学校体育思想整体论构建的过程中，对学校体育思想体系的考量要切实经受学校体育实施过程的检验，以此形成各种学校体育思想的致力空间。在此基础上，构建学校体育思想整体规划蓝图与实施保障。总而言之，理论与实践的关系是相互促进、互相携助的，并不存在谁指挥谁的权利。学校体育思想的建设要确保活性，就必须规避理论与实践的二元论分歧，实现学校体育实体与思想无隔阂的统一。

四、现代教育理念下体育教学的发展走向

（一）终身体育教育将得到进一步加强

在很长一段时间里，学校体育教学往往注重学生的体质发展，而忽略了对学生体育意识、兴趣、习惯和能力的培养。随着我国对学校体育作用认识的不断加深，培养学生终身体育意识已经成为当前学校体育改革与发展的一个共识。1995年，国务院颁发的《全民健身计划纲要》指出："要对学生进行终身体育的教育，培养学生体育锻炼的意识、技能与习惯。"这一规定的出台预示着学校体育要把终身体育这个思想贯穿于体育教学中去。颁发于1996年的《全日制普通高级中学体育教学大纲》又进一步明确提出："掌握体育的基础知识、基本技能，提高学生的体育意识和能力，为终身体育奠定基础。"出台于2001年的中小学《体育（与健康）课程标准》指出："学校体育是终身体育的基础，运动兴趣和习惯是促进学生自主学习和终身坚持锻炼的前提。"颁发于2002年的《全国普通高等学校体育课程教学指导纲要》

---

① 邵伟德.我国现代各种学校体育思想的比较与指导思想框架构设[J].北京体育大学学报,2002（6）:800-802.

指出体育课程的目标是使学生"基本形成自学锻炼的习惯,基本形成终身体育的意识","熟练掌握两项以上健身运动的基本方法和技能,能科学地进行体育。"颁发于2003年的《普通高中体育与健康课程标准》在课程理念中也指出:"高中体育与健康课程十分重视培养学生的运动爱好和专长,促进学生体育锻炼习惯和终身体育意识的形成,奠定学生终身体育的基础。"这些规定都表明,学校体育教学必须要以培养学生终身体育意识为重要目标。目前,经过一系列的体育教育改革后,学生的"终身体育"意识都得到了一定程度的加强,但是这还不够。在新的形势下,各学校要进行更为深入的改革,提高学生的体育意识,培养学生正确的体育价值观,使其掌握科学的健身知识与方法,养成经常锻炼的习惯。

(二)体育教学内容将更加丰富

随着时代的发展,体育项目将越来越多样化,学校体育教学的内容也会随之改变,一些具有时代特征的现代体育项目,如攀岩、跆拳道、体育舞蹈等,会越来越多地走进学校中。一些个性健身类项目,如健身操、越野跑、山地自行车等,能够较好满足学生的需要,会越来越受到学生的重视。一些娱乐性强的休闲体育项目,如保龄球、滑板、台球等,也将会因为能够满足学生身心愉悦的需求而受到学生的喜爱。另外,一些民族、民间体育项目,如踢毽子、跳竹竿、荡秋千等,将会为学校体育所开发与利用,以满足学生健身、娱乐等多种需求。总之,学校体育教学将向内容多样性的方向发展,特别是具有健身、健美和娱乐功能的体育项目,将会受到学校体育教学的青睐。

(三)体育教学组织形式将日益多样化

21世纪,人们的"终身体育"观念得到不断的加强和深化,学生体育的主体意识也不断得到增强,受此影响,学校课外体育的组织形式将更加多元化。学校体育教学组织形式日益多样化主要体现在以下几点。首先,体育俱乐部将成为体育教学的重要组织形式,这些体育俱乐部将会呈现出两种性质,一种是竞技体育俱乐部,以发展学生体育特长、提高运动技术水平为目的;一种是群众性体育俱乐部,以健身、健美、娱乐为目的。其次,体育社团将在大中学校中得到发展。学校体育社团一般由学生会、团委出面发起组织,大多会以单项体育协会的形式出现,如篮球协会、游泳协会、健美协会等,随着学校体育项目的增多,体育社团也会相应地出现增多的趋势。最后，非正式学生体育群体将会越来越活跃。一些学生会因共同的体育爱好组成小团体，按照约定俗成的习惯以及相互间的感情来进行维系。目前，这种组织形式已经出现在学校中，只要加以正确的引导，这种组织形式将会越来越活跃。

（四）体育教学将呈现出地域性和层次性

我国历史悠久，幅员辽阔，体育课程资源有着明显的地域性特点。目前，我国实行的是国家、地方和学校三级课程管理体制，在课程管理方面，国家只制定课程标准，提出了课程的整体目标，并没有对课程内容做出硬性的规定，这就给了地方和学校很大的选择自由，让他们可以根据自己所拥有的课程资源、气候特点、地理条件、体育传统等，选择符合自己实际情况的、为广大学生所喜闻乐见的体育课程内容、课外体育活动及课余训练内容，从而让学校体育教学的地域性特点更加显著。此外，随着大众对教学活动的认识更加深入，教育者也更加重视学生的主体地位，根据学生的具体特点开展相应的教育是教育的发展走向，也是学校体育教学的发展走向。《体育（与健康）课程标准》强调指出："关注个体差异与不同需求，确保每一个学生受益。"关于这一点，目前我国的学校体育还没有完全做到，因此实施因材施教，采用分层次教学是学校体育教学的发展趋势之一。只有根据学生的身体条件和运动技能，采用不同的教学策略、评价方法，才能让学生不断地进步。不仅是体育教学，在课外体育活动与运动竞赛中，也可以采用分层次的方法，来促进学生体育习惯的养成。

（五）体育教学将与社区、家庭形成一体化建设

体育教学的发展离不开社会的发展与进步，全民素质的提高也不仅仅是依靠学校一方就能够完成的，因此体育教学需要与社会（社区）、家庭紧密联系，形成一体化的建设，实现学校体育课内外与校内外的统一，需要与社会教育、家庭教育特别是大众传播媒介的"隐性教育"结合起来，共同促进学生的全面发展与提高。

第四节　体育教学思想方法的改革

一、学校体育教学思想方法的改革策略

（一）转变思想观念，牢固树立健康第一的指导思想

体育与健康课程改革不仅是一个名称上的变化，还是学校体育思想的一个根本性的转变。作为体育教师，要尽快转变思想观念，牢固树立健康第一的指导思想。健康第一是强调根据健康需要进行锻炼，把体育锻炼与每个人的健康紧密相连，可以充分激发学生的学习锻炼热情，为从"要我学"转变到"我要学"奠定了良好的基础。同时，我们要看到，体育与健康课程不等同于健康教育。健康第一并非要忽视运动技能，而是要确立体育为健康的宗旨。体育与健康课程还是以身体锻炼为主要手段，以增进学生的整体健康为主要目标，融合了多学科领域的有关知识的一门课程。对于体育教师来说，在转变思想观念的同时，应当尽快地补上有关身心健康发展的知识。

（二）以人为本，改变教师为中心的教学模式

学校体育缺少人文精神，已经束缚和压抑了许多青少年的体育愿望。使本应当成为自身需要的体育、使作为身心全面发展重要手段的体育，沦为考试的工具。如果不能解决好这个问题，不能把健康第一落实到每个学生身上，改革将难以取得实质性的成效。以人为本，一方面要尊重学生的需要和重视学生的情感体验，要让每个学生都能体验到学习和成功的乐趣；另一方面，要充分注意到学生在各个方面的个体差异。不同的个体，身体形态机能素质不同，运动技能掌握程度也不同，他们所需要的技术指导、所需的生理负荷量、所能承受的负荷量都不会相同。不同个体在个性发展、意志品质上的不同也导致其在情感需要方面、在个性发展方面的需求也是不一样的。体育教师在教学中如果能全面综合地考虑这些因素，因人而异地制定教学方法，拿出实质性的改革措施，才不至于使以人为本成为口号。例如，将点名簿（记载出勤、考试成绩）转变为健康卡（包括每个学生的健康指标、个性品质、体育兴趣爱好、习惯需要、锻炼反馈、指导信息等）。这虽然只是一个形式上的变化，但是是开始落实健康第一于每个学生的重要一步。在

这个旅程中，体育教师要重塑自身形象，给自己重新定位，改变过去"家长式""命令式"或"放羊式"的形象，代之以体育指导的崭新形象，从而唤起学生对体育锻炼的热情，并以自己的知识才干赢得学生的尊敬和认可。

（三）摆脱竞技运动的束缚

要改变重运动技术、轻身心健康的现象，摆脱竞技运动的束缚。解放思想，一切从实际出发，从有利于学生身心健康发展出发。运动技术、竞技模式要为增进健康服务，为学校体育服务。体育与健康课程改革为我们在体育教学思想、方法上摆脱竞技运动束缚创造了良好的外部条件。没有统一的教学大纲，只规定学习目标。只要达到目的，不管采用何种方法都行。极大的灵活性、机动性为体育教师展示自己的才华和创造性开创了天地。因此，我们要不拘一格，拓展思路，不要让竞技模式束缚自己的手脚。要把现代竞技运动与学校体育有机和谐地结合，以学生乐于接受、能够接受的形式出现。从而培养学生的运动兴趣，体验运动的乐趣，掌握有关的运动技能。需要指出的是，摆脱竞技运动的束缚，不是不要竞技，竞技是体育运动的生命。没有竞技，也就无所谓现代体育。问题的关键在于不要被竞技运动的形式、内容、规则束缚手脚，而是要改造竞技运动，使之适合学校体育教学的需要，适合学生身心健康发展的需要。要充分利用竞技的魅力，来吸引学生投身体育运动，增进健康，发展个性，培养意志品质。

（四）改革评价方法，强调过程评价

首先，评价内容不能局限于体能与技能方面，要根据体育与健康课程目标合理规划。要增加有关形态、机能发展、个性发展、心理健康方面的指标，从身心健康发展角度进行评价。其次，评价标准宜采用常模评价标准和动态评价标准相结合的方法。要充分考虑个体的差异，要让学生通过评价看到自己努力的成效，建立信心，把评价和每个学生的健康紧密相连。再次，改变单一的终结期评价的方式，强调过程，搞好过程评价，让学生在体育的过程中学会体育，喜爱体育，关注健康，养成健康的生活方式，使师生双方及时得到信息交流，使落实健康第一于每个学生变得清晰可见。

在强调过程评价的同时，要改变终结期评价的报告形式，用健康评价报告替代体育分数。根据评价内容分别做出评价，并给出进一步的指导建议，使体育与健康课程评价真正成为学生的健康指南。在此基础上，写出总体评价报告，使之成为学校体育教学改革的依据。

（五）加强心理健康指导，培养体育人文精神

体育与健康课程中增加了有关心理健康、社会适应方面的内容，突出了体育对青少年身心健康发展的另一重要方面，体现了学校体育的丰富内涵，也为学校体育在素质教育中更好地定位，不断完善，指出了方向。体育教师将面临一个全新的领域，要敢于接受挑战；要加强学习，不断丰富自己的专业知识和文化底蕴；要改变原有的老旧做法，使自己成为学生的朋友；要用自己的个性品格潜移默化地影响学生，用自己的广博知识指导学生，使自己真正成为教育学、心理学专家；要使学生在运动参与和情感体验的过程中，得到体育人文精神的熏陶，不断完善个性，身心得到健康成长。

二、学校体育思想变迁对学校体育教学改革的启示

（一）学校体育教学改革应具有预见性

学校体育的教学改革应该具有预见性，在进行教学改革的计划制订和措施的实施过程中，应该科学地、准确地考虑到现实和未来的发展趋势，能够科学地、准确地预见社会、学校体育以及学生所出现的问题，并能够解决问题，防患于未然，以免发生"头疼医头，脚疼医脚"的被动局面。不能不说过去的学校体育教学改革是被动的。当学生的体质下降了，就提出"健康第一"的思想，颁布"学生体质健康计划"；当学生不喜欢上体育课了，就提出"快乐体育"的思想，为什么不能提前预测，在改革的过程中，又有多少学生厌倦体育、背离体育，这都是一个体育工作者所需要认真思考的。所以，体育教学改革应该加大科研力度，少走弯路，加强体育改革的预见性。

（二）学校体育教学改革应具有人文化趋势

从学校体育教学思想的变迁审视我国学校体育教学改革不难发现，学校体育教学改革是一个逐渐从社会本位向人本位变迁的一个人文化过程。在体育教学改革的过程中要注重以人为本，包括教学思想的确立，教材的选取，教学目标的确立，教学模式的开展，教学效果的评价，都要以学生为中心，以培养学生的学习兴趣为主，培养学生终身体育的思想。强调在整个体育教学改革过程中对学生的人性、自由、人权、价值的尊重认同与重视。我们应该认清，教育对象是人，他们有自己的思想，有自己的个性。发展学生的体育学习兴趣，培养其终身体育的思想，一切从学生出发，这应该是体育教育

改革的起点。

（三）在对待国外学校体育教学思想上应注意本土化

我国学校体育的教学改革是在向国外一些国家学习和模仿的过程中不断摸索着前进的。现代社会是国际化的社会，每一个国家的发展都离不开其他国家的影响。我国学校体育的改革更加离不开其他国家的影响。在教学改革的过程中，国外的体育思想对我国的体育教学改革起着不可忽视的借鉴作用，但我们不能全盘中国化，应注意外来思想的本土化，结合我国学校体育教学的具体国情，取其精华，去其糟粕，吸收其有利于我国学校体育开展的部分，真正做到国外先进的体育教学经验成果思想与我国具体实际情况相结合，充分发挥我国的本土优势和良好的优良传统，促进我国学校体育向健康的方向发展。

三、以快乐体育教学思想方法推进高校体育改革

（一）快乐体育是迈向终身体育的有效途径

快乐体育是指教师正确运用教学方法手段，在教学中营造一个和谐、平等、活跃的课堂氛围，缩短师生之间的距离，激发学生的学习热情，使他们能够积极、主动、快乐地参加体育教学活动，使他们能够产生成功、快乐的体验，以达到促进学生身心和谐发展的教学目的。因此，快乐体育的精髓就是寓教于乐。

21世纪以来，随着经济制度改革的深入，我国现行体制均发生了巨大变化，而在教育体系转轨过程中的学校体育却显出一定的滞后性，我国现行的学校体育教学比从前虽然有了形式上的改观，但总体来讲其核心思想仍然是传统的"注入式"，从而出现了"貌合神离"的怪现象。相当一部分学校扛着"快乐体育、健康体育、终生体育"的大旗，却继续走着传统教学的老路。一方面是由于很多体育工作者并没有真正领会快乐体育乃至终身体育的内涵；另一方面，将快乐体育的精髓融入各种复杂的教学环境中仍然存在着很多的实际困难。快乐体育强调以学生的体育需要、情感需要和人格需要为出发点，强调学生的学习动机应该建立在自身的需要和对社会的责任感上，强调学生要用适宜的方法、顽强的意志和强烈的兴趣来调节自身的学习活动，强调把学习中的成功体验、锻炼中的乐趣作为追求的目标。这样才能真正地在教学中营造出和谐、愉悦、快乐的氛围，才能真正地使学生乐于学、

喜欢学，才能真正地使学生自觉主动地发展体育能力、培养良好的思想品德和坚忍不拔的意志品质。我们有理由相信，随着学校体育各方面条件的逐步完善和体育工作者对"快乐体育"理性认识的提高，快乐体育必将成为学校体育教学的主导思想，也必将成为通向终身体育的桥梁。

（二）快乐体育教育思想方法培养学生终身体育观

快乐体育的思想其实早在20世纪五六十年代就已经提出，经过教学实践，尽管对此仍有争议，但有一点是肯定的，快乐的体育课堂教学能让学生更好地掌握技术、技能。但快乐体育并不是一种教学方法，而是一种教育思想。快乐体育的指导思想主张以全面育人为出发点和归宿，面向终身教育，以情感教学入手，强调乐学、好学、育体与育心相结合，使学生之间、师生之间在协调愉快的环境中锻炼身体、磨炼意志、陶冶情操，让他们的身心得到全面和谐的发展。因此，在理论教学上，不仅要以体育科学、健身原理、身体锻炼的作用与方法去指导学生，更应从体育的实践出发，力求理论与实践的有效结合。例如，每次体育课前教师讲1～2个知识点，介绍增长力量的最好方法是隔日训练，以及每次选用重量及组数，等等。学生按教师介绍的方法练习后效果很好，这样就引起了他们的兴趣，形成了经常锻炼的习惯。如果学生掌握了较为丰富的体育理论知识，不仅提高了体育锻炼的动机，而且增强了运动能力，又能对自己的健康状况，体育锻炼效果做出自我评价，从而增强了体育锻炼的兴趣和信心，随着环境的变化和年龄的增长，他们很可能成为终身体育的受益者。

（三）快乐体育顺应现代体育教学改革模式

从教育理论上看，快乐体育认为情感是知识向智力转化的动力，是联系教师和学生的桥梁，是人格发展的有机组成部分。马克思曾经说过"体育是满足人类个体及社会的物质需要和精神需要的一种实践活动"。因此，体育教学必须在学生自主学习、自觉学习的基础上，真正让学生成为课堂的主人，教师要尊重每个学生，要公平地对待每个学生；在教学中要善于启发、引导学生，做到学生的主体与教师的主导密切结合。这种新型的教学关系顺应了时代的发展，是打破教师单项"填鸭式"教学的必由之路，为体育课教学带来新的理念。体育教学是实现学校体育目的的基本途径，基本组织形式是体育课，传统体育课形式较为呆板，要改变这一状况，就必须全面地贯彻新的教育观，把体育教育、健康教育、生活教育、保健知识教育等融为一体，改变旧的教学内容和方式，让学生在读书阶段学到终身受益的体育项目和相关的理论知识。如果学生在学校总是被动接受他们不感兴趣的体育内容和死板教条式的教学方法，他们就很难树立正确的体育观。

"快乐体育"则强调在体育教学过程中，采用多种方法和灵活手段对学生进行启发和引导，使学生由被动接受转变到主动追求，可采用讨论或游戏竞赛的方式进行，让同学们在充满欢乐和愉快的课堂气氛下把课的内容完成，在一定程度上既满足了学生运动的欲望，巩固了知识技能，又改过去"单项传递"为"多项传递"，从而实现"寓教于乐"，变被动体育为主动体育，帮助同学们逐步形成自学、自练、自查的能力，成为一位真正的终身体育者。

（四）快乐体育教学思想寓教于乐，实现玩中有学

快乐体育的教学手段强调教法的灵活多样性和学法的实用有效性，将"玩"融入体育课堂。爱动好玩是学生的天性，大学生兴趣广泛，好奇好动，常常以直接兴趣为动力，这就要求体育教学应多从学生的兴趣特点出发，采取灵活多样的"玩"的形式，即可提高学生参与体育活动的兴趣，又能在娱乐中反复出现体育教学内容，实现体育教学目标，完成学习任务，可以看出，将"玩"融入课堂，已成为提高体育教学质量的有效手段之一。求"新"、求"奇"是大学生的一大心理特征，教师应抓住这一特征，在体育教学手段上不断创新，让学生爱"玩"；创设教学情境，让学生敢"玩"。在学生心目中教师的形象是高大的，他们对教师是尊敬喜爱的，因而教师应主动与学生建立深厚的感情，就要和学生多在一起活动，一起玩。

（五）快乐体育的组织形式多样化的变革

快乐体育组织形式的多样化能更好地促进学生个性和谐发展。21世纪是一个色彩斑斓的时代，任何人或事物如果不求创新故步自封，必将遭到社会的淘汰，学校体育教学自然也不例外。当代的青少年是具有个性的一代，是追求个性的一代，这是社会进步的表现，我们不该将其个性抹杀，更应充分利用体育教学这种有利形势，去开发其个性，使其个性与正确的人生观、世界观相链接，最终成为创新型的人才。

在教学组织上，快乐体育抱着"严而不死""活而不乱"的原则，既有严密的课堂纪律，又不失生动活泼的教学氛围，并强调多向交流和教学环境的优化。随着学校体育场地器材的不断完善，用丰富多变的组织形式来引导

学生，使学生的个性融入体育运动中，既满足了学生的好奇心，又使其个性得到了和谐的发展，在身体素质得到锻炼的同时，培养了他们团结、求胜、坚强和拼搏的意志品质。那种传统僵化的课堂组织模式终究会被时代所淘汰，索然无味的教学连教师都会厌烦，更何况思想活跃的大学生呢？快乐体育思想是时代精神的反映，是民主、和谐社会在教学中的体现，与我国政治、经济、文化的发展密不可分，与教育改革及体育改革紧密联系。"快乐体育"代表了"以人为本"的进步性，尽管在实施过程中由于受到许多主、客观因素的制约仍有许多不足，但相信随着国家经济的进一步发展、体育设施的逐步完善、人们认识的不断飞跃和广大师生的共同努力，我国教育和体育事业的明天必将更加美好。

第三章

校园体育文化建设与改革

第一节 校园体育文化建设

一、校园体育文化的内涵

校园体育文化是在学校接受和学习体育教育的过程中所获得的精神财富和物质财富的集合体。校园体育文化是体育文化下属的一个子系统，以学生为核心、以学校环境为空间，传递体育文化活动的主要内容，彰显校园精神的一种集群文化，涉及了体育意识、体育行为文化以及体育物质文化三方面的内容。

二、校园体育文化的特征

校园体育文化特征是指校园体育文化与其他文化区别开来的独特的特征，主要表现在以下三方面。首先，校园体育文化是隐含的。校园体育文化以间接隐含的方式呈现，无意识的影响学生。大学生在体育文化环境中学习和生活，他们会无意识地接收有关体育文化的信息，受到感染和培育，潜意识地实现了文化的心理积淀，并逐渐转变成自己的行为方式。其次，校园体育文化是独立的。校园体育文化是校园里的人们参与体育活动所形成的文化。它的主体和所存在的环境都是比较特别的，这一主体的知识储备和能力素养都非常高，他们在接受传统文化教育的同时，还借鉴了国外比较优秀的文化，这样一来就慢慢形成了有自身特色的校园体育文化。最后，校园体育文化是多元的。校园体育文化所独具的优势促进了校园文化的多样性、丰富性和多彩性。

三、校园体育文化的功能

校园体育文化的功能主要体现在四个方面，具体如表 3-1 所示。

表 3-1　校园体育文化的功能

	功　能	具体解释
1	教育功能	校园体育文化是实现教育，培养目标的载体，在体育文化活动中，大学生必然受到集体主义、爱国主义、团结协作、遵纪守法、勇敢顽强等优良品质和高尚道德情操的教育
2	情操陶冶功能	校园体育文化可以理解为一种校园精神的环境和文化氛围，其作用是通过体育文化氛围的营造来陶冶大学生的情操，规范大学生的行为
3	心理疏导功能	校园体育文化活动产生的精神氛围可以帮助大学生消除心理上和情绪上的自我干扰和相互摩擦，减少内耗，协调人际关系
4	社会实践功能	校园体育文化活动加强了大学生之间的交流，扩大人际交往，既增进同学之间的友谊，又逐步学会自我管理，不断增强自主意识、自强意识，提升社会责任感

四、校园体育文化的表现形式与素质教育

校园体育文化活动一般都是以休闲运动的形式开展，即在假期或休闲时间进行的体育活动。学生的体育活动主要包含有组织地跑早操、进行课外体育活动、校内外体育交流和学生自行组织的活动。这不仅提高了学生自我锻炼的能力，也促进了健身和相关知识的掌握。体育既是素质教育的核心内容，也是最为关键的方面。体育文化的多元性理论和丰富的内涵证明，人类在自身发展过程中与体育密不可分。体育素质教育最核心的任务就是促进终身教育的开展，大学生体育教育的主要目的是使学生在学习敏感期和形成世界观的过程中接受体育理念，传承健身文化，形成终身锻炼的意识。因此，营造校园体育文化的健康氛围，推广终身体育理念，培养高素质人才是当前亟须完成的任务。

五、加强校园体育文化建设

（一）校园体育意识

校园体育文化建设的主要任务是组织积极、健康、向上的校园体育文

化活动,抵制低档文化和不合理的文化进入校园,指引校园文化迈向健康的发展方向,营造和谐、良好的校园体育氛围,强化体育意识、观念和体育精神,促进学生的精神振奋、情绪培养,提高健康意识,提升身体体质。

(二)校园体育文化行为建设

意识文化与行为文化两者相互交融形成了体育文化。体育文化最根本性的表现就是开展体育锻炼,刺激人体机能和生理机能。通过运动体验所带来的精神乐趣是它的另一个重要功能。实践表明,科学锻炼有助于强身健体和培养情感。

(三)校园体育物质文化建设

人对自然物质的组织、改造和利用形成的文明现象就是校园体育文化中的物质文化。校园体育本身的物质基础是人们思想文化的载体,它是人们运动知识、运动精神和智慧的结晶,是人们意志、情感和价值观特点的展现,属于一种文化现象。学校的运动场馆和相关器材、设施都是校园中一道美丽的风景,保护和合理利用它们是建设校园体育文化的一部分,也是当代大学生文明行为的体现。

现阶段,我们国家的大学校园体育文化需要解决以下问题。

一是场馆不足,利用不尽合理。随着大学的逐年扩招,各个高校招生规模成倍增长,体育场馆建设因种种原因无法跟上学生数量的增长,有的甚至被修建校舍占用,场馆比过去减少。在大学新校区建设过程中,已逐渐显现老校区"人多场地少",新校区"人少场地多"的不合理局面。

二是适合大学生健身、娱乐的体育项目开发不充分。进入新时期,由于社会环境变化,大学生的体育健身项目、方式等诉求逐渐发生了变化。因而创建与改革适合大学生群体喜闻乐见的体育项目,并以此为载体促进学生终身体育锻炼,是当前大学校园体育文化建设的重要任务。例如,我国一些地区悄然兴起气排球运动热,带动了相关高校的气排球教学,深受学生欢迎。

三是高校体育文化特色不鲜明。高校体育文化建设只有形成特色与品牌,才能持续发展。特色建设应充分考虑当地的地理、气候、人文、历史及风俗等自然、社会环境,如北方的冰雪项目、南方的水上项目、民族体育项目等。场馆、项目、特色成为当前大学校园体育文化建设中不可或缺的三大支柱。

六、我国进行高校校园体育文化建设的价值

所谓的校园体育文化，主要指的是一种特定的文化，限定在学校这一范围内。校园体育文化的存在能够将一种人的社会需求体现出来。建设文化的首要条件就是开放，如果不开放就会导致文化建设的停滞不前。新时期的高校校园体育文化已不仅仅停留在传统的肌肉式体育，封闭的情况已经被冲破。而全新的体育教学模式完美地融合了娱乐和实践、教育和运动、体育和文化、操作和欣赏，衍生了更为优越的一种体育文化环境。现代体育文化具有一定的开放性显著特征，这一点主要体现在学生不再只是参与校园体育活动，还会投入学校与学校之间的体育交流和竞赛活动中，如篮球运动联合比赛、排球运动联合比赛和足球运动联合比赛等。而竞技体育所蕴含的价值观念同现代社会所蕴含的价值观念能够互相适应。

校园体育文化不仅具备开发性特征，还具有独特的教育价值，能够使学生的主人翁意识和社会责任感在学习过程中得到更好的培养，使自身的竞争意识得到加强；同时，还能在社会环境中更好地适应自己的位置，不断完善自我，日渐成熟。我们常说的体育不仅是身体方面的问题，还包含了伦理与心理等多个方面的认识与应用、培养与训练。在科技与教育快速发展、知识密集的大时代环境中，如果想要进取、拼搏，在具备强健体魄与良好文化基础知识的同时，还应该具备高尚的道德品质与健全的心理素质，对于高校体育教师而言，为了能够培养出更多祖国需要的具有良好心理素质与优良品格的全能型人才，应该同学生的个性特征相结合，对其性格优势充分挖掘。此外，校园体育文化的建设与发展需要建立在人自身素养的建设问题上。人自身的素养，其形成不仅包含了先天因素，还会受到后天培养的影响。所谓的人的素养，是人的身心发展状况、品格的具体体现。

（一）能够发展学生的智力

所谓的智力，主要指的是一种能力，能够对客观事物进行认识，对运动知识进行掌握，并对具体的问题进行解决。一般主要有想象力、记忆力和观察力等等。智力的发育需要大脑的发育成熟，体育运动能够对人的身心健康发展起到一定的促进作用，高校体育教育的理论基础正是源于此。然而，需要注意的是，对于高校学生而言，并不是一切运动都能够促进他们的身心发展。高校体育教学的最终目的是使学生对体育运动的作用和意义产生一定的认识，积极开展科学的、合理的体育锻炼活动，进而使学生参与体育运动主

动性与积极性得到培养，促进良好体育锻炼习惯的形成。

高校校园体育文化可以在一定程度上对大脑的发育起到促进作用，同时，还能够使学生的身体机能得到改善，为日后高校学生走出校门、融入社会创造良好条件。在体育教学开展的过程中，可以对多种体育教学方法进行应用，如想要对学生观察问题、解决问题的能力进行培养，就可以应用示范法、观察法和比较法；如果想要使学生的想象力与记忆力得到加强，就可以对技术动作展开训练；如果想要对学生的拼搏精神与集体主义精神进行培育，那么就可以采用体育游戏和教学比赛的方式。

体育教学给人们带来的是价值较高的思考与启发，以及受益匪浅的教益。对于现代人而言，应该具备的文化素养有很多，如对自我生理极限进行挑战的挑战精神、听从裁判安排和指挥服从命令的思想意识，以及创造力在体育比赛中的应用等等。所以说，不管是观察者，还是参赛者，都会获益匪浅。此外，校园体育文化还能够使学生的学习效率得以提高，促进学生智力的全面发展。例如，在参与某一项体育比赛的时候，如果学生具有差不多的实力，那么就需要针对如何取得更好成绩的问题进行考虑，如此一来就能够更好地开发学生的智力。

（二）使学生的体质得到增强

通过参与体育比赛与锻炼，学生的身体素质与心理素质得到了提高。体育运动具有丰富的内容、多样的形式，这些特征无时无刻地吸引学生对其进行参与。例如，田径运动能够使学生坚韧不拔、自强不息、不畏困难的意志品质得到培养；球类运动能够使学生的灵活思维、集体主义意识与组织纪律性得到培养；武术运动和体操运动能够使学生勇敢、沉着、机智，培养意志力与自我控制能力；还能够培养学生吃苦耐劳的精神、社会适应能力。上述的这些活动都能够使学生的身体更加强健、心理素质与体育素养更加良好，并且能够有效改善学生的体质，使其更好地面对社会中繁重的工作。体育文化教育的开展在需要学生用大脑思考的同时，应该动手实践。

（三）使学生的情操得到陶冶

体育教育能够使学生的高尚情操得到培养，促进他们的全面发展，引导他们对真善美等一切美好事物进行追求。诸多实验研究证明，伴随业余时间的逐渐增多，人们开始多元化地选择丰富多彩的活动来充实自己的生活。体育锻炼正好能够满足人们的要求，不仅能够使他们的身心得到愉悦，还能强健体魄。对于人们而言，一场水平较高的体育比赛在带给人们视觉享受的同时，还能够给人们带来精神享受。而学生通过比赛活动也会得到愉悦的体验。伴随社会的不断进步与发展，体育运动所具有的自然性也不断增强，人们在选择运动场所的时候，不再仅仅考虑室内，对于户外环境也更多地考虑，特别是景色优美的自然环境。例如，划皮划艇、爬山等运动都是在优美的自然环境中，人们不仅能够欣赏赏心悦目的风景，还能够呼吸清新的自然空气，最重要的是他们的身体也得到了锻炼。

（四）使学生的审美能力得到培养

作为社会文化的重要组成部分，体育文化具有较多的功能，美育是其多种功能中的一种。在高校校园文化的活动中，教师会利用多种趣味性较强的方法与形式，对各种各样的竞赛活动进行组织，对技术与队列的练习活动进行安排，使学生能够对生活与劳动中的美感进行挖掘，进一步地培养学生的内在美与外在美。校园体育文化能够使学生对健康的审美具有更加深入的了解，同时能够促进学生良好价值观念体系的形成，能够培养学生正确的审美观念，使学生对美的鉴别能力能够有所提高，可以在生活中发现更多的美，并能进行美的创造。

体育审美观赏能力作为认知能力的一种，具有一定的特殊性，通常会体现在欣赏、感知、评价、理解体育自身存在的艺术美、身体美和精神美上面。对于使学生体育能力得到发展的重要任务而言，培养学生的体育审美能力是十分必要的，对于学生心灵的净化、陶冶情操具有一定的促进作用。

同时，能够促进学生更快地融入集体生活，在视觉和欣赏上获得享受与愉悦，使学生增强体育锻炼活动的参与兴趣，能够促进学生形成正确体育意识与终身体育锻炼习惯。此外，在促进学生优美姿态和体型培养的同时，能够使学生的体质得到全面的发展。然而，如果想要使学生的欣赏能力得到培养，就应该在体育课程的日常教学活动中，着重培养学生观察体育美、发现体育美、表现体育美的能力。例如，在体育课程的课堂教学活动中，将技术动作优美地示范给学生，并对他们及时地进行表扬。组织、安排学生对精彩的体育赛事活动进行欣赏、讨论等等。促进学生自信、自爱、自强、自尊的发展。

（五）使学生个体的素质完善得到促进

对于一个国家而言，学生不仅是花朵，还是重要的财富，更是一种关键性的动力，能够对国家经济、政治与文化的发展起到推动作用。体育运动能够使学生的自我认识更加准确，体育锻炼活动的开展能够使学生自身的认识与行为得到修正，为社会培养出更多出色的人才。此外，体育锻炼活动还能够培养学生坚持不懈、勇往直前的意志力与吃苦耐劳的精神。只要学生自身各个方面的能力都有所增进，就可以说深化、落实了以人为本的体育思想、观念。

（六）对于终身体育理念的形成与发展能够起到一定的促进作用

体育教育中素质教育的重要内容之一就是终身体育观念，而在学生成长的重要阶段，使他们能够获得良好的体育教学，并且使他们的体育观念能够正确形成就是体育教育的核心任务。对良好的高校校园体育文化氛围进行营造，积极倡导终身体育的重要思想，对于我国的教育事业发展具有十分深远的意义。

在高校体育教学活动开展的过程中，体育教师可以对学生体育学习的兴趣进行培养，使他们能够主动地、积极地参与体育运动，最终养成自主参与体育锻炼活动的良好习惯。上述的这些都是终身体育锻炼开展的重要条件。伴随社会经济的发展，体育在人们生活中承担的任务越来越重要，高校体育教学能够使学生学习体育文化知识，进而促进他们体育锻炼意识与习惯的形成，使学生体质得到增强的同时，陶冶他们的情操也能够，进而使高校学生的身心得到全面发展。

换句话来说，若是高校体育教学不能传授学生体育的相关文化知识与运动能力，那么学生一旦走出校门、迈入社会，就很难产生自主体育锻炼的意识，高校体育教学从某种程度上来讲能够促进我国民族事业的繁荣昌盛，高校体育教学能够构建一种良好的校园体育文化环境，在校园体育文化的熏陶中能够培养学生终身体育锻炼的意识，为日后贡献于祖国的发展事业建立良好的体质基础。

七、我国进行高校体育文化建设的意义

（一）建设校园体育文化是加快实施全民健身计划的需要

1. 落实《全民健身计划》

对于祖国而言，它的未来属于青少年与儿童，同时它的未来事业建设更

是少不了青少年的领导，因此青少年的体质水平可以代表一个民族的素质水平。在校阶段是学生身体发育的黄金时期，只有长期坚持体育锻炼，他们的生长发育才能够得到促进。校园体育文化构建从实质上来讲，就是一系列的体育锻炼活动，它的主体是全体学生，活动空间以校园为主，同时还需要教师来主导。高校校园体育文化建设能够使学生获得一个强健的体魄，为日后参加工作以后的体育锻炼创造条件，促进学生终身体育意识与良好体育锻炼习惯的形成。

2. 服务于全民健身

学生在校期间，在校园体育文化的影响下，掌握一个体育运动项目或者是多个体育运动项目的运动技能，同时形成正确的世界观、人生观与体育观。在这样的情况下，等到高校学生走出校门、迈入社会的时候，就会正确的传播体育思想观念、体育运动技术与体育道德等。同时，由于高校体育教学具有相对完善的体育设施，且具有比较浓厚的体育锻炼氛围，上述的这些因素都能够更好地服务于全面健身。

（二）校园体育文化构建是校园体育文化完善的要求

1. 对于高校的管理建设能够起到一定促进作用

校园体育文化能够营造一种和谐的体育文化氛围。校园体育文化作为一种文化，其场所为校园、主体为学生、内容为课外锻炼且始终坚持校园文化精神。需要注意的是，校园体育文化氛围同学校的校风、学风、精神面貌、发展目标之间存在非常紧密的关系，究其原因，主要是因为体育具体展现了公平竞争精神、顽强拼搏精神、开拓进取精神与集体主义精神等，因此成为学校管理的重要手段，这一点是法规与校纪等都不能够取代的。而其所具有的独特性将其不可替代性展现得淋漓尽致。在传统高校管理中主要将体罚作为主要管理手段来制定相关规定。然而，校园体育文化，属于自我约束管理的一种，在日常体育活动或者比赛活动中，所有人都需要遵守公平竞争原则与集体主义精神，并且要在没有其他管理监督的情况下顾全大局，有效地约束自己的行为。

2. 使校园文化的凝聚力得到提高

在传统教学模式的制约下，专业与专业之间、年级与年级之间、教师与教师之间、教师与学生之间不可避免地出现一定的隔阂，导致校园文化作为一个文化群体，始终处于相对独立的状态。然而，如果一种文化是相对分散的、独立的，那么它的凝聚力就很难焕发出来。校园体育活动具有丰富多彩的显著优势，能够增强教师和学生之间的凝聚力，使人际关系得以融洽发展，同时还能够增进彼此之间的了解，使人和人之间的距离得以缩短。

（三）校园体育文化构建能够促进学生综合能力素质的提高

校园体育教学相关工作的组织、开展，能够使学生各个方面的素养得到全面培育。

1. 校园体育文化构建

能够促进学生交际能力的提升。一般来讲，校园体育文化活动主要以集体活动为主，如篮球运动、足球运动、排球运动等。体育活动的魅力所在就是能够将不熟悉的人们汇集在一起，将体育活动作为互相沟通的桥梁，并且始终坚持互相友善、谦和、尊重的重要原则，通过心与心之间的交流，使原本陌生的两个人打开心扉，消除一些不必要的怯懦心理，培养学生健谈、开朗的能力，为其日后走向社会建立良好基础。

此外，作为行为语言的一种特殊形式，体育运动中哪怕只有一个很小的动作都能够将运动员的情感直接表达出来。例如，在比赛活动开始之前，两支队伍的队员需要握手问好，这也是友谊开始的代表；在比赛活动进行的过程中，如果对方出现不小心摔倒的情况，应该及时将对方拉起来，这将会延续友谊；一个来自对方的微笑就能够将宽容表达出来；在比赛结束以后，需要双方队员告别拥抱，这是敬仰对方精神或者技术的主要表现。综上所述，体育运动为我们展现了另外一种交际的方式，那就是在比赛的开始直到结束的时候，在不进行任何语言表达的情况下就能够使双方队员的友谊得到升华。

2. 校园体育文化构建能够促进学生竞争意识的提高

市场经济促进了一种"优胜劣汰"社会竞争形式的出现，现代社会的本质属性就是竞争。竞技体育的开展能够对人们进行鼓励，使他们力争上游，告诉他们只有在竞争的环境下战胜对手，才能在最高的领奖台上享受荣誉。此外，需要注意的是，体育竞赛肯定会存在一定的规则，通过观看、欣赏体育活动与体育赛事，能够使学生了解体育技术、战术和心理的较量只有在公开、公正和公平的重要原则下才能够顺利开展，当学生对比赛活动亲身参与以后，就能够对竞争的残酷性与激烈性深有体会，进而能够提高学生的竞争意识，为日后更好地适应社会竞争创造良好的条件。

3. 校园体育文化构建能够促进学生开拓创新能力的发展

体育运动从根本上来讲只是一个过程，对"更高、更快、更强"不断进行探索。作为校园体育文化的主体，为了能够使学生的综合素质能力得到提升，可以从体育内容、体育水平、体育技术和体育战术上出发考虑，将学生的潜在能力开发出来，使学生的极限得到不断突破，促进新的飞跃。此外，学生还应该对自身特点充分考虑，不断创新内容、技术和战术。从本质上而言，开拓创新就是个性的发展。为了进一步提高自身的运动水平，使高校体育教学活动的健康性与娱乐性得到增强，教师应该安排学生独自去完成健身计划的制订、比赛活动的组织、体育专题讨论的开展等等，这样能够无形中锻炼学生的开拓创新能力。

4. 校园体育文化构建能够促进学生团体协作能力的提高

在高校校园体育中，主要开展的内容是团体运动项目，同单项比赛相比，团体比赛不仅是个人技术的竞技，还强调集体配合，如果团体比赛的参与集体配合良好，就会增加其有效力与观赏性。因此，在对团体比赛进行参与的过程中，学生应该将个人表演的心理剔除，保证顾全大局，互相配合，展现团队战术，使个人的团体协作能力得到提高。

5. 校园体育文化构建能够促进学生自律能力的增强

高校体育竞赛活动都存在相对应的比赛规则，如果有人违反规则，就只会有一个结果——出局，所以在参加体育竞赛活动的过程中，学生应该对自己的动作行为进行约束，严格遵守比赛规则。长此以往，就能够产生习惯性的自我约束，也就是一种自律能力，能够为学生在社会中对秩序与法规进行遵守创造良好条件。

第二节 体育教学改革中人文素质教育的开展

一、体育人文精神的内涵

作为一种精神动力，人文精神存在于人的内心深处。这种精神动力从本质上来讲，也是将人作为对象和中心的一种价值追求，在人们对丰富多彩的生活、高尚的人生境界与自由奔放情感的追求方面存在一定的驱动作用。人文精神是所有社会活动中人们精神气质的最好折射，它包含了多种元素，如艺术精神、道德精神、科学精神，以及能够将人文关怀展现出来的所有思想精神。

体育人文精神对人文精神的思想进行了继承，它所强调的是对人的生存意义与生命价值所展现出的高度重视。体育人文精神所秉承的理念是将人民群众的一切利益放在首位，即以人为本，同时在这样的前提下，对人们展开最终的关怀。

从人类起源开始，伴随人类社会的发展到现在，在增进人类健康、增强人们体质方面，体育发挥的作用是非常重要的。作为一种精神气质，体育人文精神是一直广泛存在的，在对现代社会发展存在一定影响的同时，对于体育发展的全面化存在重要的推动作用。但是，在实际国情与社会传统文化的影响下，对于体育人文精神，不同阶级、不同社会的人们也会在体育人文精神的崇尚程度与价值认同上表现出不同。

对于新时期的体育而言，已经逐渐向文化领域回归，以人为本的思想得到了强调，同时向新的立体层次迈进，即重视群体利益，对于人类的发展与个体的发展给予长久的关注，而被人们已经忽略很长时间的人文精神也将其自身所具备的文化内涵进行了强调，使人们深层次的各个方面的需求得到了充分的满足。

在体育的认识方面，体育人文观强调了以人为本的人文精神的引入。由于在体育人文观上面，中国人长期缺乏一定的认识，所以在对体育进行理解的时候，大多会基于生物性的角度出发。现阶段在产业升级的情况下，作为对劳动力进行培训的重要手段，体育向自身健康的关怀转移，这也无疑会导致生物体育观的淡化发展与体育人文观的复兴发展。

在人文精神中，古代奥林匹克的精神始终存在着，而在现代的奥运会中已然将其视作典范。在欧洲文艺复兴时期与启蒙运动时期，鉴于人文精神的继承与发扬，同时由于古希腊对既善且美身心和谐发展教育的强调，近代体育的产生得到了直接的促进。对于近代体育的产生，人文主义浪潮具有十分显著的全面推动作用。

对于人的作用与地位，人文主义者进行了充分的肯定，同时对人生的价值进行了充分地肯定，同时对个人解放提出了要求，使自由思想得到发挥，促进了在身心各个方面人发展的均衡。自然主义教育家，其中的代表人物是卢梭与夸美纽斯，他们的观点是，自婴儿出生的那一刻开始，大自然就已经对其进行了潜移默化的教育。在这个时期，体育是作为主要教育内容的存在。此后，一大批的学者纷纷涌现，有德国的博爱主义教育家，也有法国唯物主义者，他们之间遥相呼应，对于体育思想进行了不断的传播与创新。在英国、法国、丹麦体操兴起，瑞典、德国体操体系得以形成的情况下，体育在欧洲大陆广泛流行，向全社会领域迈进。体育能够对劳动力进行培养，对劳动力进行保护，对劳动力进行增强，对劳动力进行修复。体育作为一种有利的工具，能够对由人类加速分工而引起的急速下降体质的情况进行抵抗。

在"军国民主义"德式体操盛行的情况下，生物体育观得到了进一步的强化，日本明治维新与中国的清末洋务派对其很是认同。需要说明的是，在一个特殊的历史时期，体育传入我国，而这个特殊的历史时期由于殖民扩张与战争使体育扭曲为政治工具的阶段。对于"军国民主义"思想主导下的体育方式，衰弱的中国只能是被动地接受，在学校率先引入"兵操"，期望能够对"东亚病夫"的耻辱进行洗刷，而"野蛮其体魄"。在当时强国强种的体育思想也受到了严复等先哲们的极力倡导，同时对于体育学堂救国，徐锡麟、秋瑾等志士也是身体力行。在战争年代，我国共产党人开展的一系列体育活动被称作"赤色体育"，作为一种有效手段来促进军队战斗力的提高。

20世纪中叶，在较长的一段时间中，具有一定组织性的身体活动都是具有军事体育的浓厚色彩的，主要服务于强国强种的政治目的，在国家民族利益时刻危难的时期，体育也是没有选择权利的。自中华人民共和国成立以来，在长达几十年的社会实践活动中，也曾经出现过一些严重的问题。例如，对于人民群众的自由民主权利与物质文化需求不够重视，对于社会成员的主体性、能动性、积极性与创新精神等进行压抑，等等。当东方引入西方体育的时候，人们主要是接受了形式。为了能够在中国站稳脚跟，作为一种异质文化的西方体育同我国传统的健身活动进行了多次的激烈对抗，并且取得了最终的胜利。

从本质上来讲，这项胜利属于当时比较先进的资本主义文化，而不是农业社会的封建文化。改革开放以后，在有效的国家行政管理调控作用下，逐渐得到了改良与融合，这也是文化多元化与经济全球化背景下的必然结果。发达国家对实现现代化的过程中，所秉承的基本价值观念主要来源于文艺复兴时期，同目前西方人的文化一脉相承，存在一致的文化心理结构，这样的现代化和传统的行为方式与价值观念是不相冲突的，所以人的观念冲突是不存在的。

在西方的冲击下，中国现代化得以起步，在人的心理素质方面、价值观念方面与公众意识方面等都有一些难以适应的问题存在。如果对西方体育只是基于器物的角度接受的话，即便是再加入制度层面的一点东西，人文观念想要进入也是非常困难的，如此一来，对于晚清洋务派的俗套还是没有摆脱掉，就像是鲁迅的观念一样，即外国的事务已进入中国，就好像掉进了黑色的染缸中，所有的颜色都失去了。而体育就是这样的情况，基本上很难彻底地实现中国体育的现代化发展、改革创新、同国际接轨等。如果不能有效地调整体育观念，那么体育教学改革的开展是很难顺利推进的。

在"人文"的理解问题上，东西方文明存在着不同的理解，有一点能够在体育中表现得更加突出。体育必须要对个体生命的具体性进行强调，不能是抽象的思考，必须是感知的具体化。体育对个人独立的尊严给予了认可，对于富有责任心的社会成员进行培养。体育对天地万物协调一体人文精神的理解，必须要从自我关怀发展向联系他人，将情感从学校、社团与家庭向社会、国家与世界进行扩大。同我国传统的"君臣父子"的宗教思想观念相比较，两者存在不同的出发点，西方人的出发点是基于个人的发展角度，而东方人的出发点则是基于集团利益的角度。在我国的历史文明中存在着许多珍贵的优秀传统。而西方人和中国人在中国传统文化价值的理解也是截然不同的。

对于东方文化，越来越多的人将它们视作解决当今文明中诸多缺陷进行的有效办法。中国文化中蕴含的人文精神是非常丰富的，在一定程度上强调了"以人为本"，而不是"以神为本"，对于同自然之间的"天人合一"给予一定的重视。

从本质上来讲这是一种观念问题，而国际体育和中国体育之间存在的不同之处都体现于此。伴随东方体育与竞技体育的兴起与蓬勃发展，对于人文精神我们存在更大的需求。在新时期所有的体育发展规划或者发展战略中，价值最高的应该是人，而人应该将发展作为终极目标。所有人都能够全面发展的基础就是每一个人的全面化发展。理想社会将提供各种人的理性、人的潜能、人的情感、人的创造力得以全面化发展的基础条件。对于体育而言，应该能够对于人的异化发展与人性的畸形发展进行克服，同时要实现人真正意义上的独立与自由。体育作为身体运动的一种文化，主要是基于人类针对自身进行创造的，最终会在身体上将其成果进行落实。

对于体育任何方面的研究来讲，如果不能对人类健康与体质的最终结果充分考虑，就会不可避免地陷入误区之中。然而，由浅层次的角度上来讲，对于体育，人们非常容易将其认定为同生物学科相关联。例如，对于体育等同于体质增强的观念，尽管现阶段已经获得了很多的认可，说起来也颇具些许道理，然而如果我们通过人文的角度对体育的过去与未来进行纵观的话，会发现在看待动态扩展的体育时，如果通过局部静态的眼光，就很容易进入生物学的低层次中。如果将体育认定为体育教学规则的汇集，或者是"按疾索药"的一些运动处方，都是不能够被体育人文观所认同的。人在对自然和社会给予关心的同时，也不能将自身忽略掉。

对于欧美地区的国家而言，存在更加广泛的相关专业知识领域，上述内容也表明人们对专业教育上的缺陷正尝试着进行弥补。在过去的体育界中，不存在人文学科，因此也就导致最终培养出的人才都存在较低的整体素质，素质教育的开展离不开人文科学知识的应用，应通过人文科学知识的学习对人文精神进行发扬与传承。如果在学校体育中引入人文精神，那么将会对体育课程改革起到一定的促进作用。作为体育人才培养的重要阵地，学校的体育系也能够对我国体育专业的人才进行培养，在发达国家中，对于公共基础课更加偏重，同时体育选修课也占据较大的比重。我国的体育体制始终坚持高度集中的计划经济模式，同社会发展严重背离，同国际之间的接轨很难实现。

如果想要将体育人文精神在学校体育中展现出来，就需要同现代人类社会可持续发展的趋势相顺应，将体育学科的改革工作做好，同国际体育发展相适应。

对于新的发展时期的体育而言，需要人文精神的加入，对于人类的要求是：始终坚持以人为本，学会关心，实施关怀，使体育逐渐成为一种能够对人类健康起到维护作用的有效方式。人类对自身生物性所做出的长期衰变抗争能够通过体育活动反映出来，同时还能够将对于之前强悍体力的怀念体现出来。在之前的长达半个世纪的时间中，竞技体育运动中引入了大量的高新技术，导致生物力学的竞争逐渐向生物化学竞争转变。对于自然健美的身体，人们十分推崇，虽然科学家能够对人类进行克隆，但是对人类文化不能进行改变。对于人的本质、善良、健康、爱与意志，想要实现量化是非常困难的。对于科学技术而言，应该将人文作为导向，了解人类自己的未来与命运。在新的社会发展时期，健康生活的主要标志是体育，同时我们生而为人的意义也能够通过体育表达出来。

在《高科技高思维》中美国的预测学家约翰·纳斯比特曾经发表这样的观点，"如果某一种活动所具备的本来功能消失或者发生改变的时候，就会保留其形式而服务。关于体力劳动，从我们的祖辈开始就觉得是一种劳苦的活儿，而我们感兴趣的园艺、种菜、油漆、家务等，从劳务活动正在向休闲活动转变。"[1] 对于体育而言，如果它在生产力与战斗力提升中发挥的作用越来越小；体力在人力资源中占据分量越来越轻的时候，它就会逐渐向生活中融入。体育作为一种教育过程，主要用于人类对自身的维护与对身体的美化。体育能够将人类对自身发展存在的审美理想进行揭示。对于现代体育而言，作为一种最有趣、最有效和最有益的方式，主要用于人类对健康的追寻。

二、人文体育精神对于建设体育强国的战略影响

（一）从体育强国的角度看我国体育建设存在的问题

在群众体育领域，社会中大多数的人关注、热爱并积极参与体育活动。在体育相关产业领域，全面打造门类齐全、结构合理、具有国际竞争力和中国特色的体育服务行业；在体育文化领域，充满活力、独具魅力的中华体育文化的影响力不断增强；在国际体育领域，国际竞争力和体育领域总体水平处于世界领先位置，形成了与国际合作接轨的中国特色职业体育发展模式并充分体现在体育科技、体育教育和体育法制等领域，具有中国特色的体育发展道路日渐完善。就国家整体体育水平而言，我们与美国等西方发达国家还是存在一定的差异。由于体育管理体制上还不够发达和全面，我国的体育产业发展还存在一定问题：首先，市场体系不够健全，产业结构不尽合理，没有强有力的产业发展政策的支持；其次，体育基础设施建设不平衡，体育经营人才缺乏体育市场管理的法制化、规范化管理，全民性的运动与健身体育活动的普及与标准还有较大距离。所以从整体上讲，虽然我国在一些重大比

---

[1] 约翰·奈斯比特.高科技·高思维科技与人性意义的追寻[M].北京：新华出版社,2000:35.

赛中取得了不错的成绩，但也只能说明中国是一个体育大国，还不是一个体育强国。从"体育大国"迈向"体育强国"这条漫长而艰苦的道路还等着我们去探索。

（二）人文体育精神直接作用于建设体育强国的意义

作为一项社会公共事业，人文体育强化了以人为本的思想内涵，是事业发展的主题和核心，能有效指导体育科学理论健康发展，具有优化发展结构的功能。这就要求在推进体育强国的进程中真正做到理解人、尊重人、关爱人，着眼于不断满足人的全面需求、促进人的全面发展，从而夯实体育群众参与的基础。弘扬人文体育精神是阻止体育异化的必要手段。在现阶段，体育事业出现的异化现象主要体现为：首先，体育与人的主体关系不平衡，表现在参与者失去自主性或违背自己的兴趣爱好，并在非合理性利益驱使下，不能充分地发挥自身的主动性和创造性；其次，采用非理性、非科学、非人性甚至是非法手段使一些体育过程变质；再次，体育的主体——人的关心和塑造被忽视，由于商业垄断，体育丢失了文化本质，成为政治和商业载体。

所以，很容易得出异化现象是由于对"物"的过度重视，对"人"的过度忽视而产生的。因此，必须对参与体育运动的主体"人"加以人文关怀。

人文体育精神是体育融入社会的最佳契合点。从根本上说体育的全面、协调、可持续性发展主要是寻求体育与自身、与自然、与社会的整体和谐发展。人处于三者关系的主体地位是体育世界的引领者。因此，只有坚持以人为本，才能把人的关系和人的空间还给自身，才能实现体育与自身之间、与自然、与社会之间的和谐发展，才会突显人文价值在体育事业发展中的重要程度。

三、弘扬人文体育精神，促进体育强国建设

（一）人文精神与体育改革的有机结合

从思想指导方向上，建设体育强国必须坚持继承与改革创新相结合，实现人文精神、科学精神的有机整合。首先，继承就是把我们在建设体育事业进程中获得的成功经验保持并发扬光大。继承的成功经验包括在党的领导下发挥体育事业的政府职能，严格履行政府在建设体育事业中的基本义务，加强政府的公共服务职能和政策规划。以人为本是发展体育事业的核心理念。要坚持体育工作为人民服务这一宗旨，协调发展、统筹兼顾。坚持经济社会

发展与体育发展和谐同步。要坚持依法治体，科教强体，人才兴体。凝聚体育资源、大众意志、社会需求和国家目标于一体，通过体育事业不断地发展带动民族复兴。其次，改革创新也是建设体育强国的重要途径。改革创新就是要明确体育发展条件和内外环境变化带来的挑战，不断解放思想，坚持改革创新，要努力实现教育科技、理论、制度和体制机制的创新，转变发展观念，提高发展质量，创新发展模式，从而实现体育发展的集约型转变，改变体育管理经验型的模式，提倡科学型管理，加快从"体育大国"向"体育强国"的步伐。与此同时，必须正确看待人文精神与科学精神对体育事业发展的重要作用及辩证关系。人文与科学是共生的，相互渗透、相互区别、相互补充、相互依存。人文文化是以人为中心，强调非理性，重视人的价值，意在升华人的精神境界，培养人的完整人格和道德情操；科学文化则是强调理性的培养和训练人的智力等理性因素，意在提高人类征服和改造自然的能力。如果仅仅重视体育科学理性的提升而不注重人文精神的建设，自然会带来体育事业的危机，导致目的理性和错误价值观。反之，只提升人文精神而不注重体育科学精神的发展也会使体育迷失在信仰主义和神秘主义之中，成为泡沫精神。科学精神是一种创新性、探索性很强的精神活动，理性和逻辑思维方法只是科学认识与发展的方法之一，作为科学创新的重要源泉的人文精神中的非理性因素同样起着重要作用。所以，人文精神也是竞技体育的灵魂之一，只有人文中的感性与科学中的理性相融合，才能相辅相成，保证体育事业的持续健康发展。目前体育隐患也是存在的。而多种原因中，首要是体育人才科学素质较低、人文精神较弱。竞技体育的盲目性与运动员合理转型导致了部门人运动生涯短、身体负担大，体育热情降低，缺少拼搏激情。为此，只有实现人文精神与科学精神的双赢，才能实现中国体育事业的和谐发展。

（二）营造良好体育环境，保障体育良性发展

从塑造良好体育环境角度，必须培育体育生态环境，优化体育社会环境，强化体育教育环境。培育体育生态环境要弘扬包括健康、尊严、公正、竞争等精神价值，服务于人类自身和人类社会的发展，实现社会、体育和人的可持续、和谐发展。优化体育社会环境主要是硬环境和软环境的改善。要遵循市场经济规律，在基础设施建设之上加强和完善体育配套服务功能；要充分认识到文化、法律、秩序、制度的重要性，倡导公平竞赛、赛出风格、赛出水平的竞赛原则，达到提升社会信用的目的。我国正处于社会转型时期，要积极培育市场竞技文化，重视发展人文经济观念及专项市场经济的平

等观念，实现体育的职业化与专业化相结合，培养更多的体育人才。

（三）强化人文精神的法律保障，形成稳固性与连续性的优势

1995年，中华人民共和国第一部体育法律《中华人民共和国体育法》颁布，这是中国体育发展史上标志着我国体育事业的发展逐步走上依法治理的轨道的里程碑。然而，在当今体育事业迅速发展和体育改革不断深入的社会形势下，面对体育领域新出现的问题、现象及错综复杂的矛盾，体育法制建设已明显处于落后趋势。因此，加强体育立法、提供法律保障以实现人文关怀，具有重要意义。"有法可依"必须严格遵循我国社会主义立法原则，实事求是，将灵活性与原则性相结合，重视法律的连续性和稳定性；将体育改革与立法结合起来，坚持以立法促进体育改革，在改革发展中完善法律制度，做到体育可持续发展；落实体育管理，完善法制化、科学化进程，有效提高体育工作的效率，是落实体育人文关怀的根本。

第三节　人文素质教育理念下的体育教学改革

一、当前普通高校体育教学改革背景

邬大光教授提出：我国高校目前几乎都是多科性和综合性大学，而问题的关键是学校变综合了，人才培养模式、学生知识结构、专业设置、课程设置是否也变综合了呢？而作为公共课的高校体育教学又该形成一种什么样的模式，才能更好地促进其发展，才能更加适应综合性大学发展的节奏，笔者认为从以下几个方面进行改革。

（一）体育教学观念的转变

在高校体育教学改革过程中，体育观实现了由单纯的生物体育观向由生物、心理、社会三因素构成的三维体育观的转变，使人们认识到体育的多元性。同时，人们已经意识到体育教育中融入人文精神教育的重要性。体育观的转变导致了高等学校体育教学目的和教学任务的转变，教学目的从单一的增强学生体质扩展到以此为基础培养终身体育习惯，教学任务从传授基本的体育知识技能扩展到在此基础上发现、引导和培养学生的体育兴趣，同时通过体育教学改善了学生的心理品质，提高了学生的人文素养，培养了学生的社会适应能力。

（二）体育教学目标的转变

体育教学目标是整个体育教学的出发点和归宿，它对教学内容的选择、教学过程的组织、教学策略的选择和运用等方面起着指导和统率作用。体育教学目标应该能够激发学生达成学习目标的欲望，调动学生的积极性和主动性。传统的体育教学目标更多地强调技术、技能的学习，而新的体育教学目标更多地强调健康第一，提倡人文教育，注重学生的全面发展，主要体现素质教育。

（三）体育教学任务的转变

潘懋元先生认为：教学是一种为实现一定教育目的而组织起来的有计划的教育活动。它的基本任务是对人类社会所积累的文化科学知识与技能、社会道德与思想意识，有选择地进行传授，使人类的文化绵延不断地传递与发展。人才的培养虽然可以通过多种活动来实现，但有计划有组织的教学是最基本、最有效的途径。随着体育课程改革的不断发展，多数高校打破了传统僵化的课程结构，趋向于开放。课程形式丰富多彩，有选修课、必修课、通识教育课。课程模式多样化，课程内容不断增加，尤其一些拓展项目如羽毛球、网球、体育舞蹈、形体操、健美操、艺术体操、健美、瑜伽、跆拳道、轮滑、摔跤、攀岩、定向越野等更多地完善了高校体育教学任务。

（四）教学活动中教师和学生地位的转变

素质教育强调弘扬学生的主体性，提倡师生间的平等，注重学生的全体性和发展的全面性。教学活动的主体是教师和学生。教师起主导作用，学生在教师的引导、启发下，创造性地构建知识，发展能力，提高思想道德素质。教学质量的提高主要决定于教师和学生的态度、水平、能力，尤其决定于起主导作用的教师，教师的责任感、学科知识与能力的水平、教育知识与教学能力将直接影响到学生的发展。高校体育教学同样倡导以人为本的教学理念，以学生为主体，积极推进学生自主选课、教师导师型授课。学生主体地位与教师主导作用的关系进一步融洽协调。

（五）评价体系的转变

评价体系是促进教学目标实现的重要手段。健康第一思想及以人文本的教育理念更多地注重科学化、人性化。对教师评价要注重过程，讲究全面。

对学生的评价一改过去单一的结果性评价，强调学生的人文素养、学习历程、提高幅度，使课程评价更加理性、客观、公正。

二、体育教学改革存在的问题

（一）体育理论课的建设与教学不足

现阶段普通高校体育课教材单一，理论课安排较少，轻视理论知识的现象还相当严重。部分体育教师，尤其是一些专业技术水平强的教师，因其大多数从专业队退役，在指导思想上缺乏对体育理论教学重要性的认识，同时不注重知识的更新积累，结果无法使学生真正了解体育课的教学目标，认识体育的多元价值，从而难于提高人文素养。

（二）不能很好地遵循教学原则、倡导有效教学

教学原则处于承上启下的地位。目前很多高校紧跟社会潮流设置体育课程项目，尽力追求多样化，但在教学原则的确定与选择上缺少深入的研究，从而难以进行有效教学，影响实际教育效果。同时，教师没有很好地掌握教学原则，就匆忙教学，因此在解决具体的教育问题、总结教学经验、评价教学效果、提高教学质量上显得捉襟见肘。

（三）教学方法的改革思路不清

体育教学改革的重心是教学方法的改革，只有创新教学方法、改善学习方法，才能提升教学质量。而在课堂讲授过程中，许多教师既不善于处理教材的系统性与讲授的重点，也不能深入浅出表达深度理论、复杂技术动作，教学方法单一，不能吸引学生同步思维。尤其在电化教育和多媒体教学方式在其他课程教学中运用越来越广泛的今天，体育教学却仍停留在原始阶段，实践课的教法也限于讲解与示范、完整与分解、重复练习与游戏、比赛等，一些新的教学法如发现教学法、情景教学法等还是缺乏存在的土壤。

（四）教学过程死板，培养模式有待完善

教学过程是师生以教育媒体为中介的双边活动过程，也是学生特殊的认识过程。当前高校体育教学改革过程中，虽然教学模式和方法改革已经有所成效，但仍然存在以运动技术为中心，片面追求课的负荷强度来刺激学生体质增长等传统的教学观念，课堂教学过程还局限于开始部分、准备部分、基

本部分、结束部分的常规教学，甚至在时间上都规定得很严。由于教学工作量、评价体系的限制，体育教学过程创新很难。正如邬大光教授所说：我们现在的人才培养模式基本上是在沿袭历史的一种惯性，在这种沿袭中，我们还可能丢掉了某些传统。当前我国体育人才培养模式的创新意识比较缺乏，人才培养模式没有发生根本的变化。随着我国高等教育办学规模的扩大，体育人才培养模式基本上处于应付状态。

（五）教材选用、课程设置、师资培养不尽人意

当前体育教材单一，选择的范围小，体育人文理论体系不完整、不缜密；有的内容陈旧、与教学实践脱节，甚至存在概念体系混乱，国外教材选用也较少。课程设置不尽人意，在我国专业课程计划的选修课比例一般都不会超过35%，更何况在高校处于尴尬境地的体育教学。当前普通高校体育教师的学历、职称结构与教育部的要求还有较大差距。教师知识结构不合理，照本宣科、离题太远的老师大有人在；课堂表现力不足，不会使用现代教学手段；课堂主体定位不准确的教师也比比皆是。加上体育教师工作量大，教学任务非常繁重，自身沉淀和增加教学经验的积累不足，很难保证教学质量。这些不利于体育教师队伍建设可持续性发展，体育教师继续教育状况堪忧。

（六）考核评价与课外安排不够完善

在考核与评价方面，理论研究与实际操作存在脱节的现象。实际的考评体系依然偏于单一，基本上还是要求学生掌握和再现体育课堂上传授的知识和技术，或者按一定标准统一达标。目前，大多数高校和教师采用以运动技能评价为主，从出勤率、态度、技术、理论及素质等方面综合评定学生的体育成绩，但是忽视了体育意识、参与程度、合作精神等非认知因素的发展和评定。尤其对于学生人文素质的评价，还不能量化。对于结果性评价和过程性评价，仍然是结果占主要地位，在某种程度上违背了健康第一的指导思想。在课外活动中，许多高校在评估期间加大课外活动的安排力度，但没有形成制度，形成长效机制，真正地为学生服务。

三、人文素质教育理念下高校体育教学改革的对策

（一）进一步加强理论教学力度

教育理念的认识体育必须面向全体学生，确定和尊重学生的主体地位，

加强理论教学,通过滴灌式理论教学让学生发挥主观能动性,促使学生在人文教育理念的指导下主动地、富有个性地学习。要重视个体发展,开展生动的、活泼的、充满乐趣的体育教学,注重学生的情绪生活和体验,重视对学生的价值引导和人格养成。体育教学要由重实践向理论与实践并重的方向转变,通过健康知识的传授,致力提升学生的体育文化素养和健康素养,从而最大限度地发挥体育的教育功能,促进学生身心的全面发展。

(二)遵循教学原则,构建更加科学、合理的体育教学机制

学体系教学原则是教学理论工作者总结教师长期的成功经验而制定的。正确的教学原则,符合教学规律,但不是规律本身,而是人们对规律的认识。在人文素质教育理念的指引下,在高校体育教学改革中应跨越重运动技术、轻身心健康这一道门槛,重新认识体育学科,对体育教学的实质进行分类,以体育活动为主要手段,以增进学生身心健康为主要目的,构成全新的体育教学基本框架。要让体育教学既有必修,也有选修;既有技术学习,也有理论学习。学生对体育课的自主学习得到加强,初步建立体育教学资源共享机制。

(三)改革教学方法,倡导探究性教学,提高教学效果

应充分利用现代化教学手段,推动体育素质教育的迅速发展。使用现代化多媒体教学手段,发挥多媒体的声像、动感、色彩等优势,可以使理论课内容更加丰富、翔实,使实践课的示范更加连续、标准和形象。大力推广应用调动学生积极性和能动性的方法,如培养创造性思维的发现教学法、因材施教的程序教学法、运动处方法、情景教学法和声像教学法等。要适应世界潮流,以启发式代替注入式,从重教到重学,尊重学生的主体地位。加强实践性教学,运用高新科技教学手段,提高教学效率。法无定法,有法而无法。没有一种适应各种情况的最优教学方法,只有多种教学方法配合、灵活运用,才能取得最佳效率。

(四)注重教学过程的创新,创建体育教学平台

将研究性学习这一理念运用到高校体育教学改革中,目的就是创建以健康第一、注重人文素质教育为指导思想,以育人为目标,以终身体育为主线的新型体育教学体系。研究性学习的根本在于教学思想的转变,是一种以提高学生创新精神和实践能力为主要目的的学习方式和课程形态。要注重学生

情感优先发展，强调培养学生的创造力，尊重学生的主体地位，营造生动活泼的教学气氛，培养学生的创新精神和实践能力，重视学生的多种收获与体验，有效提高体育教学质量，促进学生全面发展。创新教学过程，优先创建教学平台，创建面向全校为公共平台的课程，创建融入其他专业为基础平台的体育课程。设立体育教学课程组，由课程组负责平台课程的建设和教学管理，按精品课程标准进行建设，平台课程由最好的教师来执教。

（五）注重教材选用，优化课程设置，加强师资队伍

建设当前体育教学大纲和教材的建设尚需完善，要选用高质量的国家统编教材，提高体育教学整体水平。高校在修订教学内容时要以强身育人为目标，力求使课程内容贴近学生未来的职业生活，适应社会发展的需要。课程内容应淡化竞技，重视对学生身心、个性发展的影响。可以增加健身体育、传统体育、生活体育、休闲体育等体现兴趣性和实用性的课程。要更新和充实体育理论教学，增加体育人文社会学、体育养生保健学、运动处方等知识传授，提升学生的体育文化素养。打破学科壁垒，打破必修与选修界限，必修中有选修，选修中有必修。打破主修与辅修界限，主修当中有辅修，辅修当中有主修。教学改革的深化对教师的业务水平也提出了更高的要求。为此，应采取多种形式提高教师的业务素质，可根据教师的实际情况，有目的、有计划地选派一部分教师到体育学院短期进修，也可组织教师在职学习进修，还可报考上级学校继续深造等，以加强队伍建设，提高体育教师的整体水平。学校可根据国家有关规定制定达标标准，促进教师多学习一些理论技术、实际操作的本领。多方努力，真正形成教学型、训练型、科研型队伍结构。

（六）完善评价体系，丰富课外文化活动

教学评价的内容应主要包括教师评价、学生评价、教学过程评价、教学管理评价以及课程评价五个维度，并且每个维度又根据要求划分出不同的层面，在不同的体育教育阶段，内容与要求应各有不同。同时，体育教学评价内容还应具有延续性，以实现评价的整体性与系统性，在实践中逐步构建促进学生发展与教师成长的发展性体育教学评价体系。要加大课外活动的开展力度，大力支持、完善体育社团的活动。多开展一些学生喜闻乐见的活动，譬如冬季长跑、校园定向越野等。

第四节 人文理念在高校体育教学中的融合

一、体育教学中融合人文理念的重要性与必要性

（一）融合人文理念是高校体育教学的基本诉求

作为体育学科教学的支撑，人文内涵的渗透是体育文化传播的基础，通过高校体育教学创建人文环境，彰显体育学科教学的文化价值与学科地位，对于高校体育学科教学发展意义重大。面对教育改革的深化，人文理念强调体育学科教学目标与内容均紧密围绕学生这一中心，全面体现人本化教育理念，基于人文理念的体育教学进一步凸显了高校体育学科教学的特点，进一步拓展了体育教育的现实价值，促进了高校体育教学的改革实践。

（二）融合人文理念是助推学生全面发展的题中之义

作为锻炼学生体质、强健学生体魄的重要学科，高校体育教学无论对学生的心智还是能力均会产生积极正面的效应。在参与体育活动的过程中，学生不仅能够体会到身心满足感，还能够在团队合作实践中领会人文精神的内涵与价值，特别是对于高校学生，其已然具有独立而成熟的思维模式与价值判断，融合人文理念的体育教学与学生发展需求无疑是精准契合的，借助于体育教学实践的变革可逐步提升课程的专业性与教学手段的多元性，通过体育文化的熏陶、体育知识的教授，可使学生在体育学习中发掘兴趣点，充分拓展自身潜能，达到综合素质稳步提升的目的。[①]

（三）融合人文理念是社会精神文化建设的必然走向

体育文化也是社会精神文化建设的重要组成部分，而高校体育教育作为体育文化的重要传播阵地，其会受到政治、社会、经济、文化等发展水平的影响。高校学生通过参与体育实践活动，深切感受到体育文化的发展脉络，洞悉社会精神文化的深刻内涵，为其后续步入社会打下扎实的基础，学生通

---

① 刘进城.人文理念在高职院校普通体育教学中的应用研究[J].延边教育学院学报，2019，33（3）：106-108.

过持之以恒的努力,练就自身健康的体魄与强健的身心素质,以此更好地应对来自社会的各种挑战与竞争。

不仅如此,高校体育教学实践中人文理念的融合能够给予学生更充分的人文关怀,帮助其更好地完成从学校到社会、从学业到岗位的过渡,而人文理念所强调的终身体育观对学生也助益颇丰,有助于帮助其形成科学的体育锻炼习惯,促进学生精神文化气质的整体提升。①

二、人文理念在高校体育教学中的融合策略

(一)渗透体育精神,树立体育人文教育理念

在高校体育教学中,传统教学结构的"一刀切"已经无法适应新型教学机制,时代发展的同时,学生的思维意识也不断转变,体育教育也要践行动态化运维体系,积极渗透体育文化精神,全面凸显人本化教学理念,充分尊重学生的意见与建议,给予其足够的自由选择权,使学生体育运动潜力得以充分激发。一方面,高校体育要将以人为本纳入教学目标与内容体系中来,做到关注学生需求,从人生价值层面重塑课程体系,体育教学中深刻灌输终身体育意识,最终达到身体健康、心理健康与适应社会三大教学目标;另一方面,高校体育教学要积极倡导并引入竞争化机制,将竞技比赛作为体育教育教学的重要手段之一,充分渗透体育精神,培养学生的竞技精神与忧患意识;此外,体育教育工作者要充分尊重学生的个体差异性,针对学生的差异性渗透不同模型的人文教育理念,通过爆发力、耐久力、力量结构等多项参数的测试与判定,根据学生差异构建有针对性的集中训练计划,确保不同学生均可获得最适宜的训练强度,保证基础教育标准与教学价值的有效落实。②

(二)拓宽人文视野,创新体育教育内容体系

人文理念强调关注个体与社会,对于体育文化而言,其不仅对学生个体发展具有十分重要的推进作用,还能够为社会发展带来巨大的价值。因此,在高校体育教学中要使学生在体育学习中直接或间接地接触社会文化,拓宽人文视野,明晰体育文化的重要价值,了解体育精神对自身选择的影响,继

---

① 焦献策.浅谈人文教育在高职体育教学中的应用[J].太原城市职业技术学院学报,2018(7):134-135.
② 严巍.人文理念在高职体育教学中的应用[J].当代教育实践与教学研究,2017(11):127-126.

而自觉投入体育人文精神的传播实践中，逐步成为全面发展的"完整的人"。不仅如此，体育教师要以课程教学作为媒介，基于专业特点与人文要求优化课程体系，建构充满人文主体的教学路径，尊重学生的课堂主体价值，在人文理念的引导下重塑教学流程，提升教学实效性。

长期以来，我国高校院校体育课程编排均以竞技运动为主，侧重基础知识与技能教学，人文理念的渗透不足导致教学效果不甚理想。针对此，高校院校要加快推进体育课程体系改革，特别是要加强校本课程研发，积极引入武术等教学内容，充分凸显中国优秀传统文化与体育精神的本源，使学生逐步培养兼容并蓄的和谐观、追求礼让的竞争观、人际和谐的价值观、道德至上的武德观，提升其意志力、创新力、竞争力，并在体育文化的浸染下受益终生。[1]

（三）凸显人文内涵，落实新型体育教学结构

人文理念强调对体育文化内涵的探究，因此高校体育教学要注重凸显人文内涵，落实新型体育教学结构，使学生通过丰富多元的体育活动感知体育文化的价值，继而养成健全的人格。一方面，体育教师要依循人文理念，在新型教育机制建立的同时，全面、深入地优化体育教学活动与教学结构，确保体育教学维度、教学效果的实效性。在课堂教学中，教师要渗透多元人文观念，不断丰富学生对体育文化内涵的认知与体验，促进教学运维体系的逐步升级，实现体育教学结构和人文理念的完美对接。另一方面，教师要积极探索体育教学方法创新与实践策略，充分发挥学生的创造力，促进学生自学自练能力的提升，引导其形成终身体育理念，如可采取设疑提问驱动学生自主创新思考，还可组织课堂讨论、运动游戏、多媒体教学等教学方法，达到以趣激学、提升体育人文教育实效的目标。此外，高校要加快推进体育教学评价机制的创新，在考评体系中引入人文指标，既要考察知识与技能，又要评价学生的合作精神、品格等，量化学生的行为、态度与身心状态，以提升学生参与体育运动的积极性，更好地适应体育教学改革，使体育教学考评价值回归。[2]

（四）深化人文理念，营造全民体育文化氛围

除了构建多元教学模式、丰富课程内容与实践教学手段以外，高校还应

---

[1] 王海龙.高职体育教学实践中人文理念的融入实践探寻[J].当代体育科技，2017，7（5）：197-198.

[2] 王凤仙.论体育与人文教育结合下的高职体育创新[J].牡丹江教育学院学报，2014（7）：105-106.

在校园范围内深化人文理念传播，为学生提供基础性、拓展性训练活动，营造全民参与的体育文化氛围，使学生深切感受到体育文化的乐趣。

一方面，高校要积极借助校园广播、黑板报等宣传体育文化知识，报道体育盛事，并组织学生学习为国争光体育健儿的优秀事迹；另一方面，学校要鼓励学习积极创建体育社团、体育协会、运动俱乐部等，为学生提供一个深度交流探讨体育文化的平台，使学生在体育文化的耳濡目染中逐步加入体育运动的行列中来，使之在体育领域中知其然，并知其所以然；此外，高校各院系及社团组织要积极组织开展竞技体育比赛或联谊性质的体育活动，强化学生体育技能的应用、迁移与再构造，对于学生自身而言，要注重人文素养的积淀，在和谐轻松的文化环境中主动学习体育人文文化，并在长期的积累中形成良好的人文素养，提升自身的综合实力，更好地适应社会变化。①

---

① 郭思华.高职院校体育教育中渗透人文教育理念与依据[J].当代体育科技，2012，2（22）:55-56.

第四章

体育教学课程改革

第一节 体育课程教学理论概述

一、高校体育课程教学基本理论

(一) 高校体育课程教学理念

1. 课程和教学的概念

关于课程的概念众说纷纭，不同的学者按照各自不同的课程价值观念来阐述课程的定义和内涵：在国外，课程一词最早出现在英国教育家斯宾塞的《什么知识最有价值》（1859）一文中，课程是从拉丁语"currere"一词派生出来的，意为"跑道"。[1] 随着教育科学的深入发展，课程的意义不断得以丰富，人们对课程内涵的界定各持己见，形成了不同学说。关于"教学"一词，早在我国商朝的甲骨文中就已经出现了"教"字，也有了"学"字。到20世纪初，人们才对教师的"教"重视起来。中华人民共和国成立后，随着苏联教育家凯洛夫的著作在我国的翻译介绍，教学内涵又发生了新的变化。教和学是同一过程的两个方面，彼此不可分割地联系着。

---

[1] 姚期，潘敬芳，裴海溪，等.优化学程，提高学生的综合学力[J].新课程（综合版），2010（03）:46-47.

2.高校体育课程教学的理念

体育课程的定位着眼于新世纪人才素质的需求,注重以人为本,强调以学生的学习、发展为教学的中心,以"健康第一"作为教学的指导思想。体育课程教学以学生的学习、发展为本,教学过程中,要求学生进行主动学习。倡导学生主动参与、乐于探究、勤于动手,培养学生体育能力和进行体育锻炼的良好习惯,树立终身体育的运动意识。教师在课程教学过程中的主导作用是引导、帮助学生对体育课程知识、运动方法和动作技术的学习。

体育课程突出学生作为课堂教学的主体地位,重视教师的主导作用,在教学过程中为完成共同的教学任务,实现共同的教学目标进行知识技能的传授、研究和探索。确立知识与技能、过程与方法以及情感态度与价值观三维度的整合。体育课程的教学要在继承与发扬传统的体育教学成功经验基础上,确立知识与技能、过程与方法以及情感态度与价值观三个维度的整合。

强调知识与技能、过程与方法以及情感、态度与价值观的整合,体育课程打破了学科的本位主义框框,删除了"繁、难、偏、旧"的内容和改变了过于重竞技运动的状况,加强课程内容与学生生活以及现代社会和科技发展的联系,把课程回归现实生活。新课程教学注重理论与实践的结合,体育运动与健身方法的结合强调体育锻炼与日常生活的融合,使学生学会学习的方法、培养体育锻炼的习惯、养成终身体育的意识。综合应用多学科理论进行教学,促进学生身体的健康发展。现代科学发展越来越呈现综合化的趋势,无论自然科学还是人文科学,各学科之间往往相互渗透,产生新的边缘学科。

体育课程的教学是促进学生生理健康、心理健康水平及社会适应能力的健康发展,有效地增强学生体质的过程。全面发展学生的身体素质和基本运动能力,形成良好的运动技能,同时注重在体育教学过程中对学生进行思想品德教育。要完成上述的教学任务,必须综合运用体育科学、教育科学、人文科学等多学科的理论与方法,促进学生身体的健康发展,有效地增强学生体质。学生身体的健康发展是指学生身体机能、身体形态、心理素质和社会适应能力的全面发展。实施体育课程教学活动是促进学生身体的健康发展,有效地增强学生体质的运动过程。健康发展的内涵是指学生的全面、健康、和谐、可持续发展。

3.高校体育课程教学的指导思想与任务

健康第一的指导思想不但给体育课程教学改革注入了新的内涵,而且在提升学校体育价值含量的同时，使学校体育的教学目标更加明确。改变过去传统的体育教学"重竞技"，围绕"达标率""合格率"等功利性倾向，改变教学目标与学生学习的脱节现象，使体育课程教学与21世纪社会政治、经济的发展需求相适应，使体育课程教学与促进学生身心健康发展，有效地增强学生体质的目的和以学生为本的教学理念更加贴切。体育教学的指导思想在体育课程教学过程中通过各种途径对学校体育教学目标、教学任务、教学内容、教学方法、教学的组织形式和体育锻炼过程的体系产生极为重大的影响，是整个体育教育理论的核心。实现教育部颁布的学校体育教学目标，体育课程教学的总任务，要全面锻炼学生的身体，促进学生生理健康、心理健康水平，有效地增强学生体质。培养学生体育能力，科学地应用健身方法，养成良好的体育锻炼习惯，为终身体育奠定良好的基础。

（二）高校体育课程的教学过程与内容

1. 体育课程的教学方法

体育课程教学方法是教师和学生为了实现共同的教学目标，完成共同的教学任务，在教学过程中运用的方式与手段的总称。体育课程教学理论与方法的探索、研究与发展，从始至终都遵循教育学、心理学、运动人体科学的原理，遵循教学理论与教学实践相结合的事物发展规律，遵循人体运动知识、技术技能的形成规律。体育教学方法主要研究学校体育教学的基本规律，新课题是促进学生身体的健康发展和有效地增强体质、掌握体育知识与运动的规律。从宏观的角度上分析体育教学方法时，我们认为体育教学方法是体育课程教学活动过程中教师和学生为完成共同的体育教学任务，实现共同的体育教学目标过程的总称。从微观的角度上分析体育教学方法时，体育教学方法是由各种不同层次、具体性的教学方略、教学技术、教学手段和教学形式等所组成的一个系统性结构，包含多层面的教学技术。

2. 体育课程的教学过程

体育课程理念下的教学观强调：教学过程是师生积极参与、交往互动的过程。教学是教师的教与学生的学的统一，这种统一的实质是交往。在体育课教学过程中，强调教师的教以及学生的学所构成的一个有机组合的整体教学结构系统。教师根据学校体育的教学目的、教学目标、教学任务、教学内容与教学要求，通过体育课程教学与课外体育锻炼活动等不同的组织形式，将具体的体育基础知识、健身方法、运动技术和练习手段有目的、有计划、有组织、系统地传授给学生。逐步培养学生掌握、应用体育基础知识、健身方法、运动技术和练习手段进行运动健身的能力，以及对学生进行思想、道德、品质的教育。体育课教学过程的本质是使学生学习、掌握和应用体育知识、健身方法和运动技术，培养学生良好的运动技能、体育锻炼习惯和体验运动乐趣。体育课程教学过程是素质教育的重要途径，体育课程教学具有促进学生身体形态、生理机能的功能，明显地体现在骨骼、肌肉和心血管系统、呼吸系统等形态、机能的发育方面。

3. 高校体育课程的教学内容

体育教学内容是根据体育课程教学目标、指导思想、教学任务、学生的学习需要与教师的职业技能，遵循体育教学规律和教学原则来选择教学素材，并且对其进行体育教材化的加工和创造，构成科学的、合理的、适合于社会需求和学生发展的体育课程教学内容结构体系。体育课程教学内容是体育教学实践活动的载体，包含了体育教育的基本理论知识、体育健身的方法、运动技术、思想品质教育等体育教学要素和丰富的文化内涵。

教师通过教学内容的"教"和学生对教学内容的"学"的过程，使学生学习、掌握体育教育的基本理论知识、体育健身的方法、运动技术，提高身体的运动能力水平和形成良好的运动技能。从体育教育活动实施过程及其对人的发展角度进行分析，体育课程教学内容从本质上起到了体育教学实践活动的载体作用。

体育教学素材有两个明显的特征：一是素材来源广泛，内容丰富。二是教学素材之间不具有严密的逻辑性，教材系统结构中每项教学素材内容都具有各自的功能性，由多项教材内容具有的功能性总和构成了能够达成多元教学目标的可能。

体育教学内容与竞技运动区别表现在以下两个方面：

（1）体育教学内容是根据体育课程教学目标、指导思想、教学任务、学生的学习需要与教师的职业技能，遵循体育教学规律和教学原则所选择的教学素材，是以学生身体健康发展和增强体质为教学目的。而竞技运动内容则是以参加竞技比赛，夺取金牌为目的，以运动员掌握、运用运动技术，提高运动竞技能力与水平为运动训练任务，明显存在不同的任务和目的。

（2）体育教学内容必须根据学生学习的需要进行体育课程教材化的改造、组织和加工，而竞技运动内容则是由统一的竞赛规程、规则制订，通常情况下不允许进行改造。体育教学内容与其他教育内容一样是随着社会发展需求而处于不断变化和发展的过程之中。现代的体育教学内容的基本结构体系是随着学校体育和近来以体育运动的发展而逐步形成、改进与完善的。

4. 高校体育课程的教学评价

体育课程教学改革的一个重要内容就是以评价促发展，因此评价学生的学习要能够体现学生学习的不同层次水平。教学评价是研究课程教学过程中教师的教和学生的学的过程和结果。体育课程教学评价一般包括对教学过程中教师、学生、教学内容、教学方法手段、教学环境、教学管理诸多因素的评价，但主要是对学生学习过程与结果的评价和教师教学工作过程的评价。评价中依据一定的客观标准，通过各种测量和相关资料的收集，对教学活动及其效果进行客观衡量和科学判定。

体育课程教学的评价是依据《新课程标准》所进行的课堂教学研究活动。在教学评价活动中强调体育课程教学应以促进学生身心健康发展为根本目的，贯彻"健康第一"的指导思想，要求在全面锻炼身体的基础上，促进学生生理机能、心理素质及社会适应能力方面都得到健康的发展，为终身进行体育锻炼打下良好的基础。体育课程教学的评价通过了解与评估教学各方面的情况，从而判断教学的过程、质量和水平，包括课程教学的成效和缺陷。体育课程教学的评价对教师的教和学生的学都具有极为重要的激励和导向作用。通过评价反映出学生对学习的态度、动机、兴趣、方法及其结果能够激励教师的教和学生的学习过程，使师生了解与掌握自己所进行的教学状态及其发展变化情况，提高教学活动的效率从而获得最佳的结果。

二、高校体育课程与课程教学模式改革

课程是为实现学校教育目标而选择的教育内容的总和，包括学校所设置的各门学科和有目的、有计划、有组织的课外活动。在我国，体育课程是全面贯彻党的教育方针、进行素质教育的重要组成部分，属于基础学科、国家课程，并被列为高校一、二年级的必修课。它是以身体锻炼为主要特征、理论与实践密切结合、促进身心全面发展的教学课程。

（一）高校体育课程概述

高校体育课程是整个高等教育的基础课程之一，是完成高等教育目的和实现人才培养目标的主要组成部分。高校体育课程是指依据高等教育目标制

订的高校学生在校期间各种体育活动的总体规划及其教育活动，是为实现高校体育目标而规定的体育内容及其结构、程度和进程，包括课程指导思想、课程目标、课程设置（课程号、课程名称、课程模式、学时计划、考试形式等）、课程内容、课程结构等方面。它是以发展大学生体能、促进大学生身心健康和获得终生体育能力为主要目的的一种特殊的教育性课程，它与其他课程相配合，以共同实现大学生身体素质、心理素质、思想道德素质、科学文化素质、专业素质和业务素质等方面的全面发展。随着社会的发展和教育改革的深化，以及国家培养人才的要求和学生自身发展的需要，体育课程的功能不断得到拓展和延伸。它所涉及的不仅是体育科目的内容及其活动领域，还包含着以潜在内容为活教材的整个高校体育活动。

中华人民共和国教育部在《全国普通高等学校体育课程教学指导纲要》中明确提出："为实现体育课程目标，应使课堂教学与课外、校外的体育活动有机结合，学校与社会紧密联系。要把有目的、有计划、有组织的课外体育锻炼、校外（社会、野外）活动、运动训练等纳入体育课程，形成课内外、校内外有机联系的课程结构。"因此，高校体育课程不等同于体育教学或教学大纲。体育课程和体育教学过程是有区别的。

体育教学过程是一个以传授和学习体育知识技能为主的过程；体育课程则不仅限于知识技能的传授，还包括身体锻炼。为全面推进素质教育，充分体现"健康第一""以人为本"的现代体育教育理念和终生体育等指导思想，培养身心健康的具有创新精神和创新能力的高素质复合型人才，从客观上要求对高校体育课程体系进行全面深化改革，才能构建适应新世纪社会发展的高校体育课程体系，将高校体育教学内容、课程体系和教学方法的改革不断引向深入，实现从单纯的体质教育、体育技能教育向综合素质教育转变，从以传授体育知识技术为重向知识、能力、素质并重转变，注重学生创新精神、创造能力的培养，注重学生个性的发展，因材施教，实现体育课程校内外、课内外一体化的体育大课程教育观。教育思想、观念的改革是长期的、贯串于教育活动和教学改革的整个过程，在转变思想观念和进行高校体育教育改革与实践的过程中，全国高校在体育课程改革中经历了多个发展阶段并初步形成了各具特色的体育课程教学模式。

（二）改变高校体育课程教学结构模式

为进一步深化高校体育课程体系和课程内容的改革，培养面向未来的优秀人才，高校体育教学作为实施高校体育课程目标的主要途径，它已成为我国高校深化体育课程改革的核心。国家规定普通高校一、二年级必须开设体育课，三年级以上可开设体育选修课。全国有统一的教学指导纲要，各省根据教学指导纲要制定适用于本地区内高校的体育课程指导纲要实施意见。

20世纪80年代中期以前，高校体育课程教学模式主要沿袭苏联的规格型模式，各学校有统一的教学计划、大纲和教学评估要求，甚至有规范的课时"教学日历"，严格规定了教材内容、前后顺序安排、运动时间分配和运动量控制方法。课程结构普遍采用"三段式"结构模式，即准备部分、基本部分和结束部分。强调统一和规范，注重教学计划和教学内容的完整性、连续性；强调教师的主体地位。教学安排主要依据人体功能活动变化规律、运动技能学习规律来具体实施体育教学工作。

20世纪80年代以后，高等教育体制进行了一系列改革，逐渐建立了"健康第一""以学生为主体"的现代教育理念和科学的教育发展观，国家体育课程教学指导纲要更注重指导性和引导性，强调体育教学基本目标和发展目标。高校体育课程也进行了全方位的深化改革，呈现出多样化的发展格局：体育课程设置由普通体育课改革为体育选项课，进而发展为教学俱乐部制；教学双边关系由"教师主体、学生主导"向"以学生为中心""学生是学习的主体，教师起主导作用"的方向发展；由注重遵循教育规律和学生生理发展规律，逐渐向注重生理、心理和社会的三维体育教育观转变。

三、推进高校体育课程教学模式的演进与课程设置模式

由于受不同时期教育思想变迁的影响，我国高校体育课程教学模式也经历了不同的发展阶段，形成了不同时期占主导地位的教学模式和课程设置模式。

（一）高校体育课程教学模式的演进

从强调增强体质为中心的"传习式"教学模式阶段，发展到强调以学生的体育知识、技术、技能的学习为中心，培养学生体育兴趣爱好和良好的体育锻炼习惯，从而获得终生体育锻炼能力的"教养式"教学模式阶段。随着以人为本、健康第一的现代体育教育理念的形成和科学发展观的树立，现代体育课程教学逐渐改革成为以学生为中心、以教师为主导的培育式教学模式阶段。

1. "传习式"体育教学模式

"传习式"体育教学模式是指在体育教学活动中，根据人体生理发展的

需要和动作技能形成的发展规律，通过教师传习和学生接受的方式而形成的教学活动形式或教学现象。该模式突出了体育教学的健身性、教学性等主要功能，强调学生学习体育的教学目的。在教与学的过程中，教师占主体地位，学生处于被动学习的状态，对学生的教育效果主要体现在生理和学习知识的变化上，忽视了学生主体的学习兴趣和本体的心理性反应，不利于学生学习能力的培养。

2."教养式"体育教学模式

"教养式"体育教学模式是指在体育教学活动中，根据人体生理、心理发展的需要，通过教师传习和学生主体能动性反应而形成的教学活动形式或教学现象。该模式突出了体育教学健身性的主要功能和教育功能，强调学生学习体育和学会体育的教学目的。在教与学的过程中，教师和学生处于双边的能动关系，对学生的教育效果不仅体现在生理性的变化上，还体现在心理活动方面。与"传习式"教学模式相比，该模式注重了学生学习时的心理需要，注重了学生主体性学习能力和锻炼能力的培养。"培育式"体育教学模式是指在体育教学活动中，根据人体生理、心理和社会发展的需要，通过教师和学生互动的方式而形成的教学活动形式或教学现象。在发挥体育教学的健身性、教育性功能基础上，该模式强调发挥体育教学的社会功能，强调学生不仅学习体育、学会体育，还会学体育的教学目标。构建以学生为中心、以教师为主导的新型师生教学关系，对学生的教育效果不仅体现在生理、心理上，也体现在综合体育素质和社会适应性能力方面。与"教养式"教学模式相比，该模式注重了学生社会尊重的需要，注重了综合体育素质和社会适应性能力的培养。

（二）高校体育课程设置体系

高校体育课程是国家规定的基础性课程，按照《普通高校体育课程教学指导纲要》的精神，在大学一、二年级为必修课程，三、四年级根据条件可开设选修课。各高校根据自身的特点和要求，逐步建立和健全富有学校自身特色的体育课程设置体系。就我国高校公共体育课程设置情况来看，以选项课为主要模式的高校体育课程设置体系已经形成。

（三）高校体育课程设置模式

在贯彻现代体育教育思想，进行高校体育课程教学改革与实践的过程中，国内各高校不同程度地进行了体育课程设置模式的改革，这些模式经过一定时期的发展、沉淀和聚类，基本可归结为以下五种典型模式。

1. "选项课"+"校定特色体育必通课"模式

以清华大学为代表的部分高校建立了以一、二年级体育选项课教学为主体，并设以校定特色体育课程，要求每个学生必须通过校定必通课基本考核标准的课程设置模式。例如，清华大学要求男生人人能游泳 200 米，女生人人会编一套健美操；浙江工业大学要求人人通过"十二分钟跑"测试标准，重视体育课程"课内外一体化"建设，实施课余普通运动队和高水平运动队训练"两条腿走路"的工作路子。这一模式的采用要求体育师资力量配备充足，学校政策、财力的大力支持，教师工作待遇有较好保证等条件，能达到学生体育基本素质普遍较高，锻炼意识较强的目的。

2. "完全教学俱乐部"模式

以深圳大学为代表的部分高校建立了根据学生体育兴趣爱好，实行学生完全自由选体育项目、选时间、选教师的体育教学俱乐部模式，并将教学俱乐部延伸到课外体育俱乐部，教学模式采取指导制形式。这一模式的采用一般要求体育教学的场馆设备条件优良，并具有较强的吸引力，有完全学分制的教育制度管理，学生体育基本素质好，锻炼积极性高，有较强的自我锻炼和体育学习习惯与能力，教学时间充分保证，师资专业结构能充分满足学生学习的需要。

3. "教学俱乐部"+"选修课"模式

以浙江大学为代表的部分高校建立了完全网上自由选课、选时间、选教师的体育教学俱乐部模式，教学方式仍以班级授课制进行，教学管理采取学期必修课或选修形式。教学俱乐部是介于体育选项课模式与完全教学俱乐部制之间的中间模式，这一模式的采用一般要求有一定的体育师资和项目群储备，学生的可选择性要强，有专门的体育教学选课服务系统支持，对体育教学硬件设施的要求没有完全教学俱乐部制高，学生在选课程的可选择性方面易受授课时间、师资、课程设置模块的限制。

4. "基础课"+"选项课"模式

以浙江中医药大学为代表的部分高校建立了一年级（或第一学期）基础

课、二年级（或第二、三、四学期）选项课的教学模式。基础课一般按照行政班级授课，选项课采取网上选课或根据报名情况编制体育班的方式进行。这一模式较多地强调提高身体素质的重要性，有利于一些传统体育项目和校定特色体育的教学和考核，也便于教学的组织管理工作。

5."选项课"+"教学俱乐部"模式

部分高校，尤其是高职类院校建立了以一年级体育选项课、二年级按照所学专业的"准职业岗位"特殊体育素质和能力需求，开设含职业实用性体育教学内容的俱乐部教学模式。这是一种以就业为导向，强调体育教育实用性功能，以培养"准职业"人员岗位特殊体育素质和体育活动能力的新型模式。

第二节　体育教学内容结构体系构建与改革

一、高校体育教学内容体系构建

体育教学内容是体育教学大纲规定的学习范围。我国体育教学内容包含理论和实践两部分。教材是一个知识技能体系，是联系教师和学生的中介，是学生主要的知识来源，也是学生身心发展的基础。从小学、中学到大学，教学内容均以体操、田径、篮球、排球、足球、武术、舞蹈、游泳、滑冰等动作项目为主体，尤其是田径和体操比重最大，这就是我们实践教材选择的基本范围。但事实是这样的局面：到了大学，许多基本的运动技术没学好，身心发展目标的达成也受到影响；既不能满足社会主体的需要，也不能满足学生主体的需要。当然这些问题的存在不是说运动项目不能作为体育教学内容，任何时候这些竞技项目都是我们体育教学中的重要内容。关键是整个教学内容体系应该有一个合理的结构，这个结构要贴近社会和生活，符合学生的身心发展特点。因此，研究教学内容结构体系建立的理论，探讨体育教材选择的依据，对提高体育教学效果是十分必要的。

（一）体育教学内容的结构特征

体育教学内容的结构是指体育教学中特定的内容之间的分工配合。它必须既能满足社会的需要，又能满足作为教学主体的学生的需要。换句话说，就是学生对能满足自己需要的教学内容才会产生兴趣。因此，教学内容的优化组合是体育教学内容结构中的关键，而社会需要是社会对教育目标的要求。社会需要和学生主体需要具有统一性，但它们在满足的层次上、时间顺序上是不一致的，我们必须把握体育教学内容结构的基本特征。

1. 体育教学内容结构的目的性

体育教学内容结构具有明显的主观目的性：当客观的需要和主观目的相一致时，所建立的体育教学内容结构才是合理的。首先，在不同的学习阶段，学生对体育教学内容的需要是不一致的。其次，体育教学的内容结构要有利于学生形成合理的认识结构、技术技能结构、能力结构和体育方法结构。例如，在小学阶段，由于体育教学的目标主要是提起学生对体育的兴趣，发展他们的基本活动能力，培养自尊心和自信心，进行团队精神的熏陶。让他们在学习过程中感受体育的乐趣，在集体练习中培养协作精神，在完成练习中树立自信。进入中学以后，体育教学目标提高了，侧重点有所改变，这时的教学内容结构就需要相应地进行调整。

2. 体育教学内容结构的联系性

体育知识和运动技能的种类是极其丰富的，任何体育教学内容结构都只能包含其中的一部分。通过这些内容的教学，可以有效地扩大知识范围，打下良好的体育运功技术技能基础并建立良好的能力结构，为学生进一步的发展创造条件。体育教学内容结构的联系性表现在以下方面：

（1）具有横向特点的广泛性。身心的发展要求是全方位的，既包括保健、营养、卫生、锻炼原理、竞赛规则等基本知识，又包括促进身体发展的各种运功技术技能和练习方法。

（2）具有纵向特点的复合性。体育教学内容要随着学习的进行逐步深化，这是教学的基本规律。但是，体育教学目标是多元化的，它的实现依赖于多种教学内容的综合效应。复合性和广泛性的结合可以提高体育教学内容结构的全面性和协同性，教学内容的广博性和教学内容之间的联系性对学生创造性的发展也是非常有利的。

3. 体育教学内容结构的相容性

体育教学内容结构的相容性表现在体育教学内容结构内部相互渗透、彼此贯通。作为一个知识结构，体育教学内容结构应该是纵向联系、横向相关的，这种结构内部互相关联的特性必然要求不同的内容之间彼此相容。体育教学内容结构的相容性使教学内容的选择具有更大的灵活性，体育知识技能具有更强的综合性。

4.体育教学内容结构的动态性

体育教学内容结构要跟上体育科学的发展步伐，符合社会发展的需要，就必须具有动态性。这些新的知识必然要及时在体育内容结构中反映出来。社会对人才素质的要求是不断变化的，如现代社会的快节奏、高竞争性的特点对人才的竞争力、创造力和良好的心理素质有了更高的要求。因此，体育内容结构总是处在一个动态的变化之中。

5.体育教学内容结构的实践性

体育教学内容以实践为主，这是体育的本质属性所决定的。活动性内容应以在实践过程中对身心健康水平的良性影响为依据，换句话说，就是要考虑它对体育教学目标的贡献，使之既能产生教学内容体制改革具有的个别优势，又能形成多种内容结合而成的结构优势。

（二）体育教学内容选择的原则

体育教学内容非常丰富，而真正作为教学内容的，仅仅是其中的一部分。我们应该遵循以下原则：

1.实践性和知识性相结合的原则

实践性和知识性相结合是由体育的本质属性所决定的。通过实践，要使身体的大肌肉群得到活动，各内脏器官系统得到锻炼，同时体验到体育的乐趣，这些都是以体育教学内容作为媒介来实现的。知识性主要体现在为什么做、怎么做和为什么要这样做上，这固然要通过基础理论内容来讲授，但更多的是在实践中体验、理解，通过运用来强化。体育教学内容发挥的作用就是将实践与知识连接起来。

2.健身性和文化性相结合的原则

健身性是体育教学区别于其他教学的显著特点。文化是人类认识世界、改造世界和适应环境的产物。健身性和文化性相结合，就是体育教学内容既具有良好的健身价值，又具有丰富的体育文化内涵。

3. 民族性和世界性相结合

体育的形式和内容总是与一些国家或地区的民族文化传统和民族习俗有关的。例如，我国的武术、日本的柔道、希腊的马拉松、欧洲的击剑等，无不具有鲜明的民族色彩。体育教学内容仅强调民族性是不够的，任何民族，无论多么优秀，在发展过程中总会受到来自方方面面、形形色色因素的约束，总会具有一定的片面性。因此，体育教学内容必须体现出民族性和世界性相结合，既要在保留优秀的民族体育内容的基础上，又要充分吸取来自世界各民族的优秀体育内容，将它们融合在一起，使之形成一个优势互补、功能齐全的体育教学内容体系。

4. 继承性和发展性相结合

继承优秀的传统文化是教学的重要功能。体育教学内容的选择无疑是要吸收我国历史悠久的传统体育内容，这就是体育教学内容的继承性特点。文化的继承是有选择的、批判性的，对于传统体育内容，我们在有选择继承的基础上进一步丰富其内涵，在保留其原有特点和精华的前提下剔除那些不健康的东西，使其更具有时代气息，这就是体育的发展性特点。

5. 统一性和灵活性相结合

体育教学内容要面向全体学生，它必须有基本的要求，有一个相对统一的标准，使体育教学有一个较为规范的目标。我国地域辽阔，各个地区的条件不一致、发展不平衡，教学的相关基础不在同一起点。即使是处于同一个教学阶段的学生都会表现出明显的不同特点，因此教学内容必须根据教学条件和学生特点，兼顾统一性和灵活性，才能有利于促进学生身心全面发展。

二、教学内容的特性发展与变革

（一）体育教学内容的特性

1. 体育教学内容与教育内容的共性

由于体育教学内容是教育内容的一个有机部分，因此它首先具有与教育内容共有的特点，这些特点如下：①教育性。体育教学内容的教育性体现在对学生的身心发展有好处；摒弃了落后的东西；既有冒险性又比较安全；适合大多数学生；避免过于功利性这五方面。②科学性。由于体育教学内容是在学校进行的有目的有计划的系统的教学内容，因此需具有很强的科学性。体育教学内容的科学性主要体现在具有丰富内涵，是人类文化和科学的结晶；科学和文化含量高；内容的编制和教学遵循有关教学内容编制。③系统性。体育教学内容的系统性表现在体育教学内容本身的系统性，以及根据教育的目标、学生不同年龄阶段的生长发育特点、教学环境和教学条件，认识体育教学内容的内在规律性特点，逻辑地安排各个学校、各个年级的教学内容，并处理好他们之间的相互关系。

2. 体育教学内容的特性

体育教学内容除了在上述三点与其他教育内容具有共性外，还具有它的特性。体育教学内容的特性如下：

（1）运动实践性。运动实践性是体育教学内容的最突出的一个特点。体育教学内容与体育实践活动密切相连，受教育者本人必须在从事以大肌肉群运动为特点的运动时才可能真正学好这些内容。当然体育教学内容中也有知识和道德培养的内容，但是体育内容中的知识学习和道德培养也必须通过运动学习和实践体验，这一点与其他学科的教育内容形成鲜明的对比。

（2）娱乐性。体育教学内容来自各种身体活动，而这些身体活动的绝大部分又是来自人的娱乐性运动，所以体育教学内容自然内含着运动的乐趣和娱乐性。体育教学的效果也受到体育教学内容娱乐性的影响，这也是体育教学内容与其他文化课内容的重要区别。

（3）健身性。由于体育教学内容中的很大一部分是以大肌肉群的运动为形式的技能学习与练习，体育教学内容的学习就必然会对身体形成一定的运动负荷，参加体育教学内容的学习和练习时，都会对身体产生锻炼的作用。针对这样的情况，在教学实践中有很多追求体育教学内容健身性的努力，如在编制体育教学内容时根据受教育者不同的身心特点将这些健身作用进行科学化的设计和控制、在教学过程中对运动负荷大小进行合理安排等，可以说，体育教学内容的健身性特点是其他教育内容所不具备的。

（4）人际交流的开放性。由于体育教学内容多是以集体活动的形式来进行的运动的学习和竞赛，而运动是以位置的变动方式来进行的，因此体育教学内容与其他教育内容相比具有更明显的人际交流的开放性。体育教学内容以这种人际交流的开放性为基础，使体育教育内容的学习过程中的师生、生生之间的关系更加密切、开放。体育学习中的各种角色变化远远多于其他学科的学习。

（5）空间的约定性。体育教学内容还有一个"空间约定性"的特点。这是因为有很多运动是在固定的场地上进行的，甚至是以场地来命名的。由于体育教学内容的空间制约性，体育教学内容对场地器材具有很大的依赖性，场地、器材、规则本身也成为体育教学内容的重要组成部分。

（二）体育教学内容的发展与变革

1. 体育教学内容的变迁与改革的课题

我们从百年以来的几个历史阶段来看体育教学内容的变迁，可以看出体育教学内容有以下的变化趋势：首先，随着现代竞技体育运动的兴起和普及，正规的竞技体育运动正逐渐代替乡土性的体育教学内容；其次，体育教学内容的数量在减少，但难度有所增加；再次，体育教学内容中的娱乐因素逐渐减少；最后，体育教学内容所需要的运动器材越来越正规化。由于上述这些变化，体育教学内容出现了单调、锻炼性强、要求教学规范化和场地器材条件高的趋势。由此而形成体育教学内容改革与发展的课题如下：

（1）改变体育教学内容趋于平纯的锻炼和达标相统一的趋势。
（2）解决体育教学内容与学生社会体育活动之间的差距。
（3）要解决学生因体育教学内容缺乏娱乐因素而不喜欢体育课的问题。
（4）要解决与体育教学内容难度有关联的问题。
（5）要解决乡土教学内容的开发不足和体育教学内容民族化的问题。

2. 学生对体育教学内容改革的呼唤

现在，许多学生对体育教学内容有所不满。学生对体育教学内容的意见，概括起来有以下几点：

（1）总体上感觉体育教学内容枯燥。
（2）对生理感受很痛苦的某些教学内容有强烈的惧怕和反感。
（3）对一些还不能理解教学内容意义，教学形式上又比较枯燥的内容比较反感。
（4）学生对体育教学内容被达标项目所替代的现象很反感。
（5）透过教学内容的单调和平庸学生形成对体育教师的不良印象。
（6）学生对一些运动希望有一个较长时间的学习过程。

3. 体育教学内容改革的方向

从上面的分析可以看出：现在体育教学内容的改革已是体育教学改革的一个最重要的方面，也是当务之急。教学改革应如何进行，朝着哪个方向进行，可以从对过去教学内容的缺陷和新的体育教学理念上来寻求答案。过去的体育教学内容存在以下 5 个方面的缺陷和不足：

（1）教学内容的设计反映以学生为主体不够。

（2）过去确定体育教学内容时，只考虑到体育教学内容体系的完整性，对开放性和现代性重视不够。学生喜欢的内容由于受到各种条条框框的限制，难以选进教学内容。

（3）确定教学内容的时候，没有处理好统一性和灵活性的问题。

（4）体育教学内容偏多。

（5）体育教学内容规定得过死。体育教学内容没有很好地体现体育教学目标。

有学者认为今后体育教学内容的改进有以下几个方面：首先，以学生为本；第二，教学内容弹性更大；第三，明显淡化竞技技术体系；第四，教学内容更加概括，给教师和学生留出广阔的空间；第五，基本体操删去了大部分体育教学中不常使用的队形和队形变化的内容；最后，增加女生喜爱的韵律体操和舞蹈内容。在过去的体育教学中，体育锻炼的手段和方法限制得比较死板，我们选择了一些锻炼手段，让所有的学生都围绕规定的手段进行锻炼。现在的内容设置更多地考虑以学生为主体，进行了弹性的设计。当然，由于场地设施、师资等条件的限制，目前还不可能做到适应每一个学生的需要。"放开"是可供选择，给一个"菜单"进行选择，但菜单再大，也有一个基本范围。关于预测未来的体育教学内容改革：体育教学内容会更加多样，学生和教师选择体育教学内容的权限更宽，教学内容总体丰富多彩。体育教学内容改革和《学生体质健康标准》的共同进步使体育教学内容摆脱"达标课"的困扰，体育教学内容将真正成为学生喜欢的、并达到身体锻炼目的的真正有用的东西。

3. 体育课程与教材的选用

课程问题是任何一种学校教育的核心问题。这是因为课程集中体现了教育的要求、具体反映了教学内容，还是教育质量评估、教学水平评价的重要依据之一。仅从一个角度去评价体育课程，选择体育教材显然是不可取的。

我们还应该看到，教材有一个合理的排列组合问题，即纵向组织原则和横行组织原则。教材的选择具有多样性。这种多样性不仅来自学生身心需要的多样性，也来自身体练习的多样性，那种"唯一"或"最好"是不存在的。而且体育对健康教育内容的科学性、灵活性和多样性，给了体育教师在选用教材时更多的自主权、更大的余地。教材要多样化和具有开放性，要突出重点，不求面面俱到。处理好各水平阶段的纵向衔接与其他学科的横向联系，避免重复，同时注意在继承优秀传统体育文化的基础上吸收现代体育文化。体育与健康教材应突出健身性，健身性是体育的本质属性。

体育教材的选择要突出健身性，表现在以下几个方面：

（1）要考虑教材的健身价值。不同的教材，练习的效果往往是不一样的，同样的教材对不同的对象在效果上也会不同。但是，在实际运用中，它对高中生锻炼效果较好，但对小学生不一定好。因此，教材的选用要根据特定对象进行。

（2）要考虑教材对心理的影响。选用的教材要有利于培养学生顽强的意志、健康的个性和积极向上的心理品质。

（3）要考虑教材的优化功能。一般情况下，只要合理运用，体育教材都有健身的作用。运用时要争取优选出最具健身效果的教材。有两层含义：其一，要注意教材本身的健康价值；其二，要注意教材搭配所产生的最佳效果。体育与健康教材要注意文化性。体育是人类所特有的一种社会活动，它具有继承性、民族性、时代性、世界性等文化特征。注意教材的文化性也就是要考虑体育教材的文化特征，即要注意对优秀传统教材的继承，使教材体系更具有时代气息、更加完整；使学生能形成正确的体育价值观念、良好的体育道德和符合时代要求的体育行为规范，实现身心的健康发展。体育与健康教材要增强娱乐性。

体育教学的主要目标是树立终身体育意识和形成终身体育能力。第一，体育教材的娱乐性是引起学生体育兴趣的重要因素。第二，体育教材的娱乐性有利于学生体验到体育运动的乐趣，领略到体育魅力。第三，通过参加具有娱乐性的体育运动，能使学生精神愉悦，有利于缓冲学生的紧张情绪，更好地提高学习效果。体育与健康教材要具有典型性。体育教学的内容非常丰富，教材不但类别多，同类教材项目也多。因此，我们选择的体育教材应具有典型性。

典型性表现在以下三个方面：

（1）在能满足达成同一教学目标的各类教材中，选择最有代表性的教材。

（2）在达成同一目标的同类教材中，要选择最具代表性的教材。

（3）选用的教材在同类教材中，在技术结构或身心发展上具有代表意义。

体育教材是学生学习体育知识、提高健康水平、培养终身体育意识和能力的载体。体育教材的实用性表现在以下几个方面：

（1）体育教材对激发学生的体育兴趣、掌握体育知识、培养体育能力、体育方法的训练和身心发展有积极的促进作用。

（2）选用的教材在教学中要有适宜的教学条件作保证，使学生愿意将教材内容作为终身锻炼的手段，为其树立终身体育意识和培养终身体育能力奠定良好的基础。

（3）选用的教材对体育教学目标的实现有较高的价值。体育教材要体现时代性。体育是一种社会活动，它是随着人类社会的发展而发展的。以现代奥运会为标志的竞技体育，每四年都要展示一些新的项目就是证明。

第三节　体育专业核心课程与特色课程设置

一、专业核心课程

（一）运动生理学

运动生理学是运动人体科学最基础的课程之一，主要内容是在体育活动的影响下，人体生理功能发展变化的规律，体育锻炼及运动训练的基本生理学原理，特别是青少年生理功能与年龄、性别特征及体育锻炼的关系。要求学生掌握体育锻炼与运动训练中人体生理机能变化的特点和规律。

（二）体育保健学

体育保健学的主要内容是人体保健的基本规律和中国传统保健的基本理论和方法，以及人体在运动过程中的保健规律和措施。要求学生掌握常见运动创伤的预防、处理的知识和技能；能指导从事符合生理规律的运动，以收到增强体质、增进健康的效果。

（三）学校体育学与体育教法设计

本课程主要讲授体育和体育科学的概念；体育和政治、经济及其他社会现象的关系；体育在我国社会主义现代化建设中的地位、作用和意义；体育的基本手段和管理体制。让学生了解学校体育的地位和目标，体育教学、体育锻炼、课余训练的原理、原则、方法和学校体育研究的内容。

（四）田径

本课程主要讲授短跑、跨栏（障碍跑）、跳高、跳远、标枪、铅球等的基本知识、基本技术、基本训练方法。要求学生掌握运用田径运动全面增强体质的锻炼手段、方法，具备组织、指导竞赛和管理等方面的能力。

（五）体操

本课程讲授队列队形、基本体操、技巧、单杠、双杠、支撑跳跃等的基本理论知识，训练基本技术，掌握基本技能。通过对体操运动和技能的学习，提高学生的体育教学和训练能力，全面发展学生的身体素质。让学生掌握中等学校体育教师所必备的体操教学和组织小型比赛的能力。

（六）篮球

本课程主要讲授篮球运动的运动规律及其基本理论知识、技能和方法；篮球运动发展的概况、技术、战术、训练、规则，科学研究的方法以及篮球的竞赛和裁判方法。通过学习，使学生具备中学篮球教学和组织课外锻炼、竞赛及场地、器材管理的能力。

二、专业特色课程

（一）裁判训练

运动竞赛的组织与裁判能力是体育专业学生专业能力及水平的重要体现，如何组织竞赛，胜任一名合格的裁判，不管是在学校体育工作中还是在社会体育工作中，都十分重要。结合校内外各项体育赛事，进行理论学习与实践的培训，要求学生至少掌握本人所选的两项专业选修课程项目竞赛规程制定、秩序册编排及裁判工作的方法和能力。

（二）资格证书培训

资格证书培训是应用型人才培养的有效途径，内容包括二级裁判员培训、二级社会指导员培训。其目的是对体育教育专业学生进行素质拓展训练，让学生通过考试获得社会认可的专业资格证书，以适应社会对体育专业人才的要求，拓宽体育教育专业学生的就业渠道。

三、"术科"特色课程与精品课程设置

（一）体育教育专业"术科"解释

高等教育改革的核心目标就是提高人才培养的质量，教学和课程是高等教育的中心，因而教学和课程研究成为教育研究领域的两大主题。教学质量的提高受多种因素的影响，而课程是教学的载体。通过课程建设创新课程体系、优化课程环境、加强科学管理，推动教学改革，促进教学质量的提高，进而带动整体课程建设，达到提高人才培养质量的目的。体育教育专业在我国体育专业教育各类专业中一直处于重要地位，肩负着培养各级各类体育师资的重任。"术科"课程反映了体育专业教育的特色和优势，通过对体育教育专业"术科"课程建设基本理论的研究，探索"术科"课程建设的一般规律，构建"术科"课程建设的理论框架，为体育教育专业"术科"课程建设提供参考和理论依据具有十分重要的现实意义。

1.体育教育专业"术科"课程概论

研究体育教育专业"术科"课程建设必须先搞清楚"术科"课程的基本问题，包括其产生的历史根源、基本概念、课程特征以及课程结构与类型等问题。

2."术科"概念

从体育专业课程变革的历史及现状看，"学科"与"术科"问题以及课程综合化问题是当前乃至今后改革的两个基本问题。[①] 体育学界对"学科"与"术科"的说法虽然已经被认可且深入人心，但是对这种说法的来源以及对二词产生的出处并无考证。从近现代我国体育课程的起源与发展的轨迹看，"学科"与"术科"的提法是在建立培养体育专门人才的学校后而提出的概念，其含义与当今体育专业教育领域中的"学科"与"术科"的说法一致，其课程设置与目前体育院校的课程设置内容虽有所不同，但性质相同。"学科"与"术科"这种说法与划分，不管是从早期学校体育课程诞生开始，

---

① 王建.体育专业课程改革与发展[M].武汉：华中师范大学出版社.2003:117.

还是21世纪的今天；不管是政府文件还是人们的认识观念，在我国体育教育领域已经成为惯例，得到了认可，且存在一定的合理性和稳固性。"术科"的产生和发展不仅有历史原因，更有其存在思想基础。纵观我国体育课程的发展和历史背景，军国民思想、竞技体育教育思想和技术教育思想课程观以及各种体育思想的争论是推动"术科"产生、发展的主要思想根源。①学科有两义，一是学术的分类，二指教学的科目。②学科是以探索的对象或领域划分的。而一个学术领域的确定，首先要有自己独特的研究对象，其次有自己的领域的专门术语、概念的理论体系和研究方法。体育学科具备了这些特征也就是第一层意义上的科学学科领域。

体育教育领域所说"学科"与"术科"就是指体育专业教育中的科目，也就是学科的第二层意思。对于"学科"与"术科"的含义的理解，体育专业教育界习惯称之为"理论类"与"技术类"课程。体育实践及体育科学技术体系的特点决定了体育专业教育的一些特征，其专业课程体系常被分为两类即是体育专业教育特征的典型表现。国家学位委员会把人文社会学科和运动人体科学学科归为"理论类"，而把体育教育训练学科和民族传统体育学科归为"技能类"。

2003年国家颁布的《课程方案》规定的任意选修课分为两类，分别称为理论学科选修和技术学科选修。理论学科选修包括的25门课程主要是理论课程；技术学科选修包括的29门课程主要是运动项目组成的课程。有学者认为体育专业课程从宏观上分为"理论类课程"和"技术类课程"，简称为"学科"与"术科"。还有学者认为学科课程就是以理论为主的课程；术科课程就是以实践课程为主或以技能性为主的课程。

另外，有些学者认为"所谓的技术学科，是指在体育训练中，区别于各种知识性的科目—学科的各种技术性的科目，学科与术科是共同存在于体育教学训练中的相互对应的教学科目，前者可称为知识学科，也即理论学科，后者可称为技术学科。

而另一些学者认为将"术科"视为非知识性的课程，并以此将其从"学科"中剥离出来对立看待，是不合理的。若确属分类研究之需，将"术科"称为"技术性学科"则相对合适。③

---

① 刘斌.何志林体育专业教育领域"学科"与"术科"之争辩[J].上海体育学院学报，2009（1）:91-93.

② 顾明远.教育大辞典[M].上海：上海教育出版社,1998:1800.

③ 王建.体育专业教育中"学科"与"术科"问题[J].天津体育学院学报.1999(4):50.

通过上述分析可以看出，对"术科"概念的认识没有统一的定论，但从课程的内容和形式上，大都倾向于以理论类课程和实践类课程为划分标准。体育教育专业的课程体系中课程的构成主要由专业理论课程、专业技术课程和实践环节课程。将专业理论课程归为一类，而将专业技术课和实践课归为一类，分别称之为"理论类学科"课程和"技术类学科"课程则比较合理。实质上，两者是狭义上的学科（科目），是体育教育专业课程的两类"课程群"。

本书将"术科"界定为"根据体育院系专业教育培养目标和要求，结合体育学科领域不同运动项目的运动技术、技能和知识组织起来的，以实践性课程为主要特征的课程群，称为技术学科，简称"术科"。"学科"是"根据体育院系专业教育培养目标和要求，结合相关科学学科理论和体育学科理论与方法组织起来的，以理论性课程为主要特征的课程群，称为理论学科，简称"学科"。

（二）"术科"课程建设流程

1. 建设形式

依据教育部精品课程建设《通知》精神，国家精品课程建设采用学校先行建设，省、自治区、直辖市择优推荐，教育部组织评审，授予荣誉称号，后补助建设经费的方式进行。精品课程建设主要有两种方式，一是高校自建，二是校企合建。高校自建是通过高校自身投入建设，在获得校级精品课程的基础上，创建省级精品课程，最后创建国家级精品课程。校企合建是教育部为发展信息技术与企业合作共建精品课程的一种独特建设形式，由教育部牵头，企业提供资金和技术，高校具体负责精品课程建设和实施。目前，体育教育专业"术科"课程建设主要是高校自建，也是目前唯一的建设形式。体育教育专业"术科"课程建设形式单一，应当在高校自建的基础上拓展建设形式。比如，高校之间合作共建精品课程，充分利用双方的优势资源，弥补自身不足，创建精品课程；高校与企业、科研院所合作建设精品课程，充分利用企业资金和科研优势开发、创建精品课程。

2. 建设步骤

系统工程作为系统科学中的应用领域是一个多阶段的过程。一般认为系统工程包含以下几个环节：问题的提出—系统分析—系统综合—系统优化—

系统决策—系统设计—计划实施—运行阶段—更新阶段。依上述系统论的观点，体育教育专业"术科"课程建设就是一个系统工程，同样由不同的环节所组成。在此基础上，通过文献研究，本文提出了"术科"课程建设的步骤。术科课程建设的六个步骤如下：提出问题—分析论证—课程生成—课程实施—课程评价—课程更新。

第一步，提出问题。主要针对目前开设的"术科"课程提出问题和改革意见，或者面对国家、社会、个人的发展需要提出开发新课程或改良课程要求。第二步，课程论证。针对所提出的问题或建议进行论证和分析，主要是对开发新课程或改良原有课程的可行性和操作性进行论证。第三步，课程生成。这是课程建设的关键环节，不管是开发新课程还是改良旧课程，课程的生成直接影响课程建设的效果。主要包括树立课程创新理念、制定课程目标、编制教学大纲、编写教学文件（进度、教案）、选择或编写教材、选择或组织课程内容等方面。第四步，课程实施。这是将生成的新课程通过在实践中付诸实施并进行检验的过程。主要包括课程实施的教学团队、课程实施的对象（学生）、课程实施的环境与条件以及课程实施中的方法与手段。第五步，课程评价。这是通过定量与定性的方法对新课程建设的情况和效果进行评估和评价，为进一步的改进课程提高依据。主要包括对"术科"课程建设过程的评价以及对"术科"课程建设实施效果的评价。第六步，更新课程。通过前面几个步骤的建设过程，依据评价反馈的信息，对课程进行重新修正和改进，达到创新和改良的目的。术科课程建设流程说明（图4-1）：

（1）术科课程建设的步骤是一种适合于体育教育专业"术科"课程建设的普遍方法，主要从微观角度针对一门具体术科课程的开发和改革而言。

（2）术科课程建设是一个完整的大系统，术科课程建设流程的各个环节中都离不开课程管理制度作保障，并通过反馈系统进行监督、调整。

（3）术科课程建设流程的核心就是课程生成环节，而课程目标的制定是课程生成的核心。课程生成环节中的其他各内容都围绕课程目标而确定。

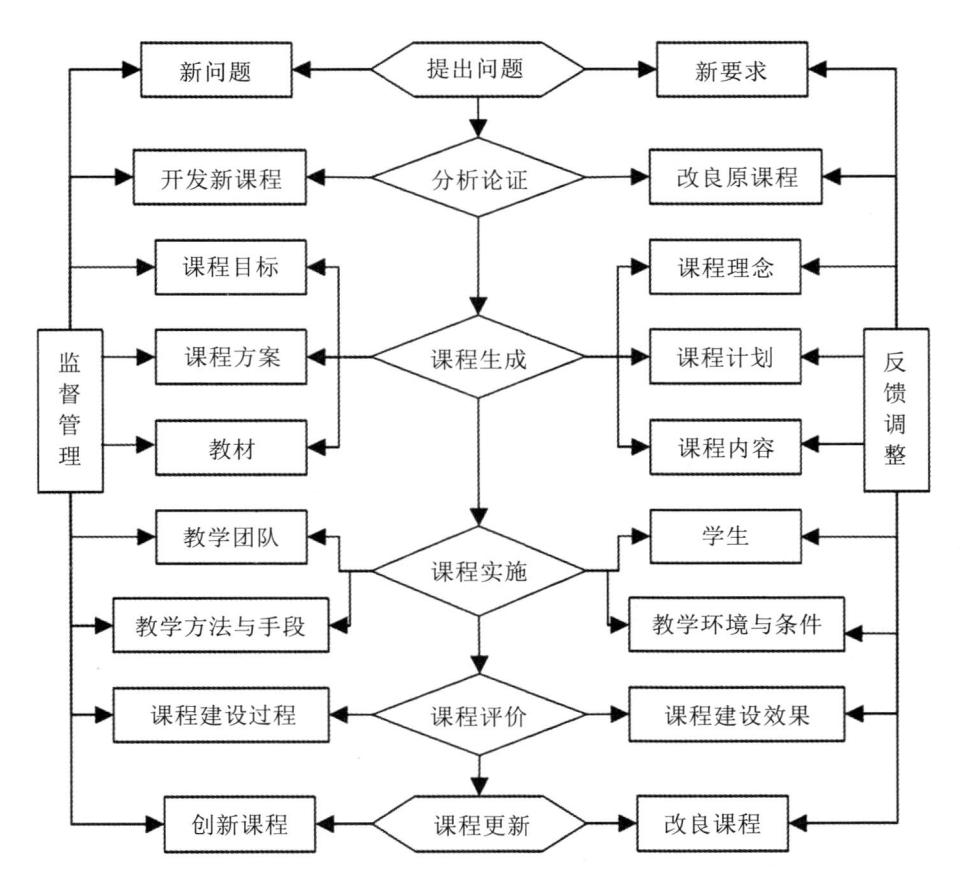

图 4-1 术科课程建设流程图

（三）"术科"精品课程网络体系建设

精品课程建设的目的之一就是通过建设精品课程网络将优质的课程资源上网，利用信息技术和多媒体技术，利用现代化的教育技术，使更多的学校、教师和学生共享优质资源，促进教学质量的提高。经过六年的建设，我国精品课程建设已经形成了国家、地方和学校三级精品课程网络体系。

第一，建立国家精品课程网络体系。教育部建立了高等学校精品课程建设工作网站。网站栏目有新闻动态、政策公告、教指委专栏、地方专栏、学校专栏、校企合作和表格标准。主要发布与高等学校精品课程建设有关的政策、规定、标准、通知等信息，并接受网上申请，开展网上评审、网上公开精品课程等工作。网站建有国家精品课程评审系统和国家精品课程查询系统，评审系统主要功能是进行精品课程申报、专家评审和课程公示平台。查

· 117 ·

询系统主要提供不同年代、不同级别、不同分类精品课程的检索、查询和展示。国家精品课程网站的建立为精品课程建设提供良好的管理平台，对促进课程的申报、课程资源的展示以及信息传递提供了良好的交流平台。

第二，建立省级精品课程网络体系。根据教育部课程建设精神和要求，各省（直辖市）教育行政部门建立了省级精品课程网站。不同省、市网站栏目的设置有所不同，但大体上都包括新闻动态、通知公告、课程展示、课程申报、学术交流、学校专栏等栏目。省级网站主要是负责省级精品课程的申报和省级精品课程的资源的展示。主要提供了课程申报的各种信息、政策要求，以及展示省级精品课程和查阅。

第三，建立校级精品课程网络体系。全国普通高校按照教育部精品课程网络建设要求，积极投入人力、物力、财力建设精品课程网站。学校精品课程网站的主要功能是展示具体的精品课程，向上级申报精品课程，以及直接为教师和学生提供网络课程资源，包括精品课程制作系统、申报系统、评审系统、课程展示等。课程网页按照教育部文件规定制作栏目，主要包括课程介绍、师资队伍、教学大纲、教学计划、教学方法、教学课件、教案、试题库、习题集、试卷、教学视频、考核办法、教材、参考资料等方面内容。

（四）我国高校体育教育专业"术科"课程建设对策

1. 明确指导思想，树立先进理念

为适应知识经济时代的挑战和未来社会的变化需求，高校体育教育专业的人才培养有必要从社会进步、学科的发展、行业的需求及学生的知识、素质、能力等方面进行考虑。"术科"课程建设应当以科学发展观为指导，坚持"三个面向"的战略方针，转变学科中心思想，树立先进的理念。以适应社会发展为导向，树立"两个坚持、一种理念、一个目的"的指导思想。创建具有体育教育专业特色的"术科"精品课程。体育教育专业"术科"课程建设指导思想：坚持以提高教学质量为中心，加强"术科"课程的改革、创新和整合；坚持以素质教育为根本，强化自主性学习研究性学习、实践性学习和协作性学习；树立以学生为本，全面发展，开拓创新，适应社会的现代教育理念；努力达成培养具有创新精神和实践能力的高素质复合型体育人才的目的。

2. 创新课程体系，实施整体改革

课程体系是体育教育专业"术科"建设的核心，只有创新课程体系，突

出课程特色，才有可能成为优秀课程。只有通过研究国内先进的"术科"精品课程，优化课程结构，充实先进的课程内容，创新教学方法与手段，改革评价模式，从整体构建，才能达到促进"术科"课程建设的目的。

（1）重新定位课程目标。体育教育专业"术科"课程目标设定不能以掌握运动技术、技能为主要目标，更不能以提高运动成绩为目的。应当从学科中心的课程观向整体教育观转变。首先，要根据教育目的和体育教育专业培养目标要求确定课程目标。体育教育专业"术科"课程不仅要使学生掌握运动技术、技能，更重要的是掌握传授技术、技能的"教法"；不仅要掌握各种运动知识和方法，还要提高各种实践能力和创新能力。其次，确定课程目标要考虑学科、社会和学生三者的关系。既要传播体育学科知识，又要考虑社会需要，还要注重学生的全面发展。在对学生的特点、社会的需求以及体育学科的发展等方面进行深入研究的基础上提出。再次，课程目标要考虑认知、情感和能力三个领域。不仅要考虑掌握体育运动技术、技能和运动理论知识，更要考虑通过术科课程的学习达到对学生个性、品质、价值观等情感领域培养的目标。

（2）创编一流的教材和课程内容。①密切结合基础教育改革和全民健身活动创编教材。体育教育专业培养目标之一是中小学体育教师，课程内容直接影响到将来从事中小学体育教学人才的知识结构。"术科"课程教材主要以竞技运动项目内容为框架编制，教材内容与基础教育改革和全民健身活动结合不紧密，脱离了学生需要和社会需求。教材应结合《新课标》和全民建设活动内容进行改编，融入健身教育和身体锻炼的原理、手段和方法，编制学生喜爱的、对就业有帮助的内容。②吸收新知识、新成果对"术科"课程内容进行整合和扩充。对于"术科"课程内容改革要突破传统运动项目结构体系的局限，敢于打破内容体系，剔出学生厌学的、不适应社会需要的内容，重新生成新体系。其一，扩充新内容。通过加强教材化研究，吸收新兴项目和社会流行体育活动项目，转化为课程内容，适应社会体育活动的需要。鼓励"术科"教师积极深入社会体育实践，收集整理新兴体育项目，如攀岩、户外运动、登山、健身瑜伽等，将其改造成"术科"课程，使"术科"课程体系得到有效的拓展。其二，整合课程内容。通过对同类课程或者同项群课程的整合，优化课程内容，达到创新课程的目的。只有不断加强教材建设，更新课程内容，贯彻创新性、先进性原则，紧跟体育学科发展步伐，才能适应课程改革发展和人才培养的需要。

（3）创新教学方法和手段。①传统教学方法与现代教育理念融合。"术科"课程的传统教学方法主要采用"示范→讲解→练习"的方法进行实践教学,以教师为中心的教学方法占据主流地位。"术科"课程教学方法应当在传统方法的基础上,融合现代教育理念,向以学生为中心和学教并重的方向发展,注重学生的自主学习、探究学习、合作学习的理念,创新教学方法。在教学实践中改变传统的教学模式,突出"学法",提倡教学互动、师生互动,并结合多媒体视听手段教学,引导学生学会学习。②运用现代教育技术促进教学方法与手段革新。现代教育技术和信息技术的发展为"术科"课程的教学提供了新的平台,通过运用计算机技术制作教学课件以及多媒体技术制作教学录像,运用计算机技术开发教学软件以及制作网络课程等手段,为"术科"课程的教学方法和手段的创新提供了新的途径。

(4)改革考核评价体系。传统"术科"课程的考核评价体系主要体现甄别功能,注重评价的结果,注重评价运动知识和技术、技能的掌握,而忽略了学习的过程,忽略了对学生掌握方法与手段的评价以及各种实际工作能力的评价。首先,"术科"课程评价应着眼于学生的全面发展的衡量,包括认知、能力和情感三个领域。认知领域评价不仅要考查学生掌握"三基"情况,还应考察对各种方法和手段的掌握。能力领域评价要考查学生各种实践操作能力和应用能力。情感领域要考查学生个性心理品质、情感态度、价值观等。其次,"术科"课程评价应注意终结性评价与过程评价相结合,定性评价与定量评价相结合,整体评价与个体评价相结合,运用多种评价方法综合评价。再次,"术科"课程评价主体应当多元化。不仅有任课教师实施评价,还应当有学生评价、管理人员评价、同行评价、社会评价。

3. 提高综合素质,锻造师资队伍

师资队伍是制约"术科"精品课程建设的瓶颈,通过自身培养、人才引进以及合作共享教师资源是加强师资力量的有力办法。

(1)培养教学名师,引进学科带头人,打造一流的教学团队。首先,加强自身"造血"功能,培育高职称、高学历人才,培养教学名师担任"术科"精品课程建设的负责人,整合教师资源,配置合理的年龄、知识结构和数量的人员,组成教学团队。其次,通过引进人才、特聘教授等措施,提高师资队伍力量,加强教学团队建设。再次,通过合作共建精品课程,共享优秀教师资源。比如,通过校际的合作,将同类术科课程教师资源优化整合,共同创建"术科"精品课程,解决优秀教师资源缺乏问题。

(2)加强教师继续教育,提高综合素质。培育创新型教师综合素质对

术科课程建设影响较大，其中教师的教学理念和教学水平影响最大，直接影响到术科课程的教学质量。教师的科研能力、知识结构、职业精神和重视程度直接影响到课程建设的实施效果。首先，通过对教师在职进修和培训，提高教师综合素质。比如，通过教师自学、函授学习、短期培训、学历进修等形式提高综合素质。其次，通过各种学术活动提高教师能力，培养创新型教师。比如，通过学习各种规章制度和政策，转变思想，提高认识；通过参加学术活动和参与科学研究提高教师的科研能力和创新能力；通过开展教研活动加强专业知识的学习，改善知识结构，提高业务水平等等。

4. 优化课程环境，加强网络建设

随着现代科学技术和全球化网络的发展，利用信息技术和网络技术改善教学环境，利用网络资源扩大教学资源的信息量，利用网络传播改变知识获得的方式和交流方式，是现代教育发展的趋向，也是课程建设的努力方向。

（1）加强课程环境建设，改善教学条件，营造良好的实践教学环境和网络教学环境。第一，优化实践教学环境。"术科"课程的物质环境建设主要是实践教学环境的建设，实践教学环境是"术科"课程实施教学活动的外部环境和必备条件，主要由多种教学设施组成，包括运动场地、各类场馆、运动器械、器材以及各种教学辅助设备等。对实践教学环境的建设应当有制度、有规划、有监督，做到有计划的投入经费。第二，优化网络教学环境。网络教学环境建设主要指网络教学平台的建设，包括多媒体教室和网站（网页）的建设。充分利用多媒体教室资源不仅要能够进行术科课程的理论教学，还要利用计算机技术进行术科技、战术教学演示和分析等。通过建设术科课程网站（网页）把优质的术科课程资源共享，辅助术科课程教学和学生课外学习，促进学生的自主学习和课外交流，促进教学质量的提高。

（2）加强网络建设投入和管理力度，提高网络建设质量。第一，提高教学课件和录像质量。比如，制作高质量的PPT课件、Flash动画、CAI教学软件。另外，通过多种途径制作教学录像，提高质量。许多高校困于建设经费紧张，网页的设计、制作以及教学课件、视频的制作主要依赖学校和教师，甚至靠学生来制作，这也是网络建设较差的原因之一。利用专业公司的技术手段与教师和学校相结合是提高网络建设水平的重要途径。第二，加强网络建设监督，及时维护、更新。网页打不开以及长期缺乏维护和更新是影响学生浏览率低的重要原因，通过监督、检查和激励与处罚机制对网络建设规划的落实进行管理，如实行年度中期检查和年终评价制度。第三，加强网站动态设计,建立互动式网站,设置即时交流系统,增加互动功能。比如,在网站设置 BBS 教学论坛,在线适时讨论;设置在线测试、网络答疑、E-mail 信箱等栏目,在固定时间或非固定时间,由不同课程教师与学生在线交流,加强交流和讨论。第四,加强网络建设经费管理,保障网络建设专项经费投入,由学校和项目责任人共同管理,定期对网络建设和维护状况进行监督、检查,责任到人。建立奖励和处罚机制,根据网络建设情况和验收结果,分批分期拨付经费。

5. 加强政策扶持,推动课程建设

(1)转变思想,重视"术科"精品课程建设。在体育教育专业"术科"课程建设中存在领导和教师重视不够,投入精力不足的现象。学校各级领导应当转变观念,提高对"术科"课程建设的认识,支持"术科"精品课程建设。另外,通过采取相关措施鼓励教师积极参与"术科"精品课程建设,为教师投入精品课程建设创造有利条件,激励教师在精品课程建设中得到自身的发展和自我价值的实现。

(2)制定合理的激励政策。将精品课程建设工作与教学和科研同等对待。精品课程建设工作与教学和科研工作不同,由于精品课程建设工作时间不定,工作量大,成效慢,效果不明显,且考核不能与教学和科研同等,致使教师投入精力不足。因此,制定相应的精品课程建设工作考核标准,将精品课程建设日常工作细化,并计算工作量。制定政策将精品课程工作成果与教师评先、晋职、晋级挂钩,是促进"术科"精品课程建设的重要措施。

(3)制定合理的经费政策。首先,加强精品课程前期开发建设经费投入。由于精品课程建设前期在课程设计、论证、开发方面,教材编写与图书资料购置方面,以及教学软件开发、网页制作、课件制作、视频拍摄等方面都需要投入大量的人力、物力和财力,仅靠教师个人和部门投入不能满足需要,因此学校可以立项的形式,在经过充分论证可行性的情况下,提供精品课程建设启动经费,扶持精品课程的开发和建设。其次,加强精品课程持续建设经费的投入。在精品课程建设建成后,一方面课程资源的再开发、网页更新和维护、教学环境的改善等方面需要经费支持;另一方面由校级精品课程向省级和国家级精品课程目标建设需要经费支持。因此,学校应出台相关政策,结合不同级别精品课程给予配套经费,通过精品课程建设效果,进行年度或学期考核评估。

(4)制定合理的用人政策。"术科"精品课程建设不仅需要一流的教学团队，更需要教学管理人员的参与和教辅人员的协助。通过制定相关政策，合理的调配人员，提高服务质量，对"术科"课程建设的顺利实施提供有力保障。因此，制定合理的课程建设政策，建立有效的管理机制，合理调配人员，构建包括教学人员和管理人员的课程建设团队，明确权利、责任和义务，发挥教师、管理者各方人才优势，积极参与"术科"课程建设，才能促进"术科"课程出精品、上档次。

6. 拓展建设途径，推进辐射共享

课程建设的目标不仅要建设一流的课程——精品课程，更重要的是优质课程的推广和应用——精品课程辐射共享。精品课程的辐射推广是课程建设的重要组成部分，通过推广精品课程，促进优质资源共享，带动课程建设。在推广过程中，不断改进课程，更新课程，促进课程建设的可持续发展。

目前，国家精品课程建设主要采用学校先行建设、省区市择优推荐、教育部组织评审、授予荣誉称号、后补助建设经费的方式进行。这种方式的弊端在于前期建设学校投入不足，甚至只由教师自身投入，导致课程建设质量下降。其二由于部分高校优质资源不足，导致课程建设滞后，无法创建精品课程。比如，缺少学科带头人，教授和教师数量少，无法组成教学团队。其三，为申报精品课程学校临时制定政策投入建设经费，申报成功后，后期建设经费不到位。其四，精品课程建设目的是通过精品课程的辐射作用，促进优质资源共享，带动高校整体课程建设，提高教学质量。然而，辐射效果并不明显。针对上述问题，应当改变课程建设方式，拓展"术科"课程建设途径，整合各方资源，创建"术科"精品课程，促进"术科"课程的可持续发展。

（1）高校自建。我国地域辽阔，高校分布广泛，具有浓厚的地方民族体育特色，体育教育专业"术科"课程建设应当充分挖掘地方体育资源，立足于开发具有地方体育特色的"术科"校本课程，既节约了资源，又突出了课程特色，既满足学生需要和兴趣，又适应社会体育活动的需求和基础教育体育课程改革。

（2）校际合建。由于高校扩招带来了高校资源的紧张，不仅存在教学资源、师资力量的紧张，还存在教育经费和教学条件的紧张。通过高校之间的合作，有利于资源互补，加强师资队伍力量，共享优质资源；通过强强联合，有助于开发优质资源，创建优质课程；通过强弱联合，有助于带动课程建设薄弱高校发展；通过跨地区合作，有利于整合地方资源，开发精品课

程；通过东西部合作，有利于促进西部高校推动精品课程的建设。比如，上海市级《大众足球》精品课程积极响应国家精品课程建设的精神，通过校际合作扩大课程影响力、辐射力和共享优质资源，目前已与10多个省、市、30多所高校体育院系合作共建《大众足球》精品课程，提高了课程的影响力和辐射作用，有力地推动了《大众足球》课程的建设和资源共享，带动了合作高校"术科"课程建设的发展。

（3）校企共建 由于建设经费的制约和科研力量不足，限制了"术科"精品课程建设的发展，影响了精品课程建设的质量和效果。通过高校与企业和科研院所联合共建精品课程，利用企业的资金投入和科研机构的研究能力，既解决了资金问题又加强了课程创新力度，同时通过高校课程建设的后期效应，为企业和科研机构增加经济效益和社会效益，使高校与企业、科研机构互利互惠，达到了共享共赢的目的。比如，2006年教育部开始与IBM公司合作，共建微软精品课程；2008年教育部与Sun公司合作共建网络课程。通过企业的资助，推动了高校网络精品课程建设。

我国高校体育院系数量多，分布广泛，由于师资力量薄弱、课程资源的匮乏以及建设经费的制约，影响了"术科"课程的建设。单一的"高校自建"精品课程模式不能适应课程建设的发展，只有拓展课程建设方式，通过多途径的共建精品课程，才能有效地促进课程建设，推动优质资源共享，才能够扩大课程的影响度和精品课程的实质性效果（图4-2）。

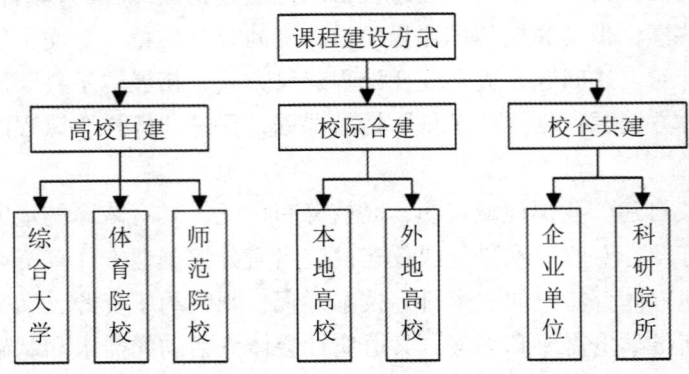

图4-2 术科课程建设方式

总之，在体育教育专业"术科"课程建设中，应当明确指导思想，树立先进的理念，以一流的教学团队对课程体系的各要素进行系统性的整体建设。加强政策扶持和经费投入，重视网络建设，拓展建设途径，推动精品课程优质资源的辐射共享，保持"术科"课程建设的可持续发展。

第四节 体育教育专业教材改革与建设

一、大学体育教材特征

（一）体育教材的知识性与技能性

体育教材包括体育运动技能体系和体育运动技能体系两方面内容。由此可知，体育教材最重要的两个特性就是其技能性和知识性。在技能性方面，体育教材的内容载体应具备为学生掌握运动技能提供指导的功能，包括体育运动项目练习方法、竞赛活动方法、动作方法等内容。在知识性方面，体育教材应具备为学生了解健康生活、体育科学指导的功能，包括体育与健康等方面的具体内容。需要注意的是，体育教材的知识性与技能性要有联合性的体现，形成完整体系。

（二）体育教材的健身性与综合性

健康第一是我国的体育课程开展的重要原则。因此，体育教材应具备一种重要特性就是其健身性。教材内容应能够体现出传授健康知识与技能的理念思想。同时，体育课程的综合性决定了其教材的多元化，目标应遵循运动技能、心理健康、运动参与、身体健康、社会适应五方面内容。

（三）体育教材的阶段性与连续性

对于大学一到四年级的学生而言，其身心需求与认知需求等方面都各具特点。大学体育教材需要能够满足不同年龄段学生的发展需求和阶段特征。基于此，体育教材需要具备阶段性的特征。此外，由于体育课程在学生的学习生涯中并不间断，所以大学体育教材应具备一定的连续性，注重与中小学课程内容的衔接。① 这有利于大学体育课程学习的系统性和递进性，帮助学生形成终身体育的理念。

---

① 华卫平.大学体育教材数字化及共享建设研究[J].郑州航空工业管理学院学报（社会科学版）,2017,36（5）:140-144.

二、体育教育专业教材改革与建设的意识观念

(一) 体育教育专业教材改革与建设必须牢固树立目标意识

普通高校体育教育专业教材建设质量是实现人才培养目标的重要保证。目标意识即教材的改革、编写和选用要紧密围绕人才培养目标，符合课程教学大纲的要求。教育部颁发的新《课程方案》明确了体育教育专业人才培养目标。培养新世纪具有创新意识和精神的"复合型体育教育人才"，不仅对教育、教学的各个方面提出了很高要求，也蕴含着对教材建设质量的高要求。教材改革与指导思想就是要不断适应社会发展的需求，不断提高教材质量，为人才培养服务。教材建设质量制约着人才培养的质量，因此教材不仅要具有很强的实用性，还要体现科学性、新颖性和系统性，具有很高的教育、教学价值。教材也是直接联结教师与学生的桥梁，作为含有各种信息和知识的载体，展现在教师与学生面前，为教师教学范围和深度提供基本依据，为学生学习提供基本内容和信息含量，使之更好地为培养目标服务。

(二) 体育教育专业教材改革与建设必须牢固树立更新意识和创新意识

更新意识即加快教材的更新换代，缩短教材的建设周期，不断充实教材的新内容，努力保持教学内容的基础性、先进性和前沿性。随着现代社会的快速发展，世界信息更新速度异常快速，淘汰程度日益加剧。据英国技术预测专家詹姆斯·马丁测算：人类知识在19世纪每50年增加一倍；20世纪初每10年增加一倍；20世纪70年代每5年增加一倍；而现在每3年就增加一倍。

21世纪是信息化时代，人类知识总量呈时间的指数函数增长着，新技术每隔10年就有30%—50%的过时或被淘汰。全世界每天约有近百亿信息单元的信息量在传递，年产约720亿信息，并以15%—20%的年递增速度在发展，现在的知识信息仅仅是2050年的1%。新世纪体育知识信息也会空前丰富，知识陈旧、老化的速度不断加快，迫使我们必须主动地更新教材内容，扩充教材新信息含量，才能为培养适应现代社会快速发展需要的复合型体育教育人才创造条件和提供保证。不断创建体育新学科教材是培养新世纪复合型体育教育人才的重要举措。

现代社会已进入科学知识高度分化与高度综合的时代，各种知识相互渗透、交叉和融合，不断地创建出适应现代社会发展需要的新兴学科。体育学

科也是如此，在现代社会发展的大背景下，从自身快速发展过程中，创建出了一些体育新兴学科，如体育产业学、体育休闲学、体育经济学等，为体育教育专业培养"宽口径、厚基础"人才而服务。但是，新学科教材建设工作十分滞后，往往在开设这些新课程时，缺乏应有的教材是教学中遇到的主要难题，创编新学科教材已成为迫切需要解决的问题。广大教师和科研人员要主动积极地开采，进行有目标的探索与研究，逐步设计和形成创编新学科教材的思路、指导思想、框架体例、内容体系等，加强新学科知识的总结、归纳、梳理、重组和整合，不断充实、丰富新学科的理论与方法，创编出高质量的新学科教材。当前，尤其要重视创编适应社会体育和学校体育发展需要的新学科教材，为全面贯彻、实施新《课程方案》创造条件。

（三）体育教育专业教材改革与建设必须强化多样化意识

积极建设体育教育专业多种教材是丰富教学内容、提高学生综合素质的一项有力措施，有利于学生更好地理解、掌握基本教材的内容，为学习中的解题、解惑、解难提供更简洁明了的回答，为提高教学质量创造条件。多样化教材不仅为教师备课提供选择，有利于丰富教学内容，拓宽学生的知识面，还可以提高学生学习的主动性和积极性，培养学生自主学习的习惯和相关研究能力，有利于促进学生对体育知识的摄取、消化、转化和实际应用，培养学生综合运用知识的能力以及创新思维和精神。教材改革与建设必须强化多样化意识，即形成文字教材、电子教材、辅助教材和参考资料相配套的教学用书和教学软件，并紧密衔接、兼容基本教材的重点、难点内容，以适应现代化教学的需要，使多样化教材在深化教学改革、提高教学质量、培养学生综合素质中发挥重要的作用。

三、把握体育教育专业教材改革发展趋向

把握体育教育专业教材改革发展的趋向，能够更好地明确教材改革与建设的思路。当前，体育教育专业教材改革发展趋向主要表现在以下三个方面。

（一）朝着多元化方向发展

体育教育专业的教材改革，首先表现在契合现代社会发展需要而朝着多元化方向发展，即教材由原来的基本教材（学生用书）建设逐渐发展为基本教材、参考教材（教师、学生）、试题（卷）库等相配套的建设；由原来的文字教材建设逐渐发展为文字教材、电子教材、网络课件等相配套的建设。

注重字、像、声、图并茂,达到组合优化,进一步提高教材的全面功能以及可读性、可看性和参考性等,从而促进教材的全方位服务,充分发挥教材多元化的教育功能。

(二)朝着不断创建新学科教材方向发展

为了人才培养和组织教学的需要,为了及时介绍、推广多学科知识经渗透、交叉、融合而成的新知识以及新知识在体育教育领域中的运用,有关专家、学者勇于探索,大量开拓原始性创新,努力创建各种体育新学科和创编各种体育新学科的教材,供学生学习与参考,开阔新知识视野,这也是教材改革建设一个重要的发展方向。21世纪信息发展非常之快,信息淘汰与更新的周期大大缩短,大量新信息的产生积极地促进着人的思想观念、思维模式、知识结构、能力结构乃至精神与人格诸方面的变化,由此使人的综合素质与能力不断得到提高。同时,体育教育专业各学科知识的综合性得到了加强,并与其他学科知识相互渗透、交叉、融通,在实践中各种知识的碰撞会产生许多新的体育现象,亟须运用体育理论知识加以解释与指导。社会发展是创新教育的推动力,而创编各种体育新学科的教材是不断促进创新教育开展的重要部分,是人才培养"面向现代化、面向世界、面向未来"的需要。

(三)朝着体育人文社会科学方向发展

分析新《课程方案》的培养目标,可以发现体育人文社会学科知识的教育占有重要位置,如学校体育管理和社会体育指导等,必须培养学生掌握一定的体育人文社会学科知识才能胜任今后的工作。鉴于此,大量的人文社会科学知识会不断被借鉴、移植、渗透和运用到体育教育中来,从而促进体育人文社会学科的建设与发展,并创建体育人文社会学类的新学科和创编相关的教材,为达成培养目标服务。人文社会学科的研究主要涉及"人—社会"方面,而体育学科的研究则主要与"体育—人—社会"有关,其知识底蕴容易相通,相互之间易渗透、交叉和融合,创建出各种体育人文社会学类新学科。因此,体育学科与人文社会学科之间不存在一条宽阔的"壕沟",仅仅是一个"门槛"而已,只要努力学习、深入研究就可以使其为体育所用。随着社会体育事业的快速发展,对社会体育指导工作的要求越来越高,只有掌握大量的科学理论知识才能更好地指导实践,促进社会体育事业蓬勃发展。因此,体育教育专业教材改革与建设会快速地朝体育人文社会科学方向发展,架起社会体育理论与实践的桥梁。

四、编写体育教育专业教材应遵循的基本原则

围绕新《课程方案》的培养目标，在编写体育教育专业教材时，确定并遵循相关的基本原则至关重要，遵循这些原则是提高教材建设质量的必要保证。

（一）实用性原则

编写教材要先贯彻实用性原则，这是"教与用""学与用"、理论与实践紧密结合的具体体现。在选择与创编教材内容时，"实用性"要立足于契合现代社会快速发展的需要和适应基础教育改革以及《体育与健康课程》教学的需要。在现有不多的教学时数内，选择最具运用价值、最新研究且实用价值高的理论、方法、技术和技能等，使编写的教材具有很高的实用性，学生能学以致用，紧密联系实际，解决实际问题，提高实际工作能力。

（二）科学性原则

遵循科学性原则，主要体现在所编写的教材要符合教学对象的实际，符合学生的知识水平、认知规律、身心发展规律等，使教材的教育作用能促进学生形成合理的知识结构，潜力得到开发与利用，综合能力和整体素质得到全面发展与提高。

（三）新颖性原则

编写教材要不断更新内容，突出新颖性原则。如果教材内容陈旧，落后于时代的发展，就会造成学生学得无用，教师教得无意义，得不偿失，事倍功半。编写教材不仅要选择最新的知识，还要对原有的知识加以改造、转化、组合等，形成新的理论体系和方法体系，使教师教有味道，学生学有兴趣。编写教材除注重内容新颖外，还要重视教材版式的创新，加强配套教材的建设，从而全面体现新颖性原则。

（四）系统性原则

考虑系统性是编写教材的重要原则。一本教材代表着一门课程较为完整的教学体系，尽管课程不能等同于学科，但在教材中应有其自身的基本概念、理论体系和方法体系等，虽自成体系，但相互联系，紧密结合。只有充分考虑系统性原则，系统构建教材编写内容框架，才能使学生掌握一门课

程的完整知识，而非零星散乱、缺乏内在紧密联系、难以运用理论指导实践的知识。在贯彻系统性原则的同时，一定要避免相关课程教材在内容上的重复。当前，相关教材内容重复的问题比较突出，应深入研讨与探索，加强相关课程知识内容的梳理、整合与归属，科学构建每门课程教材的知识体系，使之自成系统。

（五）精练性原则

教材是一门课程教学内容的综合体现，体育教育专业课程教学内容源于课程相对应的学科的部分知识，但绝不是全部知识。随着学科的不断建设、壮大、成熟与发展，其知识体系会越来越丰富，而专业教学计划对课程教学时数控制得非常严格，要求在规定的学时数内完成课程教学任务。教材内容的选择也受到教学时数的制约，精选教材内容、体现精练性是编写教材应遵循的重要原则。根据培养目标和规格，依据教学任务与学时数，既要精选教材内容，把握学科内在的知识体系，把握现代社会发展的需要，把最具代表性的知识点、知识面和先进的方法、手段精选入教材，又要加强教材体例结构、文句等的精练性，才能编写出一本好的教材。

（六）发展性原则

编写教材应充分考虑发展性原则。体育教育专业学生培养要"面向现代化、面向世界、面向未来"，教材改革与建设也要体现"三个面向"的精神。因此，教材建设要体现一定的前瞻性，契合现代社会发展的进程。同时，贯彻发展性原则还应从学科自身不断发展、前沿知识不断涌现、发挥教材对学生潜在发展性的促进作用等方面考虑，把握好教材改革与建设的思路。

五、我国大学体育教材优化策略

（一）理论课教材优化

一般而言，体育理论教材主要以教室作为教学场所，在利用现代信息技术手段方面具备更多的便利性。在理论课教材优化方面，教师应注重体现体育理论教学难点、重点内容，并与课程教学模式相融合。在新时期的理论课教材呈现方式上，教师需要根据以下几方面来优化理论课教材：

第一，自制软件形式。根据现阶段，体育技能项目的运动轨迹与技术特征，教师可运用多媒体技术来丰富体育教材的内容体现，利用PPT、微课制作等技术，转变传统的单调理论教学模式，创造出图文并茂的体育理论教材，这样不仅可以提高教学效率，还可以提升学生对体育课程的兴趣。

第二，多媒体课件的形式。文本、图像、声音、视频等多媒体课件是纸质体育理论教材的延伸，在体育理论教材内容与表现形式方面具有很多优势。随着互联网技术的发展，体育教材不再局限于课本知识，而是趋向于多信息通道融合，这利于满足体育教学的现实需求，便于学生理解。

（二）大学实践课教材优化

现阶段，衔接学校与社会的重要内容之一就是以能力与习惯为导向来实现大学实践课教材的优化，这对帮助大学生养成终身体育意识有重要作用。[①] 相比于一般教学课程，在模仿性、形象性、直观性等方面体育实践教学都有更加明显的特征。在体育实践课教学中，很多课堂时间是用来进行学生自主练习与教师示范讲解的。大部分实践课需要在运动场所展开，其教材数字化课时比重在百分之十左右。基于此，除了战术学习与运动项目技术，实践课程的内容并非所有实践教学内容都适合进行数字化整合，还包括身体素质的锻炼。相关人员在编写大学体育教材时，需要使之符合大学生行为习惯和思维特点，满足经济社会发展的需要，使教材可以有助于学生养成体育锻炼的习惯，掌握两三项终生受用的技能。

（三）注重体育教材的多维度发展

在实践中，由于大学生身心发育相对成熟，所以相比于中学课程，大学体育教材需要在中学课程教材的基础上加大内容的广度与深度。在大学体育教材编写过程中，相关人员要从以下几方面来体现其科学性：第一，训练大学生运动技能方面。教材不仅要能够全面讲解体育技能，还应该从运动生理学、锻炼心理学、运动解剖学等不同角度来诠释体育技能的内在价值。第二，培养大学生体育锻炼的习惯与能力方面。为了为大学生的终身体育打下坚实的基础，让他们更好地认识到体育锻炼的重要价值，教师要从大学生成长、成才与工作和生活方面来综合性分析大学体育教材。[②]

---

① 沈建峰,巴登尼玛,范峰,等.高等师范院校公共体育课教材应具备的特征与现存问题的改进[J].首都体育学院学报,2016,28（4）:317-322.

② 朱艳,杨健科,郭睿南,等.论大学体育数字教材的开发策略[J].当代体育科技,2016,6（31）:41-43.

第五章

体育教学模式改革

第一节 体育教学模式理论与发展

一、体育教学模式的概述

(一)体育教学模式的概念界定和结构

1. 教学模式

教学模式是按照一定原理设计的一种具有相应结构和功能的教学活动模型。教学模式综合考虑了从理论构想到应用技术的一整套策略和方法,是设计、组织和调控教学活动的方法论体系。教学模式在前人成果的基础上将会有新的发展。教学模式一词最早是由美国学者乔伊斯和韦尔等人提出的,他们认为教学模式是"试图系统地探讨教育目的、教学策略、课程设计和教材以及社会和心理理论之间的相互影响,以设法考察一系列可以使教师行为模式化的各种可供选择的范型"。

综而观之,当前国内大致有以下几种观点:结构论、过程论、策略论、方法论等。我们认为,其相同点是都指出了教学模式的稳定性特点,不同点在于一个定义确定教学模式是某种"结构",一个将其视为某种"方法"。

因此,要揭示教学模式的本质,须从其上位概念"模式"谈起。模式的概念涉及人的两方面行为,一是对事物的稳定的认识,二是对事物的稳定的操作,前者构成认识模式,后者则构成方法模式。所以,认识模式和方法模式才应当是教学模式的两层基本含义。由此可见,教学模式是教学形式与方法的统一体，其中"过程的结构"是"骨骼"，"教学方法体系"是"肌肉组织"。

2. 体育教学模式

我们把体育教学模式的概念定义如下：体育教学模式是蕴含特定体育教学思想，在特定教学环境下实现其特定功能的有效教学活动结构和框架。教学模式是对教学经验的概括和系统整理，教学实践是教学模式产生的基础，但教学模式不是已有的个别教学经验的简单呈现。同时，教学模式被看作沟通理论与实践的桥梁，既能用来指导教学实践又能为新的教学理论的诞生和发展提供支撑，其在两者中起中介的作用。根据对教学模式的认识，与其他学科教学相比，体育教学是一个比较复杂的教学过程。它与学习过程、游戏过程、训练过程等有着密切关系，因此认知的规律、身体锻炼的规律、技能形成的规律、竞赛规律等都是体育教学过程中必须遵循的规律，体育教学模式必须反映这些方面的特点。

3. 体育教学模式的结构

体育教学模式的构成要素主要有五种，详细内容如下。

（1）教学思想。教学思想是构成教学模式的核心因素，也是其灵魂所在，体育教学模式构建时所应具备的理论和思想就是教学思想，也可以理解为，教学模式是需要以教学思想为理论支撑的，不同的教学思想理论会构建不同的教学模式。比如，1980年我国构建的愉快教学模式就是以同时期学生的实际需求为基础的，提高了学生的参与度，激发了他们的参与热情，与此同时，还助于他们养成终身体育的良好习惯。

（2）教学目标。体育教学模式存在的意义就是促进教学目标的完成。倘若没有教学目标，那么体育模式的存在也毫无意义可言。"体育教学模式所能够达到的教学效果是体育教师对某项教学活动在学生身上将产生的效果所做出的预测。"体育教学主题的具体编写就是教学目标，教学模式是围绕教学目标存在的，同时教学目标会对教学模式的其他构成要素起到限制的作用。

（3）操作程序。操作程序就是教学活动中的环节和流程。体育教学工作中，按照时间顺序逐次进行的逻辑步骤以及各个步骤的具体执行方法就是操作程序。不管采用何种教学模式，操作程序都具有独特性。此外，操作程序并不是固定存在、毫无变化的，但总体而言，它具有相对稳定性。

（4）实现条件。实现条件是对操作程序的补充，它主要就是教学模式中具体使用的方法和策略。实现条件主要有人力、物力、财力三方面的内容。进一步来说，也可以理解为教师与学校、教学内容与时空以及学校所具备的设施设备等。

（5）评价方式。不同的教学模式适应不同的教学目标，并且在使用的程序和条件方面也是不尽相同的。所以，每一种教学模式都有与之相对应的评估准则和方法，并且相对应的评估准则和方法都是独立存在的。在实际的教学过程中，是不会采用完全相同的评判准则的，因为会造成评估结果缺乏合理性和科学性。

（二）体育教学模式的特点和功能

1. 体育教学模式的特点

随着体育教学理论研究和教学实践的深入开展，出现了各种各样的体育教学模式。尽管体育教学模式的种类繁多，但它们都具有以下五个基本的特征：

（1）整体性。教学模式是由教学思想、教学目标、操作程序、实现条件、评价五个要素构成的有机整体，必须从整体上把握其理论原理。

（2）简明性。教学模式是简化了的教学结构理论模型，被称为"小型的教学理论"。

（3）操作性。教学模式区别于一般教学理论的重要特点即它的可操作性。

（4）稳定性。体育教学模式的确立实际上标志着新型的体育教学过程结构的确立，既然是结构就必然有相当的稳定性。

（5）开放性。一种教学模式形成以后并不是就一成不变了，而是要在实际的操作过程中不断加以修正、补充、完善，使其针对性和应用更强。

2. 体育教学模式的功能

体育教学模式主要有以下的功能：

（1）中介功能。体育教学模式的"中介"功能是指它既是一定的体育教学指导思想、体育教学相关理论的具体体现，又能为体育教师提供具体的操作程序和操作策略。教学模式是教学理论研究和教学实践之间的一座桥梁。

（2）调节与反馈功能。实践是检验真理的唯一标准，根据具体的教学条件、环境和具体的教学指导思想而安排的体育教学模式最终要受到实践的检验。

(三)体育教学模式的建构特性

近年来,体育教学理论有新的突破性进展,如何对在不同教学思想指导下的各种教学方法、教学策略进行比较、剖析,选择适当的教学方法进行教学,从而达到教学效果的最优化成为当今体育教学改革的一个重要任务。建构一种教学模式需要有一定的规范和基本要求。从它的形成过程看,既包括了理论通往实践的具体化过程,也包括了体验通往观念的概括化过程。因此,它既不同于目标和理念,也不同于一般的工作计划。它相对稳定但又变化多端,形成了模式多元化、多样化的局面。

新型体育教学模式的特征:近年来,由于人们对教学模式的普遍关注,在各级各类书刊、杂志上出现了各种各样的体育教学模式,有的还在探索实验阶段,有的甚至只是改头换面地搬用了其他教学模式,这是在教学模式过程研究中不值得提倡的。构建新型体有教学模式体现以下几个方面的特性:

(1)新颖性、独特性。体育教学理论、教学思想是体育教学模式的灵魂。

(2)稳定性、发展性。稳定性是教学模式形成的一个重要标志,对于一个成熟的教学模式而言,都必须有相对稳定的理论框架和操作程序。

(3)多元性、灵活性。多元性、灵活性是当前教学模式研究和发展的一个主要趋势。

因此,在构建新型课堂教学模式时应注重统一性与灵活性相结合,建立多元的新型课堂教学模式。体育教学模式构建的基本要素。体育教学模式不同于教学方法,它具有一个相对稳定的教学结构。这些要素在构成体育教学模式中具有不可或缺、不可替代性。

教学模式应至少包括以下几个基本要素:

(1)教学目标。教学目标是教师对教学活动在学生身上所能产生效果的一种预期估计,是进行体育课堂教学设计、进行体育课堂教学活动的出发点和归宿。教学目标既要考虑到学生智力因素的培养,又要考虑到学生非智力因素的培养。

(2)操作程序。成熟的教学模式都有一套相对稳定的操作程序,这是形成教学模式的本质特征之一。设计由易到难,由简到繁,由基础到综合的教学程序,既可以适合不同水平的学生,又能激发学生体育兴趣。

(3)实施条件。任何一种教学模式都不是万能的。有的只能适合某一类课型,有的适用几种不同的课型。不可迷信某一种单一的教学模式,应适当变更、调整教学模式,发挥自己的特长,为己所用。

二、我国新型高校体育教学模式的建构

（一）新型体育教学模式的理论基础

1. 新型体育教学模式的现代课程论基础

教学属于课程中的一部分，所以建立教学模式必须以一定的课程理论为基础。现代体育课程理论基础：

（1）体育课程目标实现多元化。体育课程目标不仅仅把增强体质、提高健康体质作为首要目标，还要注重培养学生体育文化素养，同时强调学生个性和创造力的培养，并主张结合体育课程内容的特点，把道德教育和合作精神的培养融合在体育教学过程之中。在时间上，通过体育课程，不仅要完成学生在学校期间体育知识的传授和技能的培养任务，还要培养学生对体育的能力、兴趣、习惯，为其终身参加体育活动打下基础。

（2）课程内容注重学校体育主体需求。随着社会的发展，学生对体育的需求呈多元化态势。课程内容只有满足了学生需要，才能激发学生兴趣，形成稳定的心理状态，实现终身体育。一是要重视传授终身体育所需要的体育知识，主要包括体育基础知识、保健知识、身体锻炼与评价知识等。二是竞技运动项目的教材化。

现代体育课程论与新型体育教学模式。20世纪60年代以来课程理论出现两次世界性的变革：一是学科中心课程论。二是人本主义课程观。我国体育课程的体质、技能、技术教育思想正是学科中心课程观在体育课程中的反映，至今仍影响着体育课程的改革。

（1）新型体育教学模式的目标取向。教学目标受课程目标影响，没有新的课程目标就不可能有新的教学目标。新型体育教学模式的目标不仅要求有运动技能目标，还有情绪、态度、能力、个性等目标。

（2）新型体育教学模式的价值取向。重视全体学生全面发展和个性培养相统一。学生发展离不开体育学科内容的学习，学生通过体育学习发展自己。

（3）新型体育教学模式的教学设计思想。课程的问题中心设计模式是新型体育教学模式设计的模式基础。问题来源于学生的发展需要和教学内容的需要。在教学设计中，要让学习者作为一个完整的个体参与到教学中来，让学习者在解决问题中，学习掌握学科内容。

2. 新型体育教学模式的现代教学论基础

教学论有许多流派，如探究发现教学理论、情意交往教学理论、认知教学理论、建构教学理论等。下面简要列举一些对建构新型体育教学模式有支撑作用的观点。建构主义教学观认为，教学的目标是充分发展学生的主动性、自主性和创新性，教学目标之一是培养"能够在现实的生活世界中应用知识的能力"。用通俗的话说，就是学会学习，并能调控自己的学习。建构主义与以往的教学理论相比，更加突出表现出了三方面的重心转移：从关注外部输入到关注内部生成，从"个体户"式学习到"社会化"的学习，从"去情境"学习到情景化的学习。现代教学理论与新型体育教学模式：综观各个教学理论流派的观点，其共同之处，便是对"主体性"的追求。其中，学生的自主性主要指学生的自我意识与自我能力，包括学生的自尊、自爱、自信、自决、符合实际的自我判断、积极的自我体验和主动的自我调控等。创造性是学生在主动性和自主性发展到高级阶段的表现，它包括创造的意识、创造的思维和动手实践的能力。教师的教是外因，学生的学是内因，外因通过内因起作用。教学中尊重差异，才能使教育恰到好处地施加于每一个学生，才能发挥学生的主体作用。

（二）新型体育教学模式的性质与设计

1. 体育教学模式的基本属性

根据对各种先行研究的归纳，提出体育教学模式的几个基本属性：即理论性、稳定性、直观性和评价性。

（1）理论性。指任何一个比较成熟的体育教学模式都必定反映了某种体育教学指导思想，都是一种体现了某个教学过程理论的教学程序。

（2）稳定性。一个体育教学模式的确立实际上是一个新型的体育教学过程结构的确立，既然是结构，就必然有相当的稳定性。

（3）直观性。直观性也可称为可操作性，任何一个新体育教学模式的建立都意味着它和以往的任何体育教学模式是不同的。这就使人们可以根据其特定的教学环节和独特的教程安排来判断是不是属于此种教学模式。

（4）可评价性。所谓可评价性是指任何一个相对成熟的教学模式的确定，必有着与其整个过程相应的评价方法体系。因此，任何一个教学模式都应可以对实施这个教学模式的教师给予明确的教学评价，这不仅是对该教师对教学模式理解程度的评价,也是对教师参与、认识和学习能力进行系统评价。

2. 新型体育教学主导模式的设计思想

在实践中可以发现,发挥学生主体性的教学,特别是自我意识的形成,总是从他控到自控,从不自觉到自觉,从缓慢提高到自我监控的飞跃。在学习过程中,教师应引导学生学会树立自己明确的可行的学习目标,帮助学生制订切实可行的学习计划,反馈和调整计划的行为使之成为自觉,创造条件提高学生自我检查和评价的能力。

新型体育教学模式应具备如下特征:

(1)在教学指导思想上,将把社会需要的体育和青少年儿童需要的体育结合起来,以实现体育教学中满足社会需要与促进学生个性发展的和谐统一。

(2)在教学目标上,将围绕着21世纪对人才培养需求,青少年儿童身心特点等,加强对学生能力的培养。

(3)教学程序中,逐步融入运动目的论的思想,让学生充分体验运动学习中的乐趣;引导学生充分理解和参与学习过程;改变过去教师规一化、统一化、被动性、机械性的做法;在教学方法上,以主体性教学观为视野,提供个别化和个性化的教学方法;在教学评价上,将以学生生动活泼的学习、个性充分发展、兴趣习惯能力养成、主要学习目标的达成等目的为基准。

(三)体育教学模式整体优化研究

1. 体育教学模式整体优化的原理和原则

系统科学整体优化原理:按照系统科学理论的思想和观点,任何事物、过程并不是各自孤立和杂乱无章的偶然堆砌,而是一个由各个部分组成的合乎规律的有机整体,而且它的整体功能要大于各部分功能之和。

体育教学模式整体优化的原则:

(1)整体性原则。用整体的观点考察体育教学模式,有助于我们在教学实践中科学地把握体育教学模式的结构和活动环节。

(2)综合性原则。体育教学内容的执行和体育教学目标的实现均建立在优选的体育教学模式基础上才能完成。

2. 体育教学模式整体优化的内容

影响体育教学模式结构的因素很多,包括教学思想、教学内容、教学程序、教学方法、教学条件等因素,在诸多的因素中选择了教学内容作为逻辑起点与突破口,对多元体育教学模式进行优化。

(1)根据不同教学思想优化体育教学模式。体育教学思想是制定体育教学模式的灵魂,不同的体育教学思想赋予了具体教学模式生命力,使教学模式有了明确的方向盘,最终去完成它预期的目标。为使教学思想条理化,明确化,使之从整体上符合学校体育指导思想的大方向,根据教材内容的不同性质,把它分类为精细教学型内容、介绍型内容。

因此,这类教材的教学模式应选择情感体验类模式和体能训练类模式为主,让学生在无技术难度的宽松条件下,一方面提高身体素质,加大运动负荷,可选择训练式教学模式、自练式教学模式等;另一方面通过快乐学习、成功学习,体验运动的乐趣,可选择快乐体育教学模式、成功体育教学模式等。

(2)根据单元教学不同阶段优化体育教学模式。在精细教学类内容中,大纲规定了各个项目的学时,以确保各个运动项目单元教学任务的完成,并使学生能熟练掌握几项运动技能。在单元练习的最后一个阶段中,由于学生基本掌握所学的运动技能,应进一步重复练习和巩固,并注意动作的细节问题,因而在此阶段应以选择能力培养模式等为主。

(3)根据不同的外部教学条件优化体育教学模式。体育教学的条件分为两类:第一,固定的一些硬件;第二,不固定的硬软件。

(4)根据学生基础优化体育教学模式。教师是教学活动的主导,学生是教学活动的主体,主导与主体因素构成了体育教学活动的主要因素,因而在选用教学模式时,也要考虑到师生的具体情况、具体特点。

第二节 体育合作学习教学模式

一、合作学习教学模式概述

(一)合作学习教学模式的概念及原则

1.概念

合作教学是一种与权力主义、强迫命令的教学观相对立的新的教学观。它是由当代格鲁吉亚杰出的儿童心理学家、教育家阿莫纳什维利提出。合作教学实验的显著特点是从尊重儿童的人格与个性出发，建立新型的师生关系，将学生在游戏中固有的自由选择和全身心投入的心态迁移至教学过程中去，从而在师生真诚的合作中实现教学目的。

体育合作学习模式是在教学理论和实践中发展形成的、用以组织和实施具体教学过程的、相对系统稳定的一组策略或方法。体育教学模式是体现一定教学思想，并具有相对稳定的教学过程结构和教学方法体系的教学程序。合作学习是两个或者多个个体为了实现共同的教学目标而结合在一起，在小集体范围内进行思维碰撞、相互质疑、辩驳，从而取得共识，获得知识、发展思维、培养能力的一种学习模式。体育合作学习教学模式是指在教师的指导和学生的参与下，通过运用运动的手段，利用适宜的条件，创造一种较为复杂的运动环境，使学生通过个人的努力或与同伴进行合作学习，克服困难，完成任务，促进学生交流与协作意识双重发展的一种教学形式。

2. 基本原理

（1）教学过程的发展性原理。合作教学认为，每个学生都具有无限的潜力和可塑性，教学与教有能最大限度地发挥儿童的潜能。

（2）教育过程的人性化原理。合作教学提出教师要做到以下三方面以保证人性化的贯彻与实施：第一，热爱学生；第二，使学生的生活环境合乎人性；第三，在学生身上重温自己的童年。

（3）教学过程的整体化原理。教学过程就是要发挥学生的自然力与生命力。

（4）教学过程的合作化原理。在现实社会中，常常会发生学生希望成长，但也想玩；愿意学习，但不想失去自由，因此教师就要做到与儿童合作并从儿童的立场出发组织教学。

3. 方法

合作教学需要有一种能激发儿童兴趣的师生关系和一套能鼓励儿童自愿参加教学活动的方法。具体方法如下：

（1）教会学生思考。教学中，教师可以在学生面前一边出声的思考，一边解题，让学生耳闻目睹教师的思维和解题过程；或教师应该鼓励学生怀疑、反驳、论证此课题。

（2）"夺取"知识。合作教学认为，教师不应把知识填入学生的头脑，而应当与教师"夺取"知识，并在这种"搏斗"中体会成功的快乐。

（3）充分利用黑板。合作教学认为板书是师生双方交流的主要手段。

（4）说悄悄话。说悄悄话是课堂提问的一种特殊方法。答案对与错，由教师给予奖励、安慰等评语，有利于保护儿童的积极性与自尊心。

（5）由学生当老师。合作教学认为，教师应当像演员一样，在教学中与学生一起做游戏，使儿童感到自己从事的是自己愿意干的重要事情。

4.体育合作学习的心理分析

苏联教育家霍姆林斯基曾说"没有这种自我肯定的体验，就不可能有对知识的真正兴趣"。在体育合作学习中，每个学生既充当学习者，又担当教师角色，每个学生在此过程中均有表现的机会，个人成就感和表现欲得到了一定满足。这种良好的学习体验会形成一种良好的心理感应，进一步激发学生的学习兴趣和求知欲望，并由此强化小组间的凝聚力，形成小组学生间踊跃参与的合作行为。从学生的体育学习心理看，大多数学生喜欢在宽松、有序的环境下从事体育活动，体育教学应该尊重学生这一心理特征，并为学生自主学习创设宽松、自由的学习环境，以培养学生体育学习上的组织能力，从而实现由"要我学"到"我要学"的转变。

5.体育合作学习模式的误区

体育课堂学习中学生之间的交流与协作，是集互动条件的共同利益与群体智力的合作和情感连锁反应。任何形式的体育合作学习教学模式都是有具体的、明确的小组和个人教学目标的，都是为完成集体和个人目标而设定的，也都是围绕着各类目标的达成而展开的。许多教师认为，体育合作学习教学模式与传统教学仅仅是在教学形式上不同，搞体育合作学习教学模式，不过是把学生重新编组，把学生分成一些小组，然后把原来的全班体育教学改为小组体育教学而已。这种简单化的想法常常导致许多教师按照原来的方式进行体育教学，这成为体育合作学习教学模式流于形式的一个主要原因。

（二）合作教学模式的理论依据

人本主义教育思想。以马斯洛为代表的人本主义心理学所主张的教育思想，对当代学校教育产生了广泛的影响。它强调"以人为本""以学生发展为中心"，重视人的个性需要、价值观、情感、动机的满足，从满足主体生存需要的角度来发展学生的潜能。

人本主义教育思想在学科教学中体现的就是主体性教学思想，在教学过程中充分发挥学生主体作用，最大限度地调动学生的自觉性、积极性、创造性。体育是"人"的体育，是人类文化的积淀，也是人类精神的乐园。体育学习是学习者认识自我这个主体尤其是对自我身体运动的认识，主动变革其身心的特殊的认识和实践过程。

学校体育为终身体育奠定基础的体育思想：该思想强调学校体育要为人们的终身体育服务，要为终身体育打好身体、技能和兴趣与习惯等基础，学会自主学习和锻炼，具有自主学习、自主锻炼和自主评价的能力等等。认为运动兴趣和习惯是促进学生自主学习体育和终身坚持体育锻炼的基础，体育教学应基于参加者的需要、兴趣等。因此，培养学生的自我体育意识是实现终身体育的核心问题。无论有无他人的协助，一个人或几个人都能主动地诊断自己的学习需求，建立学习目标，确认学习所需要的资源，并评价学习成果，这种方式便是自主学习。

合作学习是指在自主学习的基础上，学生在小组或团队中为完成共同的任务，有明确的责任分工的互助性学习，合作可以产生更多的灵感，获取更大的收益，得到更好的体验。体育学习正需要自主、合作的学习方式，由于学生存在着身体、技能、兴趣和爱好等等异同，体育教学应给学生更多的自主、合作学习的机会，让学生学会自主地、生动活泼地与同伴合作学练体育，最终达成学习目标。

学生的学习是被教师承包的，教师从备课，上课到布置作业全都是教师根据自己设想的如何教而设计的，设计的思想及动机学生一概不知，学生就是被动观察、模仿、训练或练习，他们慢慢地越来越没有激情，越来越依赖教师，离不开教师。因此，要让学生做自己学习的主人，学会自主合作学练体育，就必须有一种适合自主合作学习的教学模式，使学生把握自己的学习，而不是教师驾驭学生的学习。构建的方法：依据人本主义教育思想、终身体育思想和自主、合作学习理念，我们运用演绎法建构了自主—合作体育教学模式的过程框架，然后通过在高校公共体育课和高中体育课教学中进行试验、修正，逐步完成体育教学模式的构建。

二、合作体育教学模式运用与检验

（一）适用范围与教学原则

1. 适用范围

我们认为自主—合作体育教学模式需要学生具有较强的自我控制和自

我管理的能力，根据体育教学要适应学生身心发展规律，我们利用自身教学的有利条件，在高校公共体育课和中学体育课教学中进行了实践，确定了自主—合作体育教学模式最适合的范围是高中生和大学生体育课。

2. 教学原则

教学原则是保证教学效果的基本要求，运用自主—合作体育教学模式除了应遵循一般的体育教学原则外，还应把握以下原则：

（1）自主性原则。教师应尽量设法提高学生学习的自主性。

（2）情感性原则。自主—合作体育教学模式更应重视情感教学，教师富有人情味的教学—可以促使学生更自觉地趋向学习目标。

（3）问题性原则。教学必须带着问题走近学生，问题设计要针对学生的实际，要科学地动用教育学、心理学的理论分析课堂教学的各组成因素。

（4）开放性原则。主要包括三个方面，一是课堂教学形式要有开放性，二是课堂问题设计要有开放性，三是由点到面，由此及彼去解决学习问题。

3. 运用自主—合作体育教学模式应注意的问题

（1）教师要有足够的耐心和勇气。刚开始运用不懂得如何进行自主学习、合作学习，表现出茫然、不知所措，不适应这种教学模式，这是很正常的。教师的耐心就表现在教师要敢于"浪费"时间，以足够的耐心和勇气指导学生逐渐学会自主、合作学练体育。

（2）关注学生已有的经验，重视问题情境的创设。学生的已有经验是影响自主合作学习的重要因素之一。一般地说，上课伊始应创设一些与学生已有经验相近的"问题"或"情境"走近学生，进行一些相对简单的身体活动、思维活动，再把"问题"不断引向深入，促使学生在练习中思考。

（3）精选和改造教材内容，激发学生学习兴趣。因此，如何精选和改造教材内容以激发学生学习兴趣，需要任课教师下大功夫去研究。

（4）学会做一个积极的观望者，适时适当地介入学生的活动。自主合作体育教学模式强调的是学生自主学习、合作学习，但"自主"不等于教师不引导，不参与。因此，教师如何做一个积极的"观望者"，适时适当地介入和指导学生的活动，既不能过多地干扰学生的学习过程，又要能在学生需要指导和帮助时发挥作用，这是非常重要的。

（二）合作体育教学模式的意义

首先，"合作学习教学模式"以尊重的教育理念为指导思想，符合现代教学理论的基本要求，其实验研究从时代特征和学生的特点出发，具有一定的现实意义。其次，"合作学习教学模式"有效地利用系统内部的互动，使教学资源得到开发和利用，提高了学生的参与意识。改变以往传统教学中"讲解练习"的教学模式，利用组内成员的互帮互学，可以使学生产生愉快的心理体验，从而养成终身锻炼身体的习惯。"合作学习教学模式"鼓励学生一起去达到目标，增加同学之间的交往，有效利用竞争与合作，培养学生的集体责任感和荣誉感。构建大学体育"自主探求、学教互动"能力型教学模式是大学体育课程特殊性的要求。大学体育"自主探求、学教互动"能力型教学模式充分体现了"以学生为主体，以教师为主导"教育理念，是学生主体与教师主导的相互作用而建立起来的稳定的教学活动程序。以体育俱乐部制为组织形式，以小组或团队合作为学习方式，以运动态度为重点的体育形成性考核方法是实现大学体育"自主探求、学教互动"能力型教学模式的基本形式。

三、高校排球课程实施体育合作学习模式改革

（一）有利于发挥学生学习排球的积极性和主动性

传统排球课程教学模式是以教师为主体，教授学生颠球、传球、发球、扣球的基本技术，其教学过程属于被动的信息传递过程，多为模仿能力的操练，形式陈旧、呆板，课堂气氛沉闷，学生的积极性和主动性得不到发挥。相反，体育合作学习方式尊重学生的主体地位，教学过程中更重视师生、生生之间的多向交流，这对学生树立自主学习理念，提高练习效果具有深刻的积极影响。排球课程教学过程更是包含着集体合作的因素，在教学中实施合作学习，培养学生的合作意识和能力，显得尤其重要。

首先，由于不能完全依赖教师，学生必须不断通过自我努力才能够完成学习任务，这就促使其学习态度由被动接受转向主动探索；其次，合作学习以每组集体成绩作为考核标准的评价方法，对每个组员都是一种压力，集体荣誉感和担任"小先生"的责任感，鞭策和激励着学生；第三，人人不甘落后、不敢懈怠，无论课前查阅资料，课堂上观看示范，还是听教师讲解，都格外专注，练习时也非常投入，相互间讨论、交流增多，课堂气氛活跃，形成了良好的学习氛围。

2. 体育合作学习方式有利于培养学生的团队精神

当今社会大学生在校期间合作意识与合作能力的培养变得越来越重要，已成为其将来社会生存与个人发展的关键影响因素，体育合作学习方式则为学生树立团队理念、有效培养合作意识与合作能力提供了极好的机会。在高校排球课程教学过程中建立组内共同探讨与组间竞争的学习形式，使学生体验到个人和集体之间保持紧密关系的重要，仅仅自己努力是远远不够的，还必须时刻关心和帮助组内同伴，齐心协力才能达到共同提高的目的。学生在这个过程中学会与人交流和相处，逐步巩固合作意识，演练合作方法体验合作快乐，提高合作能力。

3. 有利于形成终身体育的习惯和能力

现代的课堂教学是以教材为中介，通过教师教的活动和学生学的活动的相互作用，使学生获得知识、技能、发展能力、形成良好的个性品质。这其中更多的是强调学生的学，因为教育目标的实现最后体现在学生身上，并且要通过学生的活动才能实现。在教学活动中，学生处于学习的主体地位，教学内容、教学手段和教学方法都必须符合学生的学习规律。

体育合作学习不但能促进学生的学业成绩，而且能培养健康的心理，能提高学生学习的独立性，为学生提供了学会学习的平台，给予学生更多的权利和自由。

大学生正处于思维活跃的黄金年龄，如果在课堂教学中能有意识地构建这样一个符合学生特点的合作学习的方式，使每位学生都能在有限的合作时空里全员参与，那么不仅能有助于增强学生的合作意识，还能为学生获得终身体育学习的能力奠定基础。

（二）高校排球课程实施体育合作学习的基本模式

1. 体育合作学习的基本内容

高校排球课程选项班进行体育合作学习的基本内容是分为多个单元的学习小组，每组6～8人，组员过少不利学习氛围形成，过多则难以统一学习观点。分组方法以"组内异质、组间同质"的形式划分。所谓"组内异质、组间同质"是指学习小组在结构上体现班级的差距，以保证组内各成员之间的差异互补性，使学生参与意识和合作精神更能发挥；"组间同质"是指班级内的小组间总体水平基本一致，使教学效果评估更具真实性。体育合作学习教学模式使用应先注意分组的质量，根据教学目标，选择适宜的分组条件进行分组是提高体育教学质量的重要一环。

小组的"组长"是组织小组学习体育技能的关键，小组长不仅是领导，还对群体内、外关系的处理起着"举足轻重"的作用。在分组时还要注重组间平衡，在教师的指导下，教师与学生之间，同组学生与学生之间，小集团与小集团之间通过运动，相互切磋与观摩，从而提高教学效率。在这里，体育教学的分组既是坚持从实际出发原则所采取的组织措施，也是小组合作教学模式学习的基本形式。

2. 体育合作学习的教学基本模式

首先，在进行排球课程教学单元前的几次课中，以教师指导小组学习为主，随着小组学员凝聚力增强和对学习内容的初步掌握，再向以学生为主体的小组学习形式过渡，然后学生针对学习内容进行自学、自练和自主交流，教师给予指导，并组织小组间循环比赛、讲评和总结。

其次，在教学方法上，将传统的讲解示范、练习和纠正教学方法与小组讨论、小组互学方法相结合推进教学模式实施。小组讨论法是针对教学中的重点和难点问题，在教师启发下开展组内学生交流共同解决；小组互学法是针对学习中存在的个别问题通过组员之间互教互学加以解决。

再次，在教学程序上，如在进行排球正面双手垫球基本技术的知识教学和技能练习时，将学生分成6—8人一组，小组中设组长、记录员、统计员、监督员等职位，明确职责，要求对本组及其成员的练习进行组织、记录和统计。学生在练习中充当不同的角色并适时进行轮换，先由两名学生做对垫球练习，一名学生评判并给予反馈，一名学生记录，一名学生帮助捡球，练习4～6次后，进行角色互换，最后教师通过对比各小组练习的记录情况，对完成任务的小组和超过上次课的练习成绩的小组进行奖励。课后安排的复习内容要按教师课前确定的时间、顺序，以小组为单位，以互相合作为主要方式，小组内学生合理分工，通过查阅资料、观看视频、组内学练，每2周进行1次组间基本技术竞赛，只记小组集体成绩，教师则通过参与课程的组织和管理，对学生的合作学习过程起指导和引导的作用。

3. 体育合作学习的教学评价

我国当前高等学校体育课程评价比较注重终结性评价，由于这种方法是在单元或阶段学习结束时进行的，因而失去了评价的有效反馈功能，对激励学生学习、提高学习效果以及帮助教师改进教学意义不大。而体育合作学习的教学评价是在传统体育教学单纯追求运动技术成绩化的基础上，与学校素质教育发展需要结合起来，透过学生运动成绩的表象，将运动技术、体能发展、身心健康水平和参与能力等综合内容作为评价依据，这种评价方法注重诊断性评价，因而更具客观性和科学性，能够使学生对自己有正确的认识，增强学习信心，促进自我发展目标的实现。

在排球课程日常教学中，使用诊断性评价可以通过抽查不同小组学生对其测试（遇到问题，小组需进行再讨论）或根据小组竞赛的情况教师获得学生学习状况的信息并就存在的问题做补救性教学，以求当堂完成教学目标。对每次课各小组的学习情况做简单的小结和评价。学生对运动技术学习和掌握程度是评价教学效果的重要依据，它既反映了教学理论的科学性，也体现教学实践的真实性。

第三节　多媒体网络体育教学模式

一、高校体育多媒体网络教学的组成

与其他学科相比，体育教学也是一项教育活动，需要师生双方的互动，老师发挥辅导作用，以学生为主体的有针对、有目标地学习知识或技能。然而体育教学也有其他特点，即体育活动课是基于老师和学生的思维，通过身体锻炼实现传播知识技能的学习目的。根据该特征，能够有效运用多媒体技术发挥网络教学的长处，打破传统教学的限制，推动体育教学的网络化，并建立一个成熟的多媒体网络教学模式。高校体育多媒体网络教学大致由如下几元素构成。

（一）教学目的

所有教学的开展都是以教学目的为依据，网络教学也不例外，也要实现制定的教育目的，其也是高校体育多媒体网络平台的发展方向。结合目前国内教育部制定的政策方针，高校体育教学目的是传播体育锻炼、运动技巧及保健知识，鼓励学生通过体育运动强身健体、提高身体素质，形成坚忍不拔的运动精神。当然，该目的在多媒体网络教学实施中有重要意义。

（二）基本网络环境

基本网络环境是高校体育多媒体网络教学开展的重要条件，而网络教学的实施受到局域网、校内网络和各硬件支持的直接影响。和原有体育教学模式对比，稳定的网络环境是体育网络教学实施的重要保障，某种程度彰显了网络教学模式的独特之处。

（三）人机间的关系

人机间的关系是高校体育网络教学的核心组成，前者指体育老师和学生，后者指硬件设备或软件设备等，人机关系分为师生间关系、师生和网络间关系两种。在网络教学中，老师、学生、计算机构成特别的三角关系，在该教学模式下，师生借助网络这个媒介进行教学互动。和传统教学模式相比，不再是师生面对面教学的形式，体育老师将课程资料借助网络传到教学平台上，学生只需浏览网页进行网络课程学习。除此之外，因为各区域、各高等院校、各体育老师对相同专业理论的理解、讲解方式不同，但同时将其课程内容传输至服务器上，如此学生有多种教学风格可供选择，从而强化高校学生对体育知识的了解。

二、高校体育多媒体网络教学的特点

（一）实时远程教学

至今为止，许多高等院校网络教学都实现了实时远程教学，其创建网络虚拟课堂，师生借助摄像、话筒等互相交流沟通，基本类似于教室课堂。

（二）自主选择教学内容

在体育教学网络平台上，课程视频是主要教学资源之一，学生通过个人设备浏览网页，结合自身学习需求自主选择教学课程视频。该系统的数据库服务器中存放着大量不同格式的教学视频，使用者可结合个人设备支持格式选择下载对应格式的教学视频，并且网页上还包括互动交流、疑难解答、水平测试等多种功能。

（三）Web课件教学资源形式

Web教学课件包含文字、图像等多媒体教学资源，检索方式简单，易于学生自主个性学习。而且该形式的针对对象是非实时应用系统，硬件设备标准的需求不高，学生可随时随地联网登录 Web 服务器，进行课程学习等活动。该形式比较适合通用型、自主型的远程教学运用。

（四）Think – Quest 网络教学模式

随着网络教学的普遍化，各种网络学习模式也比比皆是。Think – Quest 是目前比较成熟的、任务驱动的网络学习模式，在西方国家已被广泛运用。该网络模式为用户指定了创建主题教育网站的任务，用户需要运用相关资源建立网站，同时利用一些网站创建工具构建网站框架，其本质是学习过程。另外，用户创建的网页也可看作学习资料为其他用户借鉴。随着网络在教学过程中的使用日益频繁，基于网络的学习模式也是层出不穷。这种学习模式给参与者提供了建立一个关于某个主题的教育网站的任务，参与者必须利用网络的和非网络的资源来充实网站的内容，并且还要运用各种网站建设工具来完成网站的构架，美化网页的形式，这本身就是一个学习的过程。另外，设计者建立的网页又可以被其他的学习者所利用，作为他们学习的资源。

三、多媒体网络教学平台在高校体育教学中的应用

（一）基础架构

现代多媒体网络教学平台大多基于 B/S 模式，具体结构如图 5-1 所示。B/S 模式具备以下几点优势：用户浏览界面采取的是常规的网页浏览器，存储着许多应用程序，用户可根据自我需求自行下载；平台容易控制维护，由于用户不需要专用软件，在更新网络应用的时候，只要升级 Server 中的软件既可；该模式拓展性、创新性较高，其采取通用 TCP/IP 通信协议，高校可结合实际需求升级完善多媒体网络教学系统。

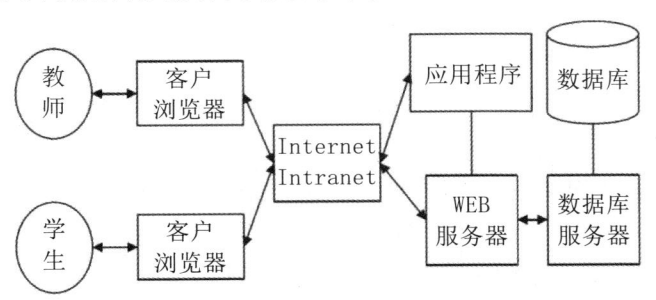

图 5-1　多媒体网络教学系统架构图

（二）工作原理

该教学平台的基本工作原理是师生登录浏览界面对体育网络教学平台进行访问，学生借助电脑、平板等设备实现浏览器和服务器的连接，可自主学习体育课程、搜索体育信息资料、随时与老师交流体育锻炼心得、存储管理个人体育信息等。而该系统管理人员和高校体育老师可借助浏览器更换修改服务器中存储的资料信息，保证体育教学课程的时时更新，并且解决学生体育方面的问题和困难，同时实时引导学生正确体育锻炼。

事实上，该系统的服务器包括网页服务器、数据库服务器两部分，前者存储平台运行的应用软件，实现用户需求功能操作，负责接受用户需求指令，同时转变成数据库识别指令后传输至数据库服务器，最后将处理结果再以网页形式传输至浏览页面上，使用者可获得所需信息资源。由此可见，数据库服务器中存储着大量数据和相关的指令处理软件，其按照前者传输的指令进行相关处理，最后再将处理结果反馈至Web服务器。

（三）优点和长处

（1）多媒体网络教学系统使体育教学课程公开化、直接化。借助多媒体技术实现视频的慢放、制作体育动画视频，让高校学生快速学习体育教学课程，激发学生体育运动的乐趣。

（2）多媒体网络教学系统实现体育教学中师生之间的双向沟通。表5-1表现了传统模式下和基于多媒体网络教学系统模式下师生相互沟通情况对比。

表5-1 传统模式下和基于多媒体网络的教学系统模式下师生相互沟通对比

教学模式	教师与学生的教学关系	教师与学生的对应关系
传统的教学模式	直接的、面对面	一对多
基于网络的教学模式	间接的	多对多

（3）多媒体网络教学系统为学生创建自主学习环境。高校学生可自由选择学习该系统存储的所有教学资源信息，打破了传统体育教学的局限性，发挥学生在教学过程中的主体地位。

（4）多媒体网络教学系统保障了高等院校体育教学资源的开放化。该系统的引进促使高校体育教学资源开放化的改革，存储了全球各高校、图书馆等众多体育资料信息。

（5）多媒体网络教学系统对高校体育老师教学效果有强化作用。通常来讲，高校体育教学效果受老师体育专业素养、年纪性别等因素的影响。该系统的引进使体育教学更规范、更有效，确保高校学生受到最专业的体育运动教学。

（6）多媒体网络教学系统突破高校体育教学的地域限制。结合该系统实现的资源共享，可加强各高等院校之间的互动交流。通过该系统的实时交流功能，可为高校学生提供与体育运动专家直接交流的机会。借助该系统的远程教学功能，可为学生提供远程体育课程学习。除此之外，不同地域的学生可进行实时交流、体育运动讨论。

第四节　体育翻转课堂教学模式

一、翻转课堂教学模式概述

近几年，翻转课堂已成为国内外教育专家及学者研究的热点。这种模式让学生在课前通过观看教学视频或课件等方式的学习资源，通过课堂师生互动讨论解决问题，课后反馈总结评价。翻转课堂是一种全新的"混合式学习方式"。实践证明，翻转课堂在激发学生兴趣、提高考试成绩和提升教师工作满意度方面都有促进作用。随着我国高校体育教学改革的不断深入，旧有的体育教学模式已不适应未来社会发展对人才的需求，体育教学模式也在不断得到创新和研究。体育教学作为一门实践性很强的课程，与其他学科相比具有特殊的专业特点。

翻转课堂教学模式的出现正好为体育教学模式的构建提供了一个思路。随着教育信息化的发展，教学理念的更新，教学手段与教学方法也越来越多样。例如，近年越来越受教育工作者和学习者青睐的翻转课堂教学模式。在翻转课堂中，教师根据学生在线学习的情况，因人而异地对学生实施个性化教学。基于翻转课堂的教学资源更不受教师、学生和学习时空的限制，能极大实现对有限教学资源的高效利用，使学生可以在线感受名家名师的授课，从而提高课程教学效率和质量。翻转课堂教学模式越来越受到广大教育工作者普遍关注和日益重视。

（一）翻转课堂教学模式的理论依据及目标原则

教学模式是在教学思想和教学理论指导以及一定的教学理念的引导下建立起来的各类教学活动的基本结构或框架，通常包括理论依据、教学目标和原则、教学与学习程序、实现条件与教学资源、教学效果评价等要素。在理论依据方面，以翻转课堂"先学后教"思想为基础，重视教学活动中学生的主体性和学生对教学的参与。依据大学体育教学的特点，尤其斯金纳操作性条件反射的训练心理学，通过视频学习一边吸收理解联系，不懂再视频回顾，从实践强化到学习掌握的过程，这样反复的循环过程塑造有效行为目标。

在教学目标和原则方面，学体育教学主要目标是巩固和提高大学生在中小学体育教育阶段构建的体育锻炼思想、习惯和能力，从而更好地引导和教育学生主动、积极、科学地锻炼身体，掌握现代体育科学中的基本知识与技能。教学与学习程序方面，以优质视频资源和交互学习社区为基础的基于MOOC翻转课堂体育教学模式的基本教学程序可以设计为预习教学内容，有针对性地观看教学视频讲解、示范，激发学习动机、发现学习问题，课堂讲授新课，接受教师、同伴评价，通过拓展资源完善、扩展知识与技能结构，通过反复练习实践加深理解和加强训练效果。

从实现条件与教学资源来看，近年来高速发展的MOOC平台和互联网的普及为翻转课堂体育教学模式提供了良好的实施条件，因此需要教师根据课程与教学内容自己设计与制作，其基本内容可以包括教学内容和动作演示讲解视频、理解性的练习、实践性的课余训练活动、实践训练的摄像记录视频、专题性的研讨问题等一系列问题。教学效果与评价：基于MOOC的翻转课堂体育教学模式的实施对激发学生学习体育的兴趣，培养学生自主学习、发现、分析、解决和问题的等综合能力，以及适应社会发展的自主学习能力和相互合作能力的培养具有积极作用。

教师要及时掌握反馈信息并根据所获情况进行适当引导，鼓励并充分调动学生的学习积极性，因材施教的针对不同学生进行讲解和教学。对学生的评价也应该注意大学体育教学不同于其他文化课程，不能简单地以考试成绩作为其学习好坏的衡量标准，"健康第一"作为学校体育教育的指导思想，必须要把"健康"标准贯彻到体育考试环节。指导学生加强体育教育认识，养成体育锻炼习惯，构建与体育教育目标相适应的人性化测试。

（二）实施翻转课堂的意义

1. 翻转课堂的内涵与发展

翻转课堂出现在 2007 年前后，是将课堂中的一些知识简单制作成教学视频发布到网络上，让学生在家里看视频，目的是为了解决部分学生因缺课跟不上教学进度的问题。可以说这样的上课形式颠覆了传统的教学模式，能够充分调动学生的主观能动性。这种全新的教学模式由美国科罗拉多州的化学老师乔纳森·伯尔曼和亚伦·萨姆斯最先在课堂教学中使用。但翻转课堂的兴起与发展则源于"可汗学院"的出现。

在翻转课堂教学模式逐步普及的过程中，各国的教育工作者也根据本国的实情对其内涵和实施过程进行了拓展、延伸与发展。这也是翻转课堂开创者乔纳森·伯尔曼和亚伦·萨姆斯最为关注的，他们认为这有利于激发学生潜在的求知欲望，发展学生深层次认知能力，实现教师与学生之间、学生与学生之间的实时交流与互动。

2. 在大学体育教学中实施翻转课堂教学模式的意义

学校体育工作的中心是体育教学，而体育教学又包括体育理论知识教学和体育实践教学两部分。体育实践既是大学体育教育的重要组成部分，是激发学生热爱体育的直接方法，也是体育理论检验的基本手段，更是体育教育目标实现的关键要素。

对传统体育理论课教学理念的误解和大学课堂时数的限制以及大学体育教师在课堂教学上表现手法的缺失，种种原因造就了目前大学体育理论课堂教学的尴尬地位。一方面，这样的教学过程方法单调，内容也相对陈旧而且缺乏新意。另一方面，不能因材施教。对悟性较高的学生且熟悉的讲解、示范，他们会感到乏味，这必然会导致部分学生掉队，部分学生却出现"吃不饱"，难以激发学生学习兴趣的现象。首先，翻转课堂突破了传统课堂时空和固定教师的限制，解决了一些学生由于某些原因不能接受课堂教育，或者不能及时领悟课堂教学内容的问题；其次，翻转课堂构造的学习社区加强了教师、学生、教学内容和教学、学习资源之间的相互作用、相互联系；第三，在翻转课堂中，教学过程基本上能够实现教学中倡导的因材施教与分层次教学，学生能充分发挥其在学习过程中的主观能动性和得到具有针对性的指导，有效地提升了课堂互动的数量与质量。正因为翻转课堂的这些优势与特征，基于翻转课堂的体育教学模式能够较好地解决由于教学时间限制、教学资源有限的问题，并解决课堂教学中掉队和"吃不饱"学生两方面的问题，也为终身体教育思想的贯彻提供了保障。

二、翻转课堂教学模式应用与实践

（一）翻转课堂的模式构建

体育教学翻转模式的构件与一般翻转课堂模式相似，包括课前学习资源的制作准备、学生自主学习、课中知识内化、课后总结评价几个阶段。

1. 课前学习资源准备阶段

教学目标是教学活动的实施方向和预期达成的结果，是一切教学活动的出发点和最终归宿。在课前，教师根据教学大纲、计划明确教学目标和任务。在教学过程中不断修正新的教学目标，使课前、课中、课后形成一个完整的、协调的、相互联系的整体三维目标。通过信息技术将技术动作的概念、要领、方法及技术原理等制成演示文稿。

综合利用演示文稿和视频等手段将教学内容形象地表现出来，按照教学步骤和程序制成学习资源上传网络平台。同时，要注意翻转课堂教学内容的体系要完整，组织结构要合理，要根据学生的认知水平和要求，选择恰当的教学素材，并根据教学内容的结构特点进行合理的加工和处理。

对于示范动作难度比较大或难以直接进行分解示范的动作，可以通过二维或三维动画技术并辅以用力方向、用力大小、运动轨迹等图示及文字说明将其生动具体的展示出来。比如，在背越式跳高过杆教学中，人体在过杆时所做出的"背弓"动作，在实际教学过程中无法在杆上做出静止示范动作，也无法更直观地展示，但通过视频的加工处理，配以"箭头"表示力的方向及文字说明，就会使教学视频更直观、更清晰。依据教学单元的计划安排，由浅入深、由易到难合理组织每个教学环节，让学习者在不浪费大量时间的前提下，学习掌握理论知识。

翻转课堂教学模式需要学生具有自主学习、发现问题和解决问题的能力，更需要学生积极主动地参与到课前新知识的学习中来。对技术动作概念、要领、方法及技术原理等理论知识进行学习，通过对知识的理解，借助想象法对技术动作有一个大概的理解和认识。学习过程中，要主动发挥发现问题和解决问题的能力，及时发现疑难问题，通过查阅网络资料解决一些力所能及的问题。对于课前学生对学习新技术动作的渴望和热情，不可避免地会出现有些学生积极主动地去练习。为避免缺乏体育教师的检查和指导，出现错误动作形成错误动作动力定型，要求学生在自行练习中要适当，以小组和结伴的形式进行，在充分观看了解教学视频示范动作的前提下，检查指导，锻炼和培养发现问题和纠错的能力。对于一些较难掌握的技术动作，通过"虚拟系统"不断的练习，帮助学生提高对技术动作的理解和认识，也能够保证在场地器材难以满足的情况下进行练习。

2. 课中知识内化阶段

课中应是学生提出问题、教师答疑解惑，并通过具体的身体练习形成运动技能，使知识内化的阶段。通过课堂学生间的讨论和教师交流互动，解决遗留的疑难问题。课堂上，教师放置好数码摄像机，对教学过程进行全程摄像。按照问题提出的类型或按兴趣、伙伴朋友关系、基础和水平、性格等进行分组讨论和交流。针对探究活动，要创造性地设计好、组织好课堂探究和课堂讨论，引导学生在对话交流和合作中发展自我。对难以解决的问题，鉴于学生通过课前学习对学习内容有了一定掌握和理解，能够形成正确的思维，教师要辅以提示帮助，以便使学生更容易解决。待解决完学生课前所遇到的疑难问题后，按学生运动技术水平进行分组，实施分层教学，区别对待。同时，引导学生积极展开思考，探寻错误动作产生的原因，让学生纠错的同时，理解错误动作产生的原因。另外，对运动技术掌握较好的同学，可以指导其尝试进行讲解示范，使学生在练习中，不但会做，而且会教，打破传统体育教学中只追求运动技能形成的单一模式。练习结束后，教师带领大家讨论在练习过程中遇到的问题和练习心得，总结课堂练习中存在的主要问题，为下次课的实践练习提供参考。

3. 课后反馈评估阶段

课堂结束后，教师将数码录像制成视频文件，提供给学生观看。针对课中练习时出现的错误动作、学生参与练习的态度、练习的效果等问题进行总结评价，及时与学生进行沟通交流。同时，学生在课后还需学会写学习体会，根据课堂上对所学知识的理解和探讨进行总结，将自己在课堂上的讨论和练习过程中动作技术的掌握进行反思与评价。通过网络平台、QQ 群或微信等创造协作学习的环境和空间，形成一个有效的师生教学活动的"闭环通路"。

（二）高校体育教学翻转课堂模式的应用及实践

基于高校体育教学翻转课堂模式的构建，将高校体育教学翻转课堂模式应用于运动项目技术动作的教学中。实践对象：大学体育课程田径专选班96人；硕士研究生及以上学历的教师10位。实践内容包括挺身式跳远的技术动作教学。实践整体设计：将田径专选班96人分成对照班和实验班各48人，实验班按照翻转课堂进行教学，对照班按照传统的教学模式进行。最后通过考核进行对比分析。结果与分析：翻转课堂教学模式深受学生的喜爱，激发了学生的学习兴趣和动机。调查中发现，有83.5%的学生喜欢翻转课堂模式；78.6%的同学认为翻转课堂能够激发学习兴趣和参与学习的动机；70%的体育教师认为，通过翻转课堂教学，学生学习的兴趣和动机明显提高了。

由此可以得出结论，翻转课堂可以有效地提高教学效率，激发学生学习的热情。翻转课堂教学模式培养了学生自主学习、探究学习和合作学习的能力，有力推动了体育教师专业水平的提高。翻转课堂教学模式拓展了学生的学习空间和时间，加强了师生间、学生间的交流和互动。翻转课堂模式使学生学习时间、空间更自由了，随时随地都能够进行学习。

翻转课堂提供了交流互动的平台，解决了同教师间的交流和互动，以前面对面的直接交流比较害羞，网络平台的交流互动不需要直面老师，害羞感没有了，自信心也增强了。因此，翻转课堂模式为师生间构建了一个协作融合的学习空间和环境。学生可以在学习知识的广度和深度上自由控制，从而加强了对理论知识的理解和掌握。翻转课堂教学模式有效提高了学生的理论知识水平及实践能力，强化了理论知识和技能的融合与内化，有效提高了教学效果和教学质量根据教学计划和内容。用合作式、探究式等学习方法，有效地强化了对理论知识的学习和掌握。因此，通过对比分析，实验班在理论知识、技术评定、达标考试以及综合评定方面均明显优于对照班。

高校体育教学翻转课堂模式的构建突破了传统体育教学模式中存在的问题。网络平台的构建也拉进了师生间的关系，让师生在任何时段都能够得到有效的沟通和交流，以"环路"的方式始终贯穿于课前、课中、课后整个过程，形成了协作融合的学习环境。翻转课堂虽被誉为"影响课堂教学的重大技术变革"。翻转课堂模式中学习资源的制作、网络平台的交流互动、学生实践练习的"虚拟系统"等，每一个环节的构建都得需要教师业务能力的提升和学生的学习适应能力等软硬件条件作保证，只有多重并重，方可实现其在高校体育教学中的真正融入。

第六章

体育人才培养创新策略

第一节 体育人才培养基础理论

一、我国高校体育人才培养改革方案构建

(一) 我国高校体育人才培养改革的两个维度

从高校内部教育教学改革的相关实践层面来讲，体育人才培养改革通常会受到两个维度因素影响：其一，主要是体育教学设施设备条件与师资条件；其二，体育教学的开展方式或者是培养的模式。从设施设备条件与师资条件的角度上来讲，人们重视的是人才培养模式改革中设施设备条件所发挥的基础作用与保障作用。现阶段，在改进体育人才培养模式的问题上，还没有足够的重视师资条件所发挥的关键性作用。一般来讲，在体育人才培养方面，师资队伍通常会发挥出如下两个方面的重要作用。

(1) 在体育教育教学规律方面，师资队伍所表现出的认识水平与理解水平。由于在对体育人才培养目标进行选择的时候，肯定少不了体育教育思想的一定支配。然而，在体育教学改革的实践活动中，并不是所有教师的教学改革思想与实践都能够同体育教育教学的规律相符合。例如，大部分体育教师的观点是，只要体育教师讲了，学生就能够学会，因此如果想要学生对某些东西进行学习，就必要开展体育课堂教学活动，直接到课堂讲授占据了大部分体育教学的实践，这一点同体育教育规律很明显是不相符的。

(2) 体育教育教学工作具有科学分解学校目标、学院目标、系目标或者专业目标，同时依据这些目标对体育课程教学活动与体育教育教学活动进行

设计，并且客观地评价目标实现情况的能力。因此，使体育教师与体育管理者自身的教育教学理论与方法水平得到提高，使体育教师与体育管理人员的专业化水平培养得到加强，与体育人才培养之间存在着非常密切的关系。如果体育管理者与体育教师对上述两个方面的内容做得不够好的话，就会直接导致体育人培养模式和体育人才培养方案之间不能互相适应，想要提高体育人才质量就更加难以实现了。

由于不同的体育教育思想观念与价值观念与不同的学校类型与学科专业性质，导致在体育教育方式与体育人才培养模式维度的认识上也通常会表现出一定的差异。体育教育教学方式与体育人才培养模式相比较，前者所受的关注要比后者多得多。由于总体上体育人才培养模式的泛化与模糊，体育教学过程与体育教学环节不能够同步、呼应、落实于体育人才培养模式改革，导致体育人才培养质量提升的方向与目标逐渐丧失。所以，体育人才培养模式不仅是体育教学改革的重点内容，也是体育教学质量的重要保证。

（二）我国高校体育复合型人才创新培养的方案设计

在我国高校体育复合型人才创新培养方案的设计中，首先应该针对创新体育人才培养模式，对全校范围内的教育思想大讨论积极开展，使体育教师与学生对其正确地理解。而所谓的创新型体育人才培养模式，主要指的是目标为创新体育人才的培养，基本导向为通过对学生创新性思维与创新性思维的引导，使其创新意识、创新能力与创新精神得到提高的总体育教学内容与方法体系的总称。

在对我国高校体育复合型人才创新培养方案进行设计的过程中，高校应始终坚持科学发展观的全面落实，全面贯彻党的教育方针与体育工作方针，全面推进素质教育，将学校的办学特色与办学优势充分地体现出来。按照学校的体育人才培养目标，集成或者整合已经获得的体育教学成果，对体育教学课程体系进行优化，对体育人才培养的新模式与新机制进行探索，促进学生同新时期我国社会主义现代化建设的需要相适应，促进学生实践能力、创新精神与国际竞争力的培养。

（三）指导性课程体系结构

创新人才培养方案由通识教育课程、学科基础课程、专业课程、实践教学、奖励学分构成（图6-1）。

```
                        课程体系结构
        ┌──────┬──────────┬──────┬──────┬──────┐
      通识教育  学科大类   专业课程  实践教学  奖励学分
      课程     基础课程
      ┌─┬─┐    │        ┌─┬─┐   ┌─┬─┬─┐    │
     公共 全校  科类      专业 专业 实 实 实 毕   课外
     必修 通选  必修      必修 选修 习 验 践 业   活动
                                        论
                                        文
```

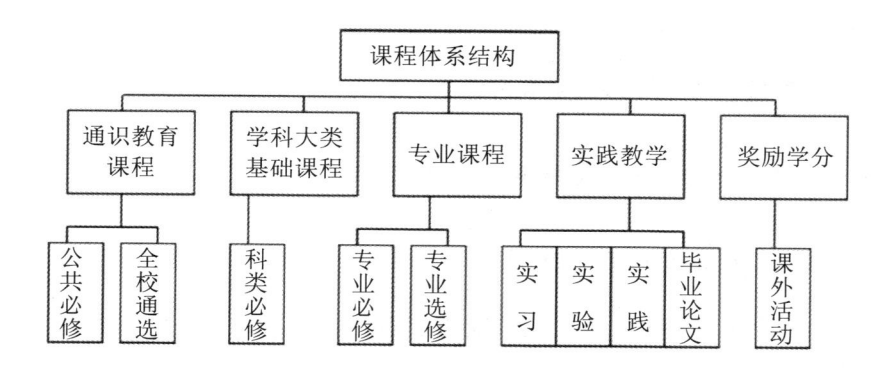

图 6-1 创新人才培养指导性的课程体系结构

（四）对于体育创新型人才的培养模式进行构建

近年来，针对体育创新型人才培养模式，学校进行了不断的探索与完善。依据《普通高等学校本科专业目录》，学校对二级专业类的相关专业实施了新的培养模式，即打通基础课，积极鼓励各院系设立跨专业、跨学科的各种实验班。截止到目前，我国的大部分学校已经对多个跨专业、跨学科的试验班进行了尝试，如体能训练试验班、足球裁判试验班、高尔夫项目管理试验班、体育新闻试验班、体育媒体公共关系试验班等。

单一专业的界限被跨专业、跨学科教学实验的模式打破，使多个相关学科的交叉渗透得到了加强，使体育课程体系与教学内容得到了重新的调整，高度重视培养体育创新型人才的科学精神、创新精神与人文精神，并且也获得了理想的成绩。

其中，体能训练试验班的设立满足了国家竞技体育的需要，培养了各级运动队都需要的体能教练员；体育媒体公共关系试验班的设立是为了使各类体育组织公关事务的需要得到满足，促进体育创新型人才的培养方向朝着德、智、体、美的方向和谐发展；同体育公共关系一样，体育新闻试验班能够培养出在体育各类组织、其他体育事务部门开展工作的专门人才，这些人才可以从事的工作有很多，如发布新闻与形象推广、体育公关文秘和协作、事件营销和媒体写作、危机公关等。

如果学生具有较好的文化基础，就可以对体育媒体公共关系进行学习；高尔夫项目管理试验班的设立是为了对新的领域进行开拓，满足学校专业建设的需要，以便给学生创造更加广泛的就业空间，主要目标在于使学生能够对高端运动的基础知识、基本技术进行了解、掌握，使他们能够对这些知识与技能熟练运用，促进高尔夫管理工作的应用型人才得到培养。

二、体育创新型人才培养的细则

（一）优化体育课程实践教学体系

1. 科学设计体育课程实践教学体系

近年来，对于学生的体育实践能力加强培养已经变成一种世界高等教育改革的主要趋势。学校制定了《关于本科生教育实习工作的若干规定》等一系列的相关文件。明确提出了体育教育实习过程管理的要求、体育教学实习的组织管理要求、体育教学实习考核总结要求等。

同时，专门规定了实习实训工作的经费问题，实行三级教育实习质量监控体系，即对于实习基地中具有丰富体育实践经验，对于学生培养要求、聘请目标比较熟悉的专家，请他们承担学生实习指导教师；学院领导巡回检查、队部主任定点负责，保障实习结果与实训结果。

按照本专业的特色，各个院系制定了专业特点鲜明的实习工作管理规定。在具体的实践过程中，体育教育专业对全新的实习、实训工作体系进行了探索，即"三个阶段"与"一个平台"，其中所谓的"三个阶段"主要内容如下：第一阶段，在体育实践教学活动开展的过程中，对于学生基本教学能力要加强培养；第二阶段，在体育实习活动进行的过程中，全面化地培养学生的综合教学能力、科研能力、工作环境的适应能力；第三阶段，学生能力中的薄弱环节会通过体育实习活动的开展而暴露出来，同时能够得到及时改进。而这里面所说的一个平台，主要指的是对一个体育基地教学实验与科研平台进行建设。

在体育教学的实践活动中，这一工作体系所取得的成效是非常明显的，能够使学生扎实的体育教学基本功与较高的专业技能水平得到培养。学校体育实习与实训工作同实际紧密地联系在一起，使学生的体育基本技能得到强化，能够明显促进学生体育实践能力的提高。

2. 加强培养学生的体育科研能力

从体育科研能力培养的问题上来讲，学生的毕业论文和科研能力应该被高校紧密地联系在一起，通过学科优势与资源优势对学生进行鼓励，同时与体育运动实际和科研活动有机结合在一起，将体育综合性的专业训练与初步的科研训练作为主要目标，实施导师负责制度，和体育教师一起，利用设计实验、学期小论文、毕业论文等方式攻克课题研究，使学生的体育科研能力得到提高。

同时，相关的一些运动项目管理中心建立了科研工作站，创造了培养学生体育实践能力与创新精神、较早参加创新活动与科研活动较的有利条件。

3.创建同市场需求相适应的体育实践教学体系

体育课程实践教学平台能够对包含三个层面内容的体育课程实践教学体系进行构建，其中三个层面主要指的是体育基础实践教学、体育专业实践教学、体育综合实践教学。所谓的体育基础实践教学，主要目的在于对学生的体育基本技能与基础实验能力进行培养；所谓的体育专业实践教学，主要同培养方案中的同体育专业基础课程与学科相关的专业实验、课程实践、毕业论文、各种各样的实习实训工作等相对应；而所谓的体育综合实践教学，通常包含一定的素质拓展内容，一般会同培养方案中公共选修课程相关，或者是同课外科技活动相关联。

（二）构筑实践创新能力的培养平台

1.对实验室加强建设，使学生实践环境得到优化

本科生创新实验室作为教学环境，能够使学生的实践能力与创新精神得到最佳的培养。同时，相关实验室或者教学实验中心的建成创造了良好的平台，以供学生科技创新活动、实践训练活动、课外科技活动与学科竞赛活动的顺利开展。建立创新教育与实践培养基地，开展科技创新活动，对当代大学生实践能力及解决问题的素养培养是十分重要的。创新教育与实践培训基地，为学生搭建了一个有益于科技创新活动开展的良好平台，使学生的聪明才智与创造潜力得到充分发挥，促进了科技创新人才的培养，使高水平科研成果最大限度地发挥作用。

2.使科技实践活动得到强化，对创新教育氛围努力营造

实施对本科生的科研培训计划，对学生的创新能力进行培养。将高校学生的学科竞赛作为重要媒介，开展丰富多彩的创新实践活动。

三、体育创新人才应具备的素质与培养途径

(一) 体育创新人才应具备的基本素质结构

体育创新人才培养的一个最基本素质就是树立正确的人生观,这同样也是形成创新意识的主要动力和源泉。马克思主义哲学的观点是事物的运动、变化、发展,这三个范畴的关系既互相独立,又互相区别。其中,变化的最高形式就是发展。一切行为的出现都是基于一定的方法论与世界观的影响下。在正确人生观的指导下,贡献于人类文明和进步的远大理想才能够出现,能够对科学技术发展起到推动作用的高尚的、艰苦奋斗精神才能够存在,发明创造、革新技术的强烈愿望才能够出现。

体育创新人才培养的催化剂是集体协同能力与良好的意志品质。意志作为一种行为准则,能够使人对目标自觉地确定,同时对自己的行为进行调节与支配。从本质上来讲,创新的过程就是高度复杂的一种意志过程。

(二) 体育创新人才的培养途径

1. 形成创新思维机制

(1) 发散思维大量参与。在创新思维中,不仅有发散思维的存在,还有聚合思维的存在,可以说创新思维是发散思维与聚合思维的统一体。在每一项技术革新开展的过程中,需要先对自身已有的知识与经验进行利用,充足各种各样的知识点,对于种种需要改进的方案进行设想,这就是发散思维;之后再通过论证与实践以后,选择其中的最佳方案,这就是聚合思维,两者都是不可或缺的。

(2) 将灵感成分掺杂其中。对于思维创造而言,灵感就是其"闪光点",这也是创新思维的主要特征之一。百思不解的难题,由于妙思突发、豁然开朗的一种体验而被即可解答。灵感不仅具有瞬时性、突发性特点,还具备一定的规律性特征,灵感产生的主要条件是对需要研究的问题,个体应该进行较长一段时间的思考,思维需要达到饱和的状态。出现灵感的条件是当个体思维紧张的阶段过去以后,处于悠闲、精神放松的时候。

2. 培养创新思维过程中需要把握的环节

(1) 形成创新思维的基础是对传统教学观念进行更新。通过上述的分析

能够得出，能够与传统体育教学相呼应的体育教学模式，应该具备的优点如下：能够促进体育学科知识的学习与传授，同时对前人知识与经验的掌握还能够起到一定的促进作用；此外，还会有一定的缺点存在，即使学生对于体育教师与书本知识过分依赖，思维培养强调的是聚合思维，而对于发散思维则没有重视，所以在其相关的认识上仍旧在前人水平上停留，新的理论成果很难产生。

（2）培养捕捉灵感。如果在解决问题的过程中，个体使用创新思维，灵感的出现就是锦上添花。对于灵感，大部分人都觉得它是可望而不可即，虚无缥缈的，事实上，如果能够掌握灵感产生的共性规律，灵感捕捉的概率就会得到提高。一方面，在面对某个创新性问题的时候，保证思想准备的充分，通过对其相关资料的查阅，以及对现有知识和经验的利用，对问题解决的各种方法进行构想，这是捕捉灵感的重要基础；另一方面，应该秉承废寝忘食的原则，不仅仅需要在集中思考中全身心地投入，还要注意时刻都处在思考的状态中，使各处都存在思维"触角"，这是又一个捕捉灵感的基础条件；最后，经过较长一段时间的殚精竭虑以后，转移到松弛的状态，通常就可以摆脱掉惯性思维的约束，进而使创新性思维的"触角"得到舒展。

第二节 体育人才培养创新发展策略

一、培养高素质体育人才的策略

为了确保我国体育产业的健康有序发展，培养优秀的体育人才，需要采取相应的措施，加大政府扶持力度，不断改革和创新人才培养模式，以加强人才培养理论研究为核心，鼓励社会各界力量参与到人才培养体系中来。对于如何培养高素质的体育人才从以下几方面入手。

（一）加强实践能力培养

体育是一门实践性比较强的学科，在大学校园中，由于理论与实践很难协调，许多学生的实践能力比较差，体育院校大多开设体育管理学、体育经济等理论课程，对实践课设置偏少，实习时间也比较短，所掌握的实践技能远远不能适应社会的需求。所以，高校在体育人才培养方面，要重视实践能力的培养，不断扩大实习范围，与体育局或运动队签订实习协议，组织学生参加实践活动，提前与社会接触，在实际工作岗位中发现自身的不足，在校园日常学习与训练中，能够有针对性地进行培养。学生打好实际动手能力的基础，在竞争激烈的经济社会中才会有立足的本领与机会。

（二）结合市场反馈，调整人才培养战略

当前高校改革的一个重要方面就是以市场需求为导向，近年来，许多热门专业层出不穷，对体育人才就业竞争产生很大影响，许多体育院校在人才选拔上只注重数量，不考虑未来的可持续发展，不了解社会对体育人才的需求标准，盲目发展，严重影响学校的办学质量以及影响学生毕业后的前途，体育院校自身的专业范围比较窄，课程设置也几乎都是与体育相关，这种专业课的设置使学生的知识面变窄，仅局限于体育方面，而社会所需要的是全面发展的复合型人才，所以许多学生毕业后不能适应社会多样化的需求。如何改变体育人才培养模式，是体育院校领导所面临的重要问题。新一代的体育人才不但要求过硬的体育专业知识技能，而且要有组织能力、管理能力、较高的道德素养、创新精神等。高校在体育人才培养方面，要结合市场反馈，积极掌握市场对体育人才的需求，调整人才培养战略，使其既能适应社会专业职业的需求，又能够体现体育院校的地位和作用。体育院校以及高校要结合自身情况，与企业积极互动，不断改革教育方案，提高教学质量，以达到提高整体办学水平的目的。

（三）人才培养模式的改革与选择

所谓人才培养模式，是教育者根据人才培养的目标为学生设计的实现能力与素质结构的方式，我国人才培养一直采用专才的培养模式，显然已经跟不上时代发展的步伐。随着市场经济的建立，传统的体育人才培养模式已经不能适应社会的需求，学生单一的知识结构也很难选择适合自己的职业，我国高等教育要以综合素质为基础，构建综合素质教育的创新型人才培养战略。高校毕业的体育人才要有良好的基础素质、宽厚的专业素质、较高的人文素养以及适应社会的能力。人才培养模式的选择方面，体育院校的学生只是就业大军中的一小部分，体育院校与综合院校的体育专业还存在着一定的竞争，作为综合院校，可以结合校内的资源共享，进行跨院系选修，给复合型体育人才的培养提供良好的平台，对于体育院校而言就没有这方面的优势，只能跨校选修，不同的培养模式所培养的体育人才是存在一定差异性的，社会对体育的需求是多方面的，许多方面的人才供不应求，但还有一些

专业供过于求。所以，高等院校要结合社会的需求，培养出真正符合社会的高水平体育人才。

（四）加强师资队伍建设

优秀的体育人才离不开高水平的教师及教练员，高校要重视体育教练的筛选与培养，对体育教练的聘任要严格把关，组织和鼓励教师相应地进入市场中来，通过市场机制来有效合理地配置人力资源，形成符合市场需求的劳动用工制度，不断地激发教师及教练的积极性，把薪酬和人才培养的有效性联系起来，形成培养人员激励政策，全面提高师资队伍整体水平，鼓励其参加主体性学术探讨，拓宽教师的知识层面和视野，全面提升教师的整体素质，从而提升教学水平。

（五）培养创新意识

创新意识是人们根据社会发展的需要，创造前所未有的事物的动机。创新是一个民族的灵魂，当今社会，各行各业都需要创新型人才，加强培养体育人才的创新精神，有利于学生毕业后在就业大军中获取竞争的机会。随着经济全球化，以人为本的时代精神要求教育领域必须培养出大批具有创新意识的人才，所以要及时更新教育观念，支持学生的创新发展，就是推动社会的发展，没有机智、灵活、别具一格的工作方法，很难在体育行业中立足，所以没有创新，人类就只能停留在一个水准上，社会也不会前进。综上所述，培养体育人才的创新精神已经成为未来社会发展的必然条件。

二、社区体育文化与高校体育人才培养协同发展策略

（一）社区体育文化建设为体育发展带来的新思考

1.体育消费热与产业转型相融合

在政府引导和企业转型相结合的经济新常态和背景下，社区体育的消费热无疑会拉动国民经济促进内需。大众体育消费是推动经济转型升级的重要力量。基于"健康中国2030"和"体医结合"理念的提出，我国健康产业、社区体育转型和升级、体育消费增长的需求将成为现实。鉴于此，高校体育人才培养应该紧跟国家政策和发展内涵，注重"质"和"量"的提高，着力解决人才培养社会适应性低和课程体系与现实错位等问题。

2. 健全公共服务，增加体育融资

学校体育设施对公众开放及市场体育设施和娱乐场馆的运营投入都对优化全民健身服务发挥着作用。但是，由于地区经济条件的差异和全民健身健康意识的滞后性，导致一些地区场馆和设施还相对较落后，体育融资和投入机制还尚待完善。这样就要求健全健康领域的投入，需要政府的导向作用以及提供平台吸引社会参与。区域发展不平衡的问题需要政府在政策上和资金上给予相对的倾斜，同时要求社会组织和企业对公共健康的履行相应责任，形成多格局和多样化的投资模式。

3. 综合性人才培养与健康多元化协同发展

做好社会健康大数据的采集和开展体质监测，为全民健身运动做出相应评估和建议，针对不同人群和特殊群体应实施有区别的运动处方和健康干预计划。高校是社会智力和科技的重要集散地。全民健康和"体医结合"以及健康干预、社会体育指导等措施的实施需要高校的参与和支持。这提示高校需要输出专业型和高水平，且具有一定社会责任的综合型高校体育人才，同时国家健康战略计划需要多元化，政府、高校、社会、家庭和个人都要有参与意识和义务。

（二）高校体育人才培养逻辑关系与内涵分析

国家和社会对高校体育人才需求度的日益增长，尤其在体育健康服务和体育指导等方面。但与这日益增长的健康服务需求与高校体育人才培养不平衡和不充的矛盾形成鲜明对照的是，我国体育健康和干预指导的人才缺口凸显、水平参差不齐、结构不合理。由此可知，高校发展和培养人才需充分了解人才培养和社会需求结合的位点，掌握和了解人才培养的逻辑性及其潜在关系，积极适应社会和国家对体育多元人才的需求。

1. 逻辑关系分析

社会和国家方针政策为高校体育人才培养社区体育文化建设提供了外在条件，但调动内在活力才是根本。但现在体育毕业生就业过剩和供需矛盾等问题严重影响了高校体育专业的发展。所以，高校体育专业人才培养社区体育文化建设的内在逻辑就是高校自身发展的逻辑。科学的人才培养制度和完善的教学管理是前提，将改革的逻辑回归高等教育的根本，只有这样才能为社会提供优质服务。

2. 内涵关系分析

高校体育专业人才培养的社区体育文化建设主要体现在两方面：一是以市场消费需求为导向，改变传统培养模式和相关课程设置，降低"教育资源"浪费和增加学生的择业选择；二是依据国家发展规划结合自身实际情况，有条件、有计划地改变原有发展观念。鉴于此，高校在进行高校体育人才专业化培养时，需要精准和有效，且要与时俱进以满足人民群众的需要为根本，实现高校体育专业人才培养从"需求侧的拉动"到"学校体育的推动"的转变。

（三）高校体育专业人才培养社区体育文化建设路径探索

1. 理论认识与经验借鉴

我国"健康中国2030纲要"中指出，通过加强体医融合和非医疗健康干预、促进重点人群体育活动等方式来提高全民体质。但"体医结合"人才培养模式的建立尚处于摸索阶段。如何结合社会服务和与时俱进培养优质的体育专业人才是高校值得思考的方面。这就提示我国相关体育大学和开设体育院系学校应该依托现有资源，建立相关教学、科研及临床实践平台基地，为健康中国计划实施提供相关实践经验。同时，合理引进国外相关技术资源和人才培养模式，整合体育资源和完善人才培养模式，以市场需求为落脚点，加强"体医结合"型人才培养。

2. 转型与创新实践

如何增强学生就业能力和创新能力是亟待解决的问题。首先，培养目标应按照市场需要进一步细化，突出特色，增加与现代健康服务业相关的应用型人才培养。其次，从社区体育文化建设的角度分析可知，转变培养方式，拓展选修课范围和加强校际教育资源的互补性强的特点，实行学分互认、资源共享的平台和制度支持。最后，探寻健康产业发展与自身创业就业的契合点。高校在转变和拓展就业渠道的同时，积极发挥学科特色和优势，面向市场为学生搭建创业和"订单式"就业平台，积极探索互联网和大数据背景下的社区体育新模式。

三、体育人才培养方案创新改革发展策略

体育教育专业人才培养模式的构建应该包括对培养目标、课程设置、教学方式、教学手段、教学理念等诸多因素的思考，还应该在充分研究国内外同类专业办学模式的基础上，集众家之所长，既要符合基础教育需要，尤其是要与新的课程标准相适应，也要充分考虑目前毕业生去向的多元化趋势，从而为毕业生就业的多种选择提供优质的前期服务。

（一）进一步明确人才培养目标和培养规格

新《课程方案》在人才培养目标上实现了由"中学体育教师"到"体育专门人才"再到"复合型体育教育人才"的培养观念的重大突破，基本上顺应时代发展的趋势。但社会的发展是动态的，高校体育教育专业的人才培养目标也应是动态的，即一是随着时代的发展有所调整；二是解决当今体育各种综合性问题，进行不同学科间的整合、交叉与渗透；三是培养目标应是多层次、多规格的。因此，我们必须更新教育观念，弘扬与时俱进的社会发展观、以社会发展为导向的人才培养观，根据社会的不同层次、不同规格、不同类型的高级专门人才的需求，调整人才培养目标，科学合理定位，努力培养符合社会当前和未来需要的具有创新思维、宽厚知识、强能力、高素质、广适应的新型体育人才。

（二）调整课程设置，完善课程结构

课程体系是人才培养的载体，是实现人才培养规格和要求的主要手段和途径。转变狭窄的体育专业教育为综合素质教育，加强普通教育和专业教育的融合，课程设置应向弹性方向发展。一是拓展课程体系原有框架。明确课程分类标准、各类课程的比重（学时、学分）。二是整合课程。整合和优化教学内容和课程体系，按照"横向拓宽、纵向理顺、加强实践、调整结构、精简学时"的原则，进行该课程重组和整合。三是突出职业岗位。体育教育专业教学内容体系和课程设置改革在坚持以职业能力培养为中心的同时，必须考虑相近职业岗位群能力培养的需要，更要注意加强学生对岗位及其内涵变化的适应性和职业范围的弹性选择，注重对学生可持续学习能力与基础的充实和培养。四是注意理论教学和实践教学的有机结合，减少纯粹理论讲解和知识传授课程的比例，突出技术型、技能型和应用型课程。

（三）加强专业职业能力分析和调研，完善"专业+方向"的人才培养模式

通过职业岗位设置与分析，了解社会人才市场，完善"专业+方向"的人才培养模式。以社会为向导，以"大专业、小方向、出精品"为培养理念。改变以往单纯以竞技体育为主导，向健身、康复、娱乐、竞技和生活等全方位的育人方向转变。注重学生能力培养，拓宽专业口径，着重培养适应面宽、应变能力强的复合型人才。重视课内外实践活动，加强教育实习和科研活动。

第三节 体育人才培养模式的创新实践

一、应用型体育人才培养模式创新实践

（一）应用型体育人才培养的模式

应用型人才培养的主要目标着眼于服务、生产、管理、建设等方面，重视能力、素质、知识的全面发展。应用型人才培养的教育活动与课程设置都是围绕"培养应用型人才"的目标展开的。体育教学作为高校教育教学的重要组成部分，对大学生的身心发展具有重要作用。相较于其他学科，它具有鲜明的实践性和应用性。同时，当前社会经济发展需要大量应用型人才，因此高校应当结合体育教学的优势特点和社会发展需求，革新体育教学模式，开展丰富多彩的体育教学活动，打破传统体育教学的框架，以学生的个性需求为出发点，切实做到因材施教，充分挖掘学生的体育潜能。此外，还应当根据就业导向及时调整体育教学计划，制定应用型人才培养目标，提升体育专业学生的社会适应能力和就业竞争力。

（二）高校体育应用型人才培养的教学实践策略

1. 提升教师队伍素质

教师是应用型体育人才培养的重要因素，教师队伍素质的高低对应用型体育人才的培养具有直接影响。因此，若要提升应用型体育人才质量，就必

须重视师资力量。应用型人才培养目标要求体育教师应打破传统体育教学模式的束缚，广泛调查和了解体育专业学生的学习兴趣、专业基础、实际需求等，并在实际教学中有机融入社会、心理、能力、人文等诸多领域知识，增强体育专业学生的综合能力。此外，应用型人才培养还要求高校体育教师要不断学习，丰富自身的知识储备，扩大自身文化视野，提升自己的组织、管理和设计能力，增强自身的综合素养。同时，高校体育教师还应当与其他学科教师以及教学管理者沟通，了解学生的实际情况，进而寻找合适的教学切入点。此外，还应当与其他高校的体育教师联系，及时了解最新的体育教学信息，以及社会人才需求，进而制订具有针对性的应用型人才培养计划，增强体育教学的计划性和系统性。

2. 完善教学评价体系

若要增强高校体育教学效率，就必须制定切实可行的教学评价制度，对体育专业学生的专业实践和学习成绩进行科学评价。高校可以记录体育专业学生在各个阶段的专业学习和实践成绩，并对其进行综合分析，在研究与思考的基础上，及时调整体育教学计划，并适时将分析结果反馈给学生，促使学生在之后的体育学习中进行自我修正和完善。需要注意的是，高校教师要及时向学生公布每个阶段和环节的量化分值，使学生明确自身的阶段性任务，并有计划地开展体育学习和锻炼。体育教学评价要求教师将过程性与结果性、理论性与实践性有机结合在一起，增强评价体系的科学性和公平性。

3. 采用多样化教学方式

在培养应用型体育人才的过程中，教师应当充分尊重学生的主体地位，全面考虑学生的兴趣、能力、基础和性格特点，从学生的实际情况出发，并结合社会人才需求，制定多样化的教学方式。例如，可以举办体育文化节，以图片展、知识竞赛等形式帮助学生了解相关的体育心理、知识和技能。或在专业之间、学校之间举办体育竞赛，这一方面可以激发学生的参与热情，另一方面也能够增强学生的实战能力。再如，可以结合社会实际举办针对体育专业的招聘会，帮助体育专业学生了解当前社会对体育人才的各种要求，以便他们进行针对性学习和锻炼。

4. 丰富实践教学内容

传统的体育教学实践模式过于单一，这不仅不符合当前的社会人才需求，不利于激发学生的参与积极性。因此，高校应当丰富体育教学的实践形式和内容，促使体育专业学生主动参与到实践活动中，并在实践中检验和巩固习得知识，将基础理论知识转化为实际操作能力，促使自己逐渐成长为符合当今社会要求的应用型人才。高校不仅要积极开展校内体育实践教学，还应当及时与校外相关企业和单位联系，加强校企合作，为学生提供更多的实习机会和平台。比如，组织体育专业学生到中小学进行体育教学、或到社区进行义务传授体育锻炼技能、在社区开展体育问卷调查等。丰富多样的实践形式一方面能够提高学生的参与兴趣，另一方面也能够多角度提升学生素质。

二、创新型体育人才培养模式的实践途径

（一）高校体育专业教学模式改革是培养创新型体育人才的有效途径

1. 采用操作式教学，培养学生的实践能力

现实社会需要的人才是能干事、会干事尤其是能创造性地干好事的人才。因此，高等教育要面向社会，面向实践，更新教学理念，改进教学方法，培养创新人才。首先，课程设置要适应实践的需要。应当根据形势的变化、实践的发展、社会的需求设计课程，使学生所学为实践所需，学以致用。其次，教材编写要紧扣实践。作为大学教材，既需要有一定的理论深度，又需要紧密联系实际，要有更多有利于培养学生创新能力的内容、实例、方法和经验，使学生通过学习掌握操作的理论与方法、过程与环节，既知其然，又知其所以然。再次，教师课堂讲解和示范要多方式、多手段、多角度。立足长远，着眼当前，把书本的内容具体、生动、形象地讲清楚，既注重能力培养又注意实际操作，既注重课堂演讲又注重实地示范，既注重理论阐述又注重具体动手。

2. 采用开放式教学，培养学生的创新能力

高校体育专业教学过程中，建立民主、平等、和谐的师生关系，使学生大胆交流，敢于创新。教师是课堂气氛的调节者，在课堂教学中，教师应以平等的态度去热爱、信任、尊重学生，满足学生的发表欲、表现欲，鼓励学生大胆创新。在体育学习过程中，提倡自主学习、自主活动的时间和空间，使学生有机会创新。学生在学习过程中，不受教师"先入为主"的观念制

约，有足够的思考时间，享有广阔的思维空间，不时迸发出创新的火花。教师在评价时，实施开放性评价，要树立发展性的评价观，多给予鼓励，诱发学生内在的潜力，切实让学生体验到成功的快乐，通过激励使学生产生积极的情绪体验，保护其创新的热情。

3. 采用激发式教学，培养学生的探索能力

一是用目标激发。在科技竞争日益激烈的今天，高校培养的学生必须具有很强的探索创新能力，没有敢于思考、敢于探索、敢于领先的能力，将难以在激烈的竞争中找到立足之地，也难以在科技创新中有所作为。因此，高校体育专业要为学生确立一定的发展目标，按照设计目标的要求，制定具体的措施和办法，多方式、多渠道地加强对学生探索能力的培养。二是用形势激发。当今世界，谁在科技竞争方面占据优势，谁就在经济、科技和综合国力竞争中掌握主动权。因此，学校要充分利用这种形势，教育学生充分认识压力和挑战，不畏艰难，勇往直前，刻苦学习，大胆探索。三是用需求激发。一个国家要在激烈的国际竞争中占有一席之地，必须拥有大批敢于探索的拔尖创新人才，在各个领域不断探索，只有这样才能促进国家经济的发展和综合国力的提升。因此，高等学校体育院系要教育学生树立强烈的使命感和责任感，树雄心立壮志，为了国家的发展而大胆探索，为民族的振兴而大胆创新。

（二）高校体育专业创新型人才培养的保障措施

1. 加强高校体育师资队伍建设

加强高校体育师资队伍建设，是我国高等教育整体发展战略中的重要组成部分，只有教师具备高素质，才有能力推动创新教育，只有具备创新意识和创新精神的教师才能适应新世纪的挑战，才能在教学中更好地对学生进行启发式、探究式的教育，培养学生的创新能力。因此，教师自身素质与教学观念决定着教育的质量和教育水平。为适应知识经济的发展要求，高校体育院系亟须一支知识结构合理、学术水平高、适应能力强和乐于奉献的师资队伍。

2. 强化学生创新精神的培养和创新人格的塑造

创新精神是创新活动的前提。一个人如果没有创新精神，就难以开展创

新活动。强化创新精神教育，首先，必须强化创新动力观教育，要让学生认识到创新既是民族生存的手段，也是学生个体发展方式的导向，克服甘于守成的思想障碍，培养学生乐于创新的精神。其次，强化创新主体观教育，坚持知难而进、敢于创新的精神。再次，强化创新价值观教育，坚持正确处理个体价值、群体价值、国家价值的辩证关系，走出单一发展的思想误区，培养学生有效创新的意识。最后，强化创新协同观教育，培养学生合作创新的意识。创新人格是创新人才的情感、意志、理想和信仰等综合内化而形成的一种进取力量。这种进取力量通过自身的主观能动性的发挥，变为富有成效的创新实践活动。因此，在创新人格的培养和塑造过程中，要引导学生在自觉中培养自信，敢于迎接挑战的勇气，坚强的意志和能经受挫折、失败的良好心态。美国心理学家韦克斯勒曾收集了众多诺贝尔奖获得者青少年时期的智商资料，结果发现，这些诺贝尔奖获得者中大多数不是高智商，而是中等或者是中上等智商，但他们的创新性人格非常突出，这为他们开展创造性的工作提供了有力的保障。

3. 营造创新型体育人才成长的环境和氛围

创造性来自个人智慧和潜能的自由发挥。因此，要努力建立起一种有利于激发高校体育教育专业学生创造动机，发挥他们创造性才智和潜能的民主、宽松、自由的学习环境；鼓励和倡导学生积极参与各种学术活动和体育教育改革；加强体育教育实践环节，除抓好实验课教学、毕业实习和毕业论文的设计和研究外，还应提倡开放办学，创造条件鼓励学生走出校门，参与社会体育实践活动，如各种体育竞赛的组织和裁判，中小学体育活动辅导和业余训练指导，参加中小学体育教学改革的有关观摩课和研讨课，使学生在这些活动中，将理论知识与实践结合起来，增强他们的感性认识和对体育实践的敏感性，为将来创造性地开展工作打下基础；同时，要开展创造教育知识的讲座和竞赛，使学生了解和掌握创新的思维和方法，注意培养学生的创新精神和良好的创造品质；大力宣传、表彰具有创造精神的学生，奖励具有创造性的学习和科研成果。

4. 将创新意识和创造能力作为学生考核的重要内容

课程考试、教育实习和毕业论文是高校体育专业学生学业考核的三大组成部分。在课程考试中，要改革以往考核的方式方法，加强考题设计的灵活性，重视对学生比较、分析、综合能力及创造性思维的培养；在教育实习过程中，对学生在教学思路、教学设计、教学方法和教学组织等方面所表现出来的创新思想和创造行为给予充分的肯定和积极的评价；在毕业论文的选题和研究过程中，强调求新、求异、求实的思维方式，提倡不唯上、不唯书、不唯师，勇于开拓和探索的作风。

三、"五重型阶梯式"人才培养模式的体系构建

（一）"五重型阶梯式"人才培养模式教学资源体系的构建

1. 更新人才培养方案，建设特色专业培养方案

这就要求学校要使核心主干课程更加明晰，"多能一专"特征明显，师范性更加突出。新的培养方案一是突出了"多能一专"中的"专"的技能培养，新生一入学就开始进行专修；二是师范性的特征更为明显，增设了教师教育必修课程和选修课程模块；三是注重学生实践能力的培养，教育实习由以前的8周改为16周，大大提高了学生的教学技能；四是实验教学改革特色明显。运用教育学、心理学以及体育教学与训练的基本理论，熟练掌握体育教学的基本方法与手段，培养学生具有良好的教师职业素养和从事体育教学、教学研究的基本能力。了解学校体育改革与发展的动态以及体育科研的发展趋势，使学生掌握基本的科研方法，具有一定的自学能力和体育科研能力。要求学生掌握一门外语，能阅读本专业的外文书刊；掌握计算机的基础知识、应用知识和现代教学手段。主要课程设有田径、体操类、球类、武术、运动解剖学、运动生理学、体育保健学、学校体育学、学校教育学、心理学、德育与班级管理、体育课程与教学论、"三字一话"、教育见习、教育实习等。

2. 依托实验教学平台，构建"立体交叉式"的实验教学改革体系

依托"双基合格实验室"的评估，通过"运动人体科学实验室""体适能与运动康复实验室"的建设等，遵循"自主学习、自我训练、自主设计、自主实施与自主评价"的自主创新原则。树立先进的教育理念，坚持"以人为本"，确定"以实验项目为载体，强化专业特色，重视过程培养、综合训练与自主创新"的改革思路与目标。"以实验项目为牵引，强化课程，重视过程、综合训练与自主创新"，通过集约式整合，对多门实验课程进行整合重组，构建"立体交叉式"的实验教学改革体系框架，实现"实验教学、创

新教育与实践教育"三个平台及各个环节的相互交融。重视实践教学环节，逐步完善实验课程建设。

3. 依托教育教学实践基地，完善分阶段多形式的教育实践体系

根据体育教育专业学生成长规律，对学生的培养涵盖专业思想教育，包括理想教育、教学观摩、模拟实习、教育见习、技能训练、综合实践、教育实习和教育研习在内的实践教学内容体系，使学生通过系列实践，在大学四年期间每年均有不同的收获。逐步完成"循序渐进、逐步养成、四年阶梯式"的教育实践组织体系，同时建立稳定的教育实习基地，并强化教育实习与专业实践的管理。

4. 依托课外实践教学活动，完善全方位立体化素质养成体系

学生的自选实践活动包括专业社团活动（老年人保健协会等）与社会实践（如长沙市健身、休闲等机构的体育指导员、教练员）和实验室见习等，建立大学生创新研究会、老年人保健协会、青年志愿者协会、健美操健身俱乐部、街舞协会、体育舞蹈协会等学生社团。同时，组织学生到多个地方开展暑期实践活动，使学生逐步提高在实践中发现问题、在实践中解决问题的能力，逐渐完善和提高自身的综合素养。

（二）"五重型阶梯式"人才培养模式教学保障体系的完善

1. 实施教师能力提升计划，促进教师教学水平

为了加强引领示范，造就一批过硬的教学队伍，坚持以人为本的方针，采取有效措施，鼓励和吸引高水平的教师进入教学队伍，努力优化教学队伍的年龄、知识、学历、职称结构，形成结构层次合理的高素质教学团队。支持年轻教师报考博士研究生，加大对教学人员的培训力度，鼓励继续培训和教育，切实提高教学人员的综合素质和教学能力。同时，在政策和待遇上给予倾斜，造就了一支高质量、高水平、结构合理、相对稳定的教学队伍。

2. 教学管理制度改革，教学管理队伍专职化

实现网上选课、挂牌上课制度，实现一人多课、一课多人、考教分离，教、学双方互评互查。教学管理部门每天进行教学检查，每月开展比课、查课、示范课、研究课活动，每年进行教学比武。教学大纲、人才培养方案、考试大纲、教案定期检查评比。规范学生本科毕业论文开题与写作，强化教育实习与专业实践管理。综合性、设计性和研究创新性实验的比例达到100%，实验室全部对学生开放。

3. 加强教材教学资源开发，建设优质资源

紧跟学科发展前沿，改革教材内容。通过更新、增设专题等方式，将学科前沿知识融入教材与教学过程中，重视培养体育教育师范生的学术性和专业化。学科专业带头人和骨干教师大多参与了国家和省部教材开发建设，经费资助立项编写与体育专业特色建设配套的教材。

4. 加强精品课程资源建设，推进网络课程开放共享

完善体育教育专业课程体系，夯实师范专业基础。按照专业、专项的结构，完善师范生应具备的基础课程、专业主干课程和模块方向课程，申请省级和校级精品课程。建设网络课程，其中涉及理论学科、技术学科。

第四节 "互联网+"时代体育人才培养策略

一、"互联网+"时代体育创新型人才培养体系的构建

（一）确立体育人才培养体系的目标

确立培养体育人才的目标十分必要，只有目标被确立才让体育教学改革中所使用的互联网技术整合到教学改革中去。只有确立目标才能让培养出来的体育人才更具有创新性，更符合当下社会发展的市场需求。这些目标包括培养学生的体育理论知识的学习能力，培养学生自主学习的积极性和自主学习的意识，培养学生的体育道德让学生在从事相关工作后不忘体育对人们的本质，培养学生不断进行锻炼提升自我身体素质的好习惯。

将互联网的优势运用到教学中去的案例屡见不鲜，已经成为当下教育改革的一种趋势。因此，结合互联网的优势，对互联网相关体育教学资源进行整合，并打造互联网教学平台，再配合对体育教学目标、内容、方法及评价指标的改革，构建体育专业创新实践型人才培养体系成为实现上述目标的主要方向。

（二）构建培养体系的方法

运用科学方法可以帮助构建的培养体系更好地实现，使构建的体系更好地达到构建培养体系的目标。研究可使用的研究方法有文献资料法，通过知网、万方、谷歌学术等文献平台查询相关文献，对"互联网+"和体育及健康方面的文献和实践理论进行搜索，为体系构建做好基础。而后使用逻辑分析法对搜索到的内容进行分析，去其糟粕取其精华，将与研究目的无关的内容进行排查，对其中的研究理论和研究方法进行分析，结合其实践结果选择合适的方法，创造构建的培养体系的思路，进而构建培养体系。

然后采用专家咨询访谈法，对我国相关领域研究人员和专业人士进行访谈，咨询其对该课题的看法，同时共同探讨培养体系构建的思路和相关教学平台的建立方案，并寻求相关人士对研究方案进行可行性分析，并提出指导性建议。

最后采用实证研究法对研究制定方案投入使用并观察使用效果，将构建好的网络体育教学平台公开投放到网上，并让学生参与其中，然后定期检查观察使用情况和效果，最后对收集来的结果进行总结分析，为正式投入使用前提供修改的参考依据。

（三）通过建立教学平台实现创新型体育人才培养体系的建立

构建体育创新型人才培养体系的主要目标就是通过建设互联网教学平台来改革对学生的学习方式，因此建立相应的互联网下的教学平台是构建体育创新型人才培养体系的首要任务。打造一个优秀的网络教学平台，需要进行如下操作：首先对相关文献和资料进行查询和整合，确立资源的体系。文献内容包括体育和健康两个方面及两个方面的联系。而后通过互联网建立教学服务平台，并确立体育教学的课程内容体系，然后在所建立的网络教学服务平台上分设教学所需的功能模块。例如，生理健康知识资源模块、运动健身教学资源模块，中西医养生教学资源模块、比赛视频模块、体育微课教学视频模块、体育课件资源模块、体育资讯模块以及师生互动等模块。

在"互联网+"的时代，其最大优势就是可以共享学习资源，同时可以让学生自主选择时间进行学习，让学生的学习在任意时刻都可以进行。通过让学生在建立好的网络教学平台上自主的学习，进而构建出让学生通过网络教学平台自主创新性的学习方式的体育创新型人才培养体系。让学生在培养发展自身兴趣爱好的同时，更多地吸收新的体育理论知识，不断开发学生的创新性。

（四）对教学方式进行改革来实现创新型体育人才培养体系的构建

在"互联网+"的时代背景下，在建立网络教学平台的基础上对教学方式进行改革并取得成效的案例数不胜数，其中最为主流的教学方式就是翻转课堂。翻转课堂通过教网络教学服务平台的功能，教师将教学中用的学习资料包括音频视频和相关文档等上传到其中，然后让学生进行学习，而后教师在课堂上对学生学习中遇到的问题进行集中的答疑。这种方法有效地提高了学生学习的兴趣和主观能动性，让学自由利用自己的时间去学习，并且也一改以往以教师为课堂中心的教学方式，让学生作为课堂中的主导者，将教学中的服务对象更加偏移到学生身上。

在体育课上教师可以使用体验教学法和个性教学法等多种教学方法对学生进行教学，让学生可以积极地融入课堂中去，在参与多种形式的课堂中找到课堂活动的乐趣，体会体育教学的本质。学生还是可以选择在不同的网络教学平台上与自己兴趣爱好相关的项目，选择自己喜欢的教师。在网络教学平台上，教师通过平台对学生的学习进行管理，同时随着各教学方式的改革，教师可以余留更多时间来关注对学生创新能力的培养，将更多的时间用在改变实训课堂的教学方式上。以此，在建立网络教学平台的基础上，配合教学方式的改革，进而构建一种教师更多地为学生创新性服务的体育人才培养体系。

二、"互联网+"与高校公共体育教育人才培养融合策略

（一）完善高校公共体育教学基础条件，增加信息技术设施的投入

完善体育教育教学的基础环境，注重信息化条件下的课堂教学模式改变与创新。完善与建设信息化教学资源和设备是教师能够进行教学改革的基础与前提。只有增加各个场馆、场地的互联网技术与设备，才能保障教学的顺利进行。可以在场馆一端安装投影屏幕，教师可以借助信息化设备进行教学，还可以制作动态技术示范图，让学生可以更直观、更清晰地学习，有效建立起动作概念定型。另外，还应该为教师进行培训与继续教育学习活动。时代变化与发展速度之快，给一部分年龄大的教师带来教学上的困惑，而如何更好地运用信息化技术、更好地与之融合，不仅仅是年龄大教师的困惑。

（二）合理融合传统体育教学与互联网时代下的公共体育教学

首先，教师应该运用好当前时代的互联网技术，将其用到体育教学中去。改变以往教师讲解、示范、纠错与指导的"一言堂"教学模式，可以将要讲解的内容投到大屏幕上去，结合生动的画面，将其呈现在学生面前，教学效果会达到事半功倍的效果。其次，教学内容的更新同样是发展学生的快速奔跑能力，不一定非得跑50米才行，完全可以结合当前娱乐节目中的"撕名牌"活动，穿插在课堂之中，既完成了任务，又激发了学生兴趣，教学内容要符合时代特点和要求。最后，课堂教学形式要随着信息化技术的改变而改变。比如，教师拿着本进行点名，浪费了时间，又不一定准确无误，完全可以制作点名二维码，设置每部手机只能登录一次，学生打开微信平台通过扫描一下，输入姓名、学号即可完成登录。学生相关信息即可通过信息化技术呈现给教师，既节省了教学时间，又保证了出席人员核查的准确性。其实，评价考核、终极考核、成绩查询等，均可以实现互联网技术的开放化。

（三）互联网技术与高校体育校园文化建设的融合

校园体育文化是宣传体育精神、体育道德、体育素养等方面的文化建设。旨在营造一种人文体育精神，塑造良好的热爱体育活动的校园体育氛围和体育文化。通过平台可以进行宣传，运用推送知识、有奖作答等活动，达到建设校园体育文化目的。另外，还可以利用校园广播、体育画报、体育明星头像的张贴、重要体育赛事时间表的公布等，进行校园体育文化的宣传。

（四）互联网技术与高校公共体育场馆、场地开放信息的融合

一所高校对体育教学方面的投入就是修建体育馆、体育场等各个项目类的场地设施等。一方面是学校硬件设施所需具备的，另一方面是对公共体育教育教学的支持与投入。学生在课余时间不愿意到场馆锻炼，原因有以下几方面：第一，场地费用高。学生群体本身就是无收入群体，在运动方面进行投入，至少在中国大学生群体中还没有形成固定观念。可以降低学生使用场馆的成本，促使学生利用休闲时间进行体育锻炼，增加场馆使用率。第二，严格把关学生体育测试。有学科考核标准和任务要求，会很大程度上限制学生偷懒、逃课现象，无形中也会督促学生利用空闲时间进行体育锻炼。提高高校体育场馆、各大场地的利用率还可以利用互联网信息化技术，通过开通软件平台业务、创建场馆信息公众号让学生了解各大场馆、场地相关信息。

第七章

体育教学改革实践创新

第一节 体育教学评价的改革策略

一、基于 DEA 模型的高校体育教学评价改革

(一)体育教学评价和 DEA 模型的基本概念

1. 体育教学评价的概念

"评价"一词,在《辞海》中的解释为衡量人或事物的价值。价值是指一种事物能够满足另一种事物的某种需要的属性,换言之,一种事物能满足某种需要的属性即为该事物的价值。"教学评价"这一术语的概念较多,但有一个相对比较全面的概念,并且众多学者基本上都是在此基础上进行深入理解:教学评价是指在教学过程中依据教学目标,有计划、有目的地观察、测定教师和学生学习的种种变化,根据这些变化对照教学目标、教学计划、教学效果、学生的学习质量及个性发展水平,运用科学的方法做出价值判断,进而调整、优化教学进程,促进学生达成教学目标的教学实践活动。[1] 由众学者的观点来看,可以把教育评价的概念归结为依据一定的标准,在系统、全面地收集、整理和运用教育信息的基础上,对教育活动的过程和结果进行价值判断,以做出相应改善和调整来促进教育活动的过程。体育教学评价被看作教育评价的重要组成部分,并且是教育领域中一般评价活动的一种具体体现。[2]

---

[1] 孙宏安.关于教学评价概念的一个注记[J].大连教育学院学报,2015,31(2):1-3.
[2] 翟苏莹.教育评价概念探析[J].齐齐哈尔师范高等专科学校学报,2016(2):27-28.

2.DEA 概念

数据包络分析（Data Envelopment Analysis，DEA），是数学运筹学、数理经济学、管理科学和计算机科学的一个新的交叉学科。[①] 它是查恩斯和库伯等人于1978年开始创建的，并被命名为DEA；第一个模型是CCR模型，随后，1984年，等人从公理化的模式出发给出了另一个DEA模型——BCC模型。最为经典的模型有CCR，BCC，FG，ST。简言之，DEA模型就是通过把搜集的评价指标的实际数据输入软件包，然后模型自动生成一个最优的临界值，并把每个被评价对象与最优的临界值的距离计算出来，从而根据每个被评价对象与最优临界值的差距来判定其优劣，也就是最终的评价结果——相对有效性。

（二）当今我国高校体育教学评价改革的动因分析

1.国家政策的支持

2017年颁布的《国家教育事业发展"十三五"规划》明确指出："高等教育要深化本科教育教学改革，改进教学评价机制和学生考核机制。"从这一文件中，我们可以看出国家对教育改革的殷切期盼与支持，并且高等教育主要是用来培养高质量人才，教学评价作为教学过程的最后一个部分，不仅对教学质量进行评价，同时对整个教学过程的提高具有促进作用。

2.新时代的要求和召唤

这个新时代，是承前启后、继往开来、在新的历史条件下继续夺取中国特色社会主义伟大胜利的时代。同理，当今时代的主要旋律就是进行改革和创新，因此在教育领域，我们也要继往开来、不断开拓创新，只有这样，才能适用新时代，才能取得教育事业伟大征程的胜利。

3.现有的体育教学评价机制存在问题

事物的发展是一个曲折的进程，总是在发现问题、解决问题的过程中得到发展。当我们发现问题后，若能及时解决，必能取得质的进步。在本

---

① 张晓明,王应明,施海柳.考虑非期望规模收益的创新型企业并购决策[J].运筹学学报,2018,22（1）:42-54.

研究中的第二部分,已经对我国高校体育教学评价的现状进行了论述,也归纳总结出我国高校体育教学评价存在着四个方面的问题:对体育教学评价的重视程度不高、评价主体比较单一、评价方法欠缺科学性和评价的内容不够全面,这一系列显露出来的问题说明高校的体育教学评价机制急需解决。因此,现有的体育教学评价机制存在问题是我国高校体育教学评价改革的动因之一。

(三) DEA 模型用于高校体育教学评价的可行性分析

DEA 方法与传统体育教学评价方法的相同点:其一,都是为了进行相对有效性评价,提高各单位(教师、学生、企业、学校等)的积极性。其二,都是为了优化,即通过评价,发现各决策单元的现状及不足,从而找到改进措施。其三,都是评价具有多个投入和多个产出的复杂系统。

DEA 方法与传统体育教学评价方法的不同点:其一是传统的体育教学评价方法需要对各指标进行权重的赋值,然后才能得出评价结果;然而,DEA 方法不需要任何权重假设,而是把搜集的决策单元的输入和输出原始数据输入软件包,软件包中的模型可以直接求出最优的权重,并确定出了生产前沿面,排除了很多主观因素,具有很强的客观性。其二是传统的体育教学评价方法对各评价指标判断后,要进行大量的统计、计算工作,才可以得出评价结果;然而,DEA 方法把投入指标和输出指标的数据输入软件包后,就可以直接明了地显示出来各决策单元的相对效率是否有效,即可以省略烦琐的计算、分析过程,直接看出各决策单元需要优化的指标。

从现有的体育教学评价方法及发展趋势分析:变革课程评价是打通中国基础教育课程改革"瓶颈"的关键,丰富发达的评价理论必将推动评价实践的发展。[①] 体育教学评价的价值取向由"目标取向"走向"过程取向"和"主体取向"。而且体育教学评价方法已经由质性评价取代量性评价走向质性评价与量性评价的完美结合。普通高校的体育教学评价方法的改革趋势是人性化和客观性。

从 DEA 方法的功能分析,此方法来进行体育教学的评价比较合适。DEA 在避免主观因素、简化算法、减少误差等方面具有很大的优势。[②] 从体育教学评价的过程来看,体育教学评价的整体趋势是既需要定性评价,也需

---

① 田迅,李林.课程与教学评价的发展趋势[J].现代教育科学,2011(2):112-114.
② 李亮亮.泛珠九省区金融资源配置效率的实证研究[D].海南:海南大学,2015:11.

要定量评价，但是体育教学本身就是一个复杂的过程，如果采用现有的评价方法或多或少地会掺杂主观因素，从而导致评价结果的不真实。DEA 的核心思想是将各决策单元与所估计的生产前沿面进行对比，识别出低效率决策单元，并显示出每个决策单元的效率值，本质是判断决策单元是否位于生产前沿面上。从 DEA 操作角度来看，此类软件包（已经有 DEAP2.1 版本）操作简单，只需预先进行建模，把各决策单元做好标记，然后把收集的投入和输出数据输入模型，就可以直接得到评价结果。

二、"以生为本"的公共体育教育评价改革策略

（一）开展"以生为本"体育教育评价的重要意义

1. 为公共体育评价提供了正确的指导思想

对于高校体育教学活动来说，如何能够进行合理、科学的评价是体育改革过程中最难的问题。而"以生为本"的理念是能够有效解决此问题的重要方式，为促进高校公共体育教育的可持续发展提供了正确的指导思想。

2. 确定了公共体育评价的改革目标

根据多年体育改革实践过程可知，高校公共体育教育的指导思想已经从传统的"增强体质"升华到目前的"健康第一"，这标志着目前对国内高校公共体育改革更接近体育发展的本质。"健康第一"的基本出发点是要坚持"以生为本"，是体育教学过程坚持落实科学发展观的具体体现。由此可知，"以生为本"的科学发展观为高校公共体育教学评价改革指明了方向，确定了改革的基本目标。

3. 加快了公共体育评价改革的步伐

对高校公共体育教学评价进行改革，是为了推动高校体育事业持续健康发展。我国体育教育改革之所以能够顺利开展，表现出良好的发展势头，关键在于"以生为本"理念的提出。同时，在高校公共体育评价中坚持"以生为本"，建立全新的评价体系，既能够有效推动体育事业的可持续发展，也是落实和贯彻科学发展观的重要体现。

4.落实科学发展观的重要体现

国家要实现可持续发展，必须全面落实科学发展观。科学发展观的基本要求是将以人为本贯彻到社会生活的各个方面和各项工作中，从具体实事、小事做起。在渗透到高校公共体育教学评价中，就是要坚持"以生为本"，建立全面、合理的全新公共体育评价体育，推动体育事业健康稳定发展。

（二）现行公共体育教学评价"以生为本"缺失的具体表现

1.公共体育教学评价体系价值取向"以生为本"的缺失

目前，公共体育教学评价体系价值过度重视体育教育评价管理功能，忽略对学生发展功能的评价，使体育教育评价成为教育管理的工具。传统教学评价体系过度重视教育的目标导向，忽略了对学生真正需要的评价，导致学生学习积极性和兴趣难以被激发出来，如果让学生带着沉重的心理负担去学习，极大压抑了学生的激情和创造性。

2.公共体育教学评价内容"以生为本"的缺失

由于受到传统体育教学模式的影响，国内体育教学内容通常以技术教学为主，通常采用竞技运动的教材体系，竞技内容在评价时所占成分重，比重高。目前，高校公共体育对学生的评价通常包括下述几方面：平时成绩、理论成绩和技术成绩，三者的分值分布比例分别为20%、20%及60%。由此可知，对于学生的评价主要是定量评价，技术评价比重很大，虽然进行了多次体育教学改革，然而这种评价方式仍然一成不变。由于评价过度重视技术动作的标准性、规范性和质量性，由于不同同学体育素质的差异，部分同学难以有效掌握和完成标准动作，这就导致部分学生对体育课失去兴趣，甚至出现了厌烦的现象。

3.公共体育教学评价方法"以生为本"的缺失

随着"健康第一"教学理念的提出，越来越多的人认可这种教学理念，并积极对体育教学活动的各项内容进行改革，如体育教学方法、教学内容及评价体系等。然而现实中体育教学实践改革与"健康第一"教育理念仍然存在较大差别。大学生经过小学、初中、高中等时期的传统体育教育，没有形成对体育课强身健体及人文精神的追求，反而发展出一定程度的厌学及担忧心理。然而在各类大型比赛中，大学生在电视屏幕前狂热与体育教学过程中的严肃形成了明显的反差。究其原因，关键在于目前高校公共体育教学仍然围绕体育考核进行，学生也是为了成绩合理而被动学习，公共体育教学评价内容的不科学、不合理极大地打击了学生参与体育运动的积极性和兴趣，学生对体育的狂热和激情在"应试"模式中消失殆尽。由于目前国内公共体育教育评价仍然是采用应试教育的定量评价方法，表面看十分公平，但是评价方法单一，难以有效反映学生的真实情况。尤其是对学生心理、态度、方法及创新能力等都缺乏翔实的判定。

4. 公共体育教学评价主体"以生为本"的缺失

教学评价的主体通常包括两层意义：第一，体育教学课堂的主体性。传统的体育课堂评价主体过于注重教师课堂效果的评价，对学生的评价往往忽略。"以生为本"的体育教学评价应该充分重视学生主体，确定对应的主体性的课堂评价标准，要同时重视师生双方的共同活动，摒弃传统教学评价仅注重教师的偏向性。第二，体育教学评价的主体性。传统评价模式对学生的评价通常由体育教师一人说了算，学生没有任何自主性，只能被动地接受教师的评价结果，也没有参与评价的权利，一直都处于十分被动的地位。

5. 公共体育教学评价标准"以生为本"的缺失

传统的公共体育教学评价通常采用统一的评价标准，以标准化要求作为评价学生体育课的唯一手段，采取这种评价标准，限制了公共体育多样化的发展，必然会影响学生的发展，压制了学生个性的发展。同时，这种统一标准评价模式注重的多是结果，忽略了学生在公共体育学习过程的基础特长和努力的过程，极大地打击了学生学习的积极性。

（三）"以生为本"公共体育教学评价改革策略

1. 公共体育评价价值取向

人本化公共体育教育评价的内容和标准属于集体行为，与体育主管部门和领导者的意识具有十分重要的关系，教师和学生通常仅是教学目标的执行者。因此，公共体育教学评价的内容和标准的设置要符合学生的实际，相关部门和领导者在制定评价体系时，一定要认真组织，深入研究。在新的"以生为本"的理念下，教学评价必须要重视学生的主体，不能走过场，流于形式。

2. 公共体育教育评价内容全面化

在对公共体育教育进行评价时，在坚持"以生为本"评价时，也要重视对教师和学校的评价，实现评价内容多元化。对于学生的评价，不仅要评价学生体育技能的掌握情况，也要评价学生通过体育课的学习，体育理念、综合素质的变化情况，评价时要尊重学生的个性，充分体现公共体育教学"以生为本"的基本理念，以便能够从学生受教育的各个方面全面对学生进行评价。除此之外，还要对学校和教师进行评价，对于教师的评价，既要评价教师的体育教学效果，还要评价教师的体育理念和体育素质；对于学校评价，既要评价学校的体育硬件设置，也要重视软件建设，特别是对学校为学生提供的体育氛围等。

3. 公共体育教育评价方法多样化

公共体育教学的评价方法多样化，要坚持"以生为本"，要能够根据学生的个体差异、兴趣及风格等采取多元化的评价。注重不同学生之间的个体差异，改变传统的单一考试及评价标准评价学生，应该根据具体的评价目标、内容等针对学生的具体情况选择成长记录、活动报告等评价方法，同时有效地将这些评价方法结合起来，取长补短，统筹运用。具体来说，可采取下述几种评价方法：第一，自我评价与他人评价相结合的评价方法；第二，终结性评价与形成性评价相结合的评价方法；第三，定性评价与定量评价性结合的评价方法。

4. 公共体育教育评价主体多元化

目前，对于公共体育教育评价都是以教师为主的单一性主体，这种评价方式相对片面，难以真实客观的评价学生的体育成绩。由于教师是管理者，学生是被动地接受知识，因此在体育教学评价中没有主动权，只能被动地接受教师的评价结果。基于此，应该让学生参与到评价中来，通过学生参与评价提高学生的主体地位，通过学生的自我评价和互评，不仅能够让学生深入了解自己的学习情况，还能促进师生的交流与沟通，形成民主、平等的评价关系，既确保了评价的合理性、真实性，也能使学生从心理认同评价结果。

5. 公共体育教育评价标准多元化

对于每个学生来说，由于成长的环境、背景、个性特长、兴趣爱好等方面存在一定的差异，公共体育教学采用单一的评价标准难以客观、全面地评价每个学生，因此，采取多元化标准对公共体育教学效果进行评价更完善、更科学。制定的评价标准要充分考虑学生的个性，体现以生为本的教育理念，除此之外，还要充分考虑公共体育评价标准设计的公平性、规范性、可操作性及不同学生个体差异的适用性等，建立合理、完善的评价标准，以使公共体育评价结果具有更好的可信度和公平度。

第二节 体育教学改革的创新路径

一、终身体育理念下的体育教学改革创新

（一）落实高校"终身体育"必须坚持"以人为本"为指导思想

"以人为本"的指导思想是科学发展观，是教育工作理念的实质和核心，也是大学贯彻教育工作指导思想必须发展的思想和核心。根据调查显示，高校里绝大多数学生喜欢各种运动，但不喜欢上体育课。这种现象充分反映了高校学体育教学的现状是与学生的日常生活背道而驰的。

体育作为人类社会活动的一种形式，它应该是有趣、有用和有效的社会活动。快乐的体育活动所得到的体验应该是深刻的，因为大多数体育活动都能激发人们的兴趣。通常对某种活动感兴趣的人们可以形成相对稳定的心理倾向，因此可以主动调整自己的主观能动性、创造力和毅力，这对养成良好的运动习惯至关重要，也就是俗话所说的"习惯成自然"。一旦体育成为人们生活中不可或缺的重要组成部分，它就可以陪伴他们一生。

体育学校中强调"以人为本"有两层含义：一方面高校体育教育的主要目标是帮助学生健康成长，而最终目标就是让学生成为才华横溢的社会栋梁之人才，并让他们过上人生后 50 年的健康生活。另一方面做好体育教育必须充分调动学生的积极性与主动性，努力提升学生在大学体育学习中对自己的要求，掌握一至两种运动技能，形成良好的运动习惯，将"终身体育"融入学生的心中。高校以人为本的体育思想是在充分尊重和肯定人性和对人的潜在智慧的信念的基础上，以调动人的积极因素，充分激发人们的创造力。

以人为本的教育理念是以学生为动力，为学生在校园积极营造良好的体育文化环境，对每个学生的个体差异应做到充分的尊重，针对学生的个性发

展做到重点强调，促使学生体验到生活中的价值同生活中的幸福，培养学生成为一个完整的人。这种教育理念应该源于学生的真实生活，满足他们对健身和娱乐的渴望，调节生活节奏，信任并依赖学生。学生不仅是体育教育的对象，也是体育教育的起点和目的，所以必须更合理地把体育同整个终身教育联系在一起，应努力使其与发展智慧、高尚的品质、行为的艺术和良好的社交等更密切地维系起来。弘扬"以人为本"的体育理念是现代高等教育的核心价值所在，也是对不同层次的学生的内部需求进行满足。

（二）落实高校"终身体育"实践和行动的具体措施与方案

1. 体育课程建设应当着重突出学生主体性

课程改革是当前高校体育改革的出发点和目标。为尽快落实"终身体育"的教育目标，有必要改革现有过时的课程目标，改变体育课教育现状，即改变学生现在不了解、不想学、不喜欢学习的现状，逐步接受"终身体育观"作为自己学习的指导思想。学生在学校教育的不同阶段接受不同程度的教育，但其自身的主体性始终未曾改变，学生必然是学习的主体，在体育课教学过程中，学生在教师的辅助下，依旧维持自身是体育学习和实践的探索者和发现者的身份，这也是主体地位能够稳固的内在依据。

体育课程教学过程中发挥学生的主体地位，必然要发动学生的能动性、创造性以及独特性等主体性的品质。努力创建以学生为主体、为中心的课程体系，积极拓展校外体育课程资源，完善志愿体育计划和体系。使学生充分认识大学体育与终身体育之间的联系，并建立尽可能多的师生学习模式，让学生至少掌握两种运动技能并加以激发。当学生主体价值被持续关注，其体育潜能才能被持续开发和利用，个性得到全面发展。这样才能培养学生的热情和创造力，养成良好的锻炼习惯，过上健康优质的生活。

2. 体育教学内容要逐步健身与娱乐化

如今尽管许多高校在理论上已经了解了终身体育的重要性，有些高校甚至通过改革形成了更好的课程，但一些高校正在强调完全按照竞技体育的要求运营这些课程。学生的日常健身和娱乐计划之间存在很大差距。因此，在高校体育课教学过程中，兴趣教育应是重中之重。因为高校体育课教学的主要目标就是促进学生养成正确的体育观念，培养他们高品位的体育爱好。

高校体育教学应从实际的情况出发，合理安排部分学生感兴趣的休闲运动，如武术、气功、瑜伽和其他传统体育运动，因为这些项目不需要很多空间和资金投入。此外，各高校还应对一些专用运动场设施及现代时尚运动内容进行一些必要投资，如网球、家用健身器材、攀岩和悬挂式滑梯等，以适应不同爱好和不同性格的年龄人群。这样就能较为充分地满足不同生活水平和不同爱好的学生从事体育锻炼和健身，在运动锻炼中通过出汗实现健身目的，获得幸福感。

3. 体育课项目选择应多样化

目前，高校体育课程的教学内容比较单调，缺乏个性化和多样化。各学校通常根据竞技体育进行组织，并根据竞技体育的结构内容进行排列。我国尽管进行了多年的体育教学改革，但并未发生根本性的重大变化。高校体育课教育内容与中、小学基本类同甚至是重复。因此，有必要根据各学校的体育设施和学生的实际情况创造条件，并制订各种教育计划以满足不同学生群体的需求。比如，可以要求学生根据自己的兴趣和爱好，从大学的第一年开始，在每学期选择一个适合自己的运动项目。这样几年后，他们就可以较为熟练地掌握 1～2 种体育锻炼具体方法与技能，养成爱好并增加对运动的兴趣，直至形成持久与良好的运动习惯。此外，多样化的项目环境可以为学生提供更多的锻炼选择，极大地增加他们学习的热情，充分尊重和发展他们的个性。随着时间的流逝，"要我学"就会变成"我要学"，自觉锻炼的心理倾向会越来越强，这对学生终身体育锻炼的发展有积极影响。

4. 体育课程评价方式要多元化

目前，高校对体育课的评价大多采用最终成绩作为对学生的主要评价方法。这种评价学生成绩的内容和方法，重点是偏向的，所以是落后的。此评估的缺点主要是由于评估与课时同步结束，无法在教学过程中提供及时有效的反馈，也无法帮助师生按时提高教学效果。所以，高校体育课程评价应当是定性评估和定量评估相结合。体育教学作为一项复杂的教育活动，具有许多方面的不确定因素。例如，学生的态度、身体素质、心理素质和其他指标不能通过定量方法来确定。所以，他们能够完成的体育锻炼强度和运动负荷是不尽相同的。体育课教学中如果忽略这些定性指标，则体育教学评价是不完整和不够科学的，所以有必要将自我评估与其他评价相结合。

一般传统的学生评价主要由教师来进行，但从现代教育的角度来看，学生的自尊心也是不可忽视的重要因素。学生对自我的评价更能提供有效的信息，这也应该是大学体育教学目标的要求。此外，还应将统一性评价和多样性评价进行必要的整合。统一评价是对学生的知识、技能和身体能力的统一评价，而评价的多样性始于学习者的发展兴趣，同一学习目标可以在不同时间以不同的方式进行评价，最后应将成果评价与过程评价有机整合起来。由于学生家庭背景、心理水平和身体素质等不同，不可能要求所有学生都达到相同的锻炼效果，所以在最终评价结果时应更加注意运动过程的评价以及运动的客观效果，相应软化对运动成绩的评价。这样就能测试学生是否可以通过运动从原来的基础上得到发展和提高。这是"以人为本"的体育理念要达到的最高境界和水平。

5. 高校体育课教学还应积极探索"俱乐部"式教学模式

体育课的"俱乐部"教学模式是我国高校体育课程改革新形势情况下诞生的一种符合时代发展的全新的体育授课方式。在高校体育课教学中，运用"俱乐部"式教学模式，符合现代高校体育课程教学方向，同时可以贴合社会实际的需要，完善主体的需求，同不断进步的社会发展形势接轨，这将会产生极大的社会经济效益。高校必修体育课的消失并不意味着这些学校不关注体育运动，只是变得不再强迫学生参加"填鸭式教学"这类的体育课，让对某些体育项目感兴趣的学生参加与学校俱乐部有关的活动，这样有才华的学生将在俱乐部中脱颖而出，并有机会参加较高水平的体育比赛。

"俱乐部"式教学模式是众多的体育教学模式中的一种，其本质的发展方向依然是为了大学生体质健康的提升作保障，同时兼顾大学生体育文化素养的培养，以达到终身体育锻炼思想在大学生群体内部的根植与生长。高校体育课教学中运用"俱乐部"式教学方式，并运用此学习模式让学生可以根据自己的爱好选择课程，这也是对"以人为本"教育理念的最好诠释。它有助于建立学生的信心，最大化他们的个性，释放他们的潜力，增强他们对运动的热情，并倡导"健康第一"。

6. 大力提倡和加强体育课程的网络教学法

直至今日，人们充分认识到了网络教学的重要性。时代在前进、科技在进步、网络在高速发展。互联网普及时代在搞好面对面体育教学的同时，体育课程教学还要充分利用网络资源，展示网络科技的魅力。例如，通过在网上公开授课内容和电子教案，使学生能够及时了解课程的进展情况，并进行有针对性的预习，达到教师和学生间的互动教学。此外，通过播放教学幻灯片还能将复杂技术充分分解，使学生对体育教学产生更加浓厚的兴趣。

二、素质教育视野下的体育教学改革的路径

（一）树立素质教育观念

在素质教育视野下，学校要加强学生的素质教育，将学生对体育的热情放到体育教学中，让学生在大学中有充分的时间进行体育学习。教师在教学过程中要积极调动学生的积极性，使学生对体育产生浓厚的兴趣，这就需要体育老师能够认真教学，手把手地来指导学生，对学生进行相关知识的传授，同时要监督学生进行体育训练。大学也应该改变原先分数至上的观念，重视学生的体育教育，这样才能培养全面型人才，从而促进我国的体育事业的发展。

（二）改变传统的教育方式

大学要进行体育改革必须改变教师的传统教育模式，教师要根据学生自身的特点进行教学，不能仅将传统的知识传授给学生，在教学的过程中，教师要找到适合的教学方法，为学生传授知识的同时交给学生体育精神，这会极大地提升学生对体育的热爱，教师也可以通过分组训练的方式来培养学生的团队精神，合作意识。新的体育教学模式要求教师要认真教学，将体育与实际相结合，使学生认识到体育的重要性。[1]

（三）营造良好的课堂氛围

在传统的体育教学过程中，教师一味地传授体育知识使课堂上毫无生机，而现在需要合适的教育方式使学生可以有很高的兴致来进行体育学习，这不仅可以使学生学到体育知识，也会使学生对体育的兴趣提升。教师在上课前可以进行适当的符合体育的趣味活动，使学生在上课开始就沉浸在这门课程中。教师在体育的教学过程中，也要进行相关知识的提问，这可以使学生在课前以及课后学习相关的知识，在教学的过程教师也可以考虑通过幽默的方式来活跃课堂氛围，在轻松的环境下学生的学习和接受能力都比较高，这不仅可以使学生感受到体育的魅力，还可以使自己的身体素质得到提升。

---

[1] 连洋.素质教育视野下的大学体育教学改革实践路径研究[J].黑龙江高教研究，2016(6):82-84.

三、新媒体信息时代下新型高校体育教学改革

（一）新媒体在高校体育教学中的作用

目前，我国高校体育教学方式和理论教学基础大多数都是参考国外一些著名教育家的相关理论。在教学过程中，占据主导地位的是教师，学生都是被动地接受知识，学习热情基本上是被压制着的，缺乏学习主动性和积极性。新媒体的教学方式主要以信息技术为引导，可以根据学生的实际学习情况来开发与之相对应的教学内容。目前，高校运用新媒体的频率越来越高，开始注重健康第一的指导思想，开始从学生的兴趣入手，全方位提升体育教学质量。

1. 传播体育文化知识

校园传媒有着自己独特的传播方式，可以通过校报、校园广播、校园电视等传播手段全方位、多角度地向师生传送最新的体育热点资讯和体育文化知识，提高了体育教学效果，使学生能够在第一时间掌握最新的体育资讯，丰富了学生的体育知识和体育技能。

2. 传承体育文化

新媒体是传播先进文化最重要的载体，可以通过各种媒介对学生进行体育文化宣传和渗透，还可以播放一系列的视频短片，使学生能够充分了解校园体育文化，扩大校园体育文化的影响力，激发学生进行体育锻炼的热情。

3. 弘扬体育精神

通过新媒体播放我国运动健儿在运动场上的精彩瞬间，可以激发学生的民族自豪感和爱国热情，引导他们树立正确的世界观、人生观、价值观，形成良好的体育道德风尚。

（二）新媒体时代高校体育教学面临的问题

1. 新媒体教学的优势得不到充分发挥

高校的体育教学基本上都是课外的互动教学，课内的理论教学课程较少，教师很少有机会利用网络资源对学生进行教学，甚至没有教师使用新媒

体进行教学，新媒体教学的优势没有得到充分发挥。

2. 体育教学资源较少

我国网络体育课程的起步较晚，教学条件仍处于发展的初级阶段，对于开发体育多媒体网络科技业务的要求也比较高，导致我国现阶段的网络体育教学资源较少，教学效果不理想。

（三）利用新媒体推动高校体育教学改革的策略

1. 改变陈旧的教学模式

目前，我国越来越重视高校的体育教学，以保证学生的身心健康。因此，对教学手段、教学理论、教学内容、教学方式都进行了全面改革，将新的理论和实践方法应用到体育教学当中，以促进高校体育教学的长远发展。首先，教师可以在课堂利用多媒体设备生动形象地展示出各项体育运动的发展历程。其次，通过微信公众平台加强教师和学生之间的交流，学生可以将自己感兴趣的学习内容传达给教师，使教师在授课过程中更具有针对性。最后，利用多媒体平台对学生进行考核和评价，考察学生的体育能力，发现动作不规范时，教师要及时纠正，并向学生讲解正确的锻炼方法。

2. 营造积极的校园体育文化氛围

校园传媒掌握着学校的舆论导向，可以利用校园传媒营造一个良好的校园体育文化氛围，要将体育文化放在校园文化宣传的主要位置。高校要关注一些国际性的体育赛事，可以利用多媒体设备对赛事进行转播，让学生在亲切、轻松、和谐的氛围中对赛事展开讨论。同时，不断宣传正面信息，舆论干预必须做到及时、有效，让学生在校园中能够充分感受到体育文化氛围。

第三节 体育教学改革的策略分析

一、体育教学方法改革策略

（一）及时更新教学内容，强调"精""实""新"

高职院校在体育教育专业的教学内容上要做到与时俱进，并针对自身教学实践的不足之处进行及时完善、补充，这样才能够提高整体的教学效果。教学内容的更新可以分成三个部分进行。

首先是"精"，所谓的"精"就是把体育教育专业课程中的一些内容进行精简、合并，以此来提高教学效果。例如，把一些原本是必修课程里的内容（如体育学）和选修教材中的体育史进行整合，这样既可以避免教学内容的重复，还能够为其他专业课程的学习给予更多的空间。此外，也可以将一些普遍性的运动项目精缩，如在进行篮球或排球课程教学时可以调整教学时长，让学生把课余时间利用起来进行训练。

其次是"实"，即针对高职院校的具体情况，融入一些地方特色性的课程。例如，地处河南或河北地区的院校，可以把一些课程的课时比例进行适当性调整（增加武术类课程的课时），对于地处南方区域的院校可增设一些水上运动内容，以满足学生的学习需要。

最后一点是"新"。"新"就是在教学中融入一些新兴的运动项目，如把街舞、跑酷或者滑板等街头运动项目引入教学内容中，这些项目的引入对学生今后的就业或者发展意义重大。

（二）改变传统的教学策略，重视体育教学的科学性

落实教学改革的目的就是优化整体的教学效果，强化学生的综合能力，为国家与社会培养专业能力强、身体素质好的体育人才。而要实现这个目标就要把以下几个环节的工作落实到位。

首先，高职院校对现有的入门要求进行酌情提高，并运用科学的方式优化生源质量。学校在进行招生的过程中要考虑自身的实际情况，优先选择那些具有潜质的学生，在迎合市场的同时要重视生源质量，为培养合格体育教育人才做好充分准备。

其次，是运用科学的方式提高教师的职业素养和专业能力。校方在人才引进上除了设定严要求、高标准之外，还要运用"请进+走出"的培养机制，再配合公平、公正、合理的奖惩机制来全面性强化教师的职业素养和专业水平。

再次，在具体的教学实践中要采取针对性、科学性的思维方式，加大社会体育指导员以及体育运动相关的志愿者的培养力度，这样既能够解决当前中小学体育教师力量不足的问题，还可以完善现有的专业人才培训机制。如果条件允许，教师可以在教学过程中增加一些体育情感的内容。例如，可以引导学生在现有的运动基础上加入自身感兴趣的内容，这样既能够调动学生的学习热情，强化学生的体育求知欲，还可以培养学生终身运动的意识。但值得注意的是，教师在进行体育情感培养的过程中，要严格按照因材施教的教学态度，确保学生能够具备两到三项运动技能。

（三）体现学生的主体性，个人能力与实践锻炼两手抓

和高职院校其他专业的学生相比，体育教育专业的学生除了要具备扎实的理论课程之外，还要拥有良好的实践能力。要实现这个目标，首先要把学生在课堂教学中的主体性体现出来。传统的体育教学中，教师通常是采用"照本宣科"的方式完成教学活动，学生依据教师的要求和示范动作进行练习，整个课堂沉闷、无趣，学生无法将自身的主体性和自主意识体现出来，只能够沿着教师的教学思路走。虽然这样的方式对提高学生的专业成绩会起到一定的作用，但对学生的个性发展和创造意识的培养是极为不利的，有一些学生甚至在学习过程中产生了厌学的念头。为了避免出现此类情况，教师在进行教学活动的过程中要重视学生的主体性，把课堂的主动权交由学生掌握。

在后续的体育教育课程或者其他的教学活动中，学生就能够顺利地激发出自主意识和参与意识，让原本被动的学习模式转化为主动式学习。

其次，教师除了要做好专业领域内的基础教育工作之外，还要重视学生个人能力的培养。通过一些针对性的方式发掘出学生的个人潜力，再把学生的能力融入整体的专业教学活动中，这样就可以确保学生将学到的专业知识和体育技能顺利地向综合素质方向进行转变并且内化。最后是增加体育教学中的实践锻炼内容，能够让体育教育专业的学生切实体验不同教学环境中的具体情况，并从中发现自身的不足之处并进行自我完善，全面提高学生的专业素养和专业水平。

二、"互联网+"体育教学改革策略

（一）互联网+对高校体育教学所起到的作用和影响意义

在开展实际教学活动中，以往教学模式及教学方法都是相对较为有限的，存在时间、空间的限制，而在"互联网+"模式之下则不会存在这种限制及实际问题，将整体课程规模和影响力进行了一定程度上的拓宽、扩大，也让教育逐渐走向全面化、多元化和开放化。[①] 以往教学形态是受限于时间和空间的，在不同时间、空间范围之内所开展相关教学活动，因此教学活动的效率、效果也相对较为有限。

在现如今互联网高度发达不断发展的今天，有关教学不再仅仅局限于课堂，可以拓展到线上和线下，同时，以往交流模式效果和效率较差，尤其学生学习过程中都是由教师讲解并进行自行理解和练习，现如今互联网十分发达的今天，这样的情况不利于学生更好地进行学习和思考，对于学生思维能力和交流能力的发展来说也会存在着一定程度的阻碍和不良影响。而通过"互联网+"则可以较好改变这种不足，改变以往交流方式，线上交流更加开放和多元，学生与教师之间地位更加平等，在不断互换交流的过程中学生知识含量就有所提高。

除此之外，相关方法、模式及环境也对其自身教学理念方面带来了很大程度影响，需要积极认识并修正以往教学理念方面不足之处，才可以更好地提高最终教学质量和教学效果。总体来说，相关大环境及技术视域之下，高校体育教育也需要走向开放化、多元化，需要积极做出有效的教学改革，才可以更好地提高最终教学效果及人才培养的综合质量，提升最终教学与教育的成效，让体育教育在新时代背景下高等人才培养的过程中发挥自身的价值和意义，提高最终教育与教学的成效。

（二）高校体育教学改革策略分析

1.构建体育教学信息化平台

高校体育教育在新时代背景下需要做出积极有效的改变，特别是现阶

---

① 郑烨."互联网+"视域下高校"体育俱乐部"教学模式改革影响因素及对策分析[J].湖南科技学院学报,2018,9（10）:161-162.

段"互联网+"发展十分迅速,所起到的作用和价值也相对较为明显,具体教学及相关操作过程中,需要积极进行信息化平台的建设与构建,从而形成良好的线上相关教学管理模式,提高最终管理及教学工作的实际成效与最终效果。① 教学活动管理现如今需要逐渐走向多元化和全面化,特别是在实际教学等各方面,需要充分认识到相关技术的价值和意义,有效进行实际性应用,进而提高最终管理与教学的效果。在这一过程中,体育教学信息化管理平台所起到的作用十分突出,平台具体在操作过程中可以包括校园体育资讯、在线知识教学、课外体育锻炼签到与记录、社团管理和体育场馆及用地预约、测试数据管理等多方面。

以往教学活动中渗透性相对较差,自身多元化特点也不够明显,很大程度上影响了最终教学与教育的效果情况,不利于最终普遍性教学质量的提高。而在进行教学改革的过程中,采取这样一个平台之后管理合理性及综合性效果就可以得到明显的提高,规避了以往常见教学活动与管理成效方面的问题,带来一个较为积极的影响作用。

以往开展教学活动过程中进行场地的安排和管理难免会出现冲突,其根本原因在于,当出现课程安排变动等情况下,后续安排就会面临一个较大的问题,而相关场地安排方面的问题也会接踵而至。这些问题并不罕见,而利用相关平台开展管理,则可以一定程度上避免出现冲突等问题,提高教学管理的效率和效果。

由此可见,相关平台塑造与构建是教学改革过程中相对基础、相对关键一部分内容,所起到价值和意义也相对较为突出一些,通过有关平台能够实现有效管理,并优化最终管理效果和管理综合成效。

2. 实现立体化混合教学模式的应用

传统体育教学模式中具备一定的单调性,尤其不够关注学生的学习过程,仅仅单独关注教学过程,而对学生的练习等方面仅会关注有关指标,缺乏应有的实际性和全面性,导致很多教学问题的出现,而利用"互联网+"相关模式之后,可以更好地实现立体化混合教学模式应用,并积极关注学生学习兴趣,培养正确的运动习惯,对其成人成才乃至终身发展提供一定程度

---

① 陈丽萍."互联网+"教育时代背景下的高职体育教学改革研究[J].当代体育科技,2017,7(7):249.

的支撑和支持。①

体育教育与德育之间有着密切联系，而以往教学过程中缺乏对学生自主性、主体性方面的关注，导致整体教育和教学缺乏应有的全面化和实际性，给教学效果带来很大程度的问题。而通过线上线下的联系之后，实现立体化混合教学模式应用，就可以利用线上平台辅助学生进行学习，激发学生的学习兴趣，并让教学形式灵活多变起来，优化与提高最终教学质量和教学成效。而在教学过程中，程序也可以得到一定程度改变，可以将以往先教后学的方法转为一个先学后教的模式，课前组织有序目标性自学，课上积极针对问题进行教学，课后则在线上持续跟进。由此可见，相关教学模式所起到价值和意义也相对较为明显。

3. 多元化评价体系

在现阶段高校体育教学过程中，利用"互联网+"可以更好地进行多元化的评价，从而辅助评价指标和评价体系更加科学合理，优化最终效果和最终评价成效，辅助学生对现有体育方面的知识和技能进行一定程度的掌握。② 最终评价的有效性直接反映着学生现有的能力等情况，因此客观评价所起到的作用十分明显，需要结合实际情况有效进行评价，从而从运动习惯、运动能力等多方面进行多元化评价，并系统进行评价数据的处理和对比。

第四节 体育教学的创新实践路径

一、高等体育院校创新创业教育发展趋势

近年来，随着我国产业结构不断调整与升级，促使第三产业得以迅速发展，以服务业尤为突出。体育产业作为新时代新兴服务行业，其发展趋势日新月异，呈现出旺盛的生命力，给予体育类大学生就业取向由传统就业方

---

① 张明,武坤玉,李伟,等.互联网+背景下高校体育产业发展研究[J].明日风尚,2017（15）:205-206.
② 鹿春春."互联网+"背景下高校教学改革的现状与发展研究[J].佳木斯职业学院学报,2019,196（3）:134-135.

式向多元化从业转化的发展格局,更多符合社会需求的体育服务岗位需要具有创新创业素质的体育专业大学生去开拓创业。现阶段,高等体育院校教育仍以注重学生体育理论知识和专业技能培养为主,重视提高学生的专项社会服务水平,而忽略在教育过程中对学生创新创业思维的嵌入,造成学生普遍缺乏创业需要的基本素养和能力,严重制约与影响高等体育院校学生的创新创业选择。通过问卷调查和实地考察,高等体育院校创新创业教育现状如表7-1 所示。

表7-1 体育高校创新创业教育情况一览

	开设情况	激励机制	政策保障	课程体系是否完善	服务平台	校企合作
是（%）	86.3	40.2	41.6	38.7	53.2	41.2
否（%）	13.7	32.5	38.5	48.2	44.3	53.2
其他（%）	0	27.3	20.9	12.1	2.5	5.6

首先,通过走访与调查,目前高等体育院校创新创业教育的数量尤为广泛,但质量相对滞后。相比其他学科,教学师资是影响其质量的主要因素,特别是专任教师的缺乏,已成为其学科建设的主要阻碍。

其次,保障机制缺乏,特别是提高教育质量的激励机制和政策保障尤为突出,部分学校甚至没有与之相匹配的专项资金。

第三,创新创业教育课程体系不够完善。这类问题不仅是高等体育院校创新创业教育的独有问题,也是现阶段高校创新创业教育的共性问题,课程体系不完善,课程教材未能与专项相匹配,其是我国高校创新创业教育发展的瓶颈。

第四,缺乏系统性、科学性的创新创业服务平台,必然导致相应的政策与制度在实际落实时并不能通过系统、科学的统筹与安排,其效果大打折扣。

最后,校企合作深度不够。创新创业教育从理论学习到项目申请、落地,中间历经的所有环节必须由学校知晓,经市场检验,故要求在创新创业人才培养过程中必须融入校企协作的理念。而在教育实际中,极少有学校能形成校企联动培养的协作机制。

诚然,问题是目标实现的方向指引,透过现象看本质,不难发现,我国高等体育院校创业创业教育起步晚,但后劲足,特别是全国体育类创新创业大赛的成功举办以及体育产业在我国的迅速发展,给予高等体育院校创新创业教育发展极大的动力，而现代信息技术的快速发展及其与社会各界融合发展的成功案例又给予其多样化的发展途径。

二、"互联网+"背景下体育院校创新创业教育产教融合路径的内容体系

（一）"互联网+"背景下体育院校创新创业教育产教融合路径的理论基础

深化高等体育院校创新创业教育改革，整体设计需基于体育服务与体育教育的产教融合进一步深化，需符合服务国家和区域体育产业创新发展战略。[①] 因此，高等体育院校创新创业教育产教融合路径要理清体育类创新创业人才培养的内涵特质，以"立德树人"为根本任务，重点加强满足体育产业发展现实需求的体育服务人才培养。另外，通过校企联动，构建基于"互联网+"背景下高等体育院校创新创业教育产教融合的校企协同机制，形成协同推进高等体育院校创新创业服务型人才的联合培养。以此，结合现代化信息技术，创新高效创新创业教育路径，促使企业需求和学生发展需求的有效融会。

同时，树立产教融合的创新创业人才培养理念，构建高等体育院校创新创业教学、实践和科研的有融通机制，实现以人才培养为中心，促进学生全面发展。此外，面向社会的体育服务需求实际，搭建提高学生创新创业能力的互联网平台和项目载体，提高学生信息整合与自主学习能力，引导学生形成一种新的学习方式。

高等体育院校创新创业教育产教融合即将体育产业与创新创业教育密切结合，相互支持，相互促进，使创新创业教育成为人才培养，科学研究，产业服务为一体的产业性经营实体，形成学校与企业互为联动的教育模式。[②] 通过学校进一步对接体育产业需求，主动树立融入业界的理念，树立合作共赢的导向意识，并在管理体制、运行机制及资源配置上加快调整，把深化产教融合路径转化为自身调整发展的内在需求。高等体育院校推进产教融合没有统一固定的模式，其最重要的是要根据体育产业需求实际培养人才，面向

[①] 蔡海云."互联网+"下大学生就业创业平台建设[J].中国成人教育，2018（7）:61-63.

[②] 王慧，林莹懿."互联网+"背景下创客教育与高职创新创业教育融合模式探究——以时装零售与管理专业为例[J].中国职业技术教育,2018（8）:78-81.

解决企业和社会实际问题提高其创新能力和服务水平。

（二）"互联网+"背景下体育院校创新创业教育产教融合路径的内容设置

基于"互联网+"的时代背景，拓展高等体育院校创新创业教育路径，深化高等体育院校创新创业教育改革的时代视角，健全高等体育院校高校创新创业教育运行机制，建立以学生发展为核心，以满足体育产业社会服务为目标，以"立德树人"为根本的高等体育院校创新创业教育的时代路径。[①] 其内容涵盖师资队伍建设、创先创业科研服务、学生创新创业能力发展、网络平台建设、教育活动标准化、成果转化六大模块，并以内容模块为导向，构建了以互联网为工具的"企业需求导向+学生专业发展导向"和"社会需求导向+学生专项实践导向"相融汇以及"互联网+学校教育+学生实践"相融合的高等体育院校创新创业教育路径。该路径中其六大内容模块既独立发展，又在信息技术的支持下实现信息共享，完成内容建设的互为补充。另外，在路径运行时，通过企业、社会与学生的互为融合，集互联网、教育与实践的互为融合，促进高等体育院校创新创业教育路径不仅满足产教融合的社会发展需求，并在信息技术的支持下不断优化升级。其内容构架设置如下图 7-1 所示。

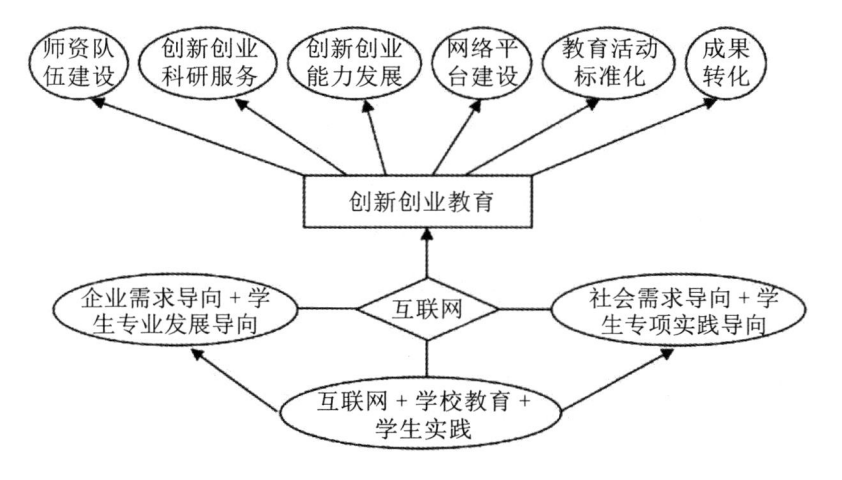

图 7-1 "互联网+"背景下高等体育院校创新创业教育产教融合内容体系构架

---

① 匡艳丽,林于良."互联网+"思维嵌入高校创新创业教育课程建设研究[J].教育探索,2018（1）:66-69.

由图可知，企业与社会需求导向与学生个人发展在网络技术的支持下成互为融汇形式，亦是本研究对体育高校创新创业教育路径的深化改革。首先，通过创新创业与学校专项教育，使学生具备体育产业的基本社会服务能力。通过充分发挥其体育社会服务能力，并由企业和社会市场进行进一步检验，高等体育院校创新创业教育立足于服务体育产业创新驱动需求和服务经济社会发展。主动面向市场需求，由检验结果让学校教育在人才培养结构、质量和水平上主动进行优化调整。另外，创新创业教育的实质是人才驱动，高等体育院校要通过深化创新创业教育教学改革，创新教育路径，使之现代化、科学化，完善创新创业教育体系，促进体育类创新人才的培养质量。

三、"互联网+"背景下高等体育院校创新创业教育的产教融合路径运行策略

高等体育院校创新创业教育随着体育产业的发展正处在快速发展期，为促进教学质量的稳步提高，创新人才培养与体育产业需求的有效衔接，其创新创业教育必须加强推动"互联网+"的课程建设机制，结合产教融合路径，优化创新创业教育的资源配置与信息共享。利用互联网技术加强高校之间、校企之间的联动合作，学生、学校与社会之间的资源互通，建立共建共享共赢的高等体育院校创新创业教育信息平台，不断提升创新创业教育质量，拓展创新创业教育路径。

（一）提高站位，优化创新创业教育理

创新创业是体育产业社会化发展的重要举措，是健康中国的时代主题。高校重视创新创业教育，主动满足体育社会服务需求，不断深化创新创业教育改革，加强体育创新创业人才培养，要积极转变创新创业教育理念，以符合社会发展的时代要求。创新创业教育具有较强的理论性，而体育社会服务强调社会服务的实践性，必须依托产教融合而不断提高学生的社会服务能力和见识。传统高等体育院校的创新创业教育是以教师为中心，明显不适于对学生能力发展的动态监控和个性化教育。结合"互联网+"的高等体育院校创新创业教育，贯穿于产教融合路径全过程，坚持以问题为导向，以能力发展为目标，以信息共享为途径，不断优化创新创业教育路径，树立基于信息技术的产教融合教育理念。

（二）资源整合，联动创新创业教育信息

体育产业于我国的发展起步晚，资源零散，专业程度不高，正因如此，体育产业在我国的发展速度相对滞后，也对我国体育专业人才培养提出更高要求。互联网的兴起极大促进了社会各行各业的互联互通，通过"互联网+高等体育院校创新创业教育"，实现高等体育院校创新创业教育的产教融合及由大数据精准分析课程体系及教学内容与学生现实需求的契合度。"互联网+教育"的产教融合路径将创新创业教育融入学科专业建设之中，融入人才培养全过程，充分利用现代信息技术，充分整合学校之间，校企之间，学生与学校和企业之间的动态信息与现实需求，实现以问题为导向的教学、学习与实践互为联动。从教学角度，合理把控学生学习状态，适时调整满足社会需求的教学方向，不断产出体育产业所需的创新创业人才。从企业角度，提出适合企业发展的人才类型，为学校教育方向调整提供依据。从学生角度，适时发现优质学习资源，实现基于信息技术的多元化学习。可见，通过"互联网+教育"的产教融合路径可有效整合社会、企业、学校、学生等各类信息与资源，实现产、学、研协同创新，为高等体育院校创新创业教育和国家创新驱动发展战略助力。

（三）尊重规律，构建创新创业教育课程模块

体育专业大学生创新创业能力的培养必须以循序渐进为原则，以理论教学为基础，以实践教学为重心，通过信息技术工具，整合高等体育院校创新创业教育课程资源和教学实践平台，结合产业发展需求，提供教学引导方向，基于此，将创新创业教育课程模块化。本研究创新创业教育课程模块适宜遵循有序推进教育规律为基础，形成循序渐进式的高等体育院校创新创业教育课程体系。其模块设置包括队伍建设、创先创业科研服务、学生创新创业能力发展、网络平台建设、教育活动标准化、成果转化六大模块。本课程模块体系的循序渐进主要体现在教育过程随学生年级变化的层次性。首先是基础层次，即创新创业教育的基础课程，主要面向低年级学生，以培养学生创新创业意识为主要目标，结合信息技术对学生数据的过程评估，发现学生创新创业潜力。其次是提高层次，主要面向对创新创业具有较强意愿和较高潜力的学生，以培养学生创业知识、创业技巧和创业技能为目标。最后是实践层次，加强学生创新创业实践与理论相结合，以培养学生体育社会服务能力为目标，提供体育产业服务需求，由网络平台提供创新创业环境，实现产

教融合的穿心创业教育路径。

（四）互联互通，把控创新创业教育过程

以互联网为工具，可把学校、企业、社会与学生在创新创业教育过程有效链接，形成高等体育院校创新创业教育的网络动态系统。在教育资源上，学校之间、校企之间、师生之间实现联动互通，实时共享。在教学活动上，通过课前课后、线上线下、校内校外的师生互动，各高校的课程资源能够得到充分利用。另外，通过互联网教学拉近了教学对象与教师的距离，拓宽产教融合的发展路径。在课程建设上，以互联网为媒介的创新创业课程建设，其目标更加契合体育产业的社会需求，课程内容更加符合学生能力发展需要，课程建设对象更加多元化，形成跨学校、跨行业、跨地域、跨学科、跨专业的创新创业教育课程建设和培育模式，极大提高了体育类创新创业教育课程的质量。

四、"互联网+"背景下高等体育院校创新创业教育的产教融合路径

（一）创新创业教育工作精细化

互联网的广泛应用提高了信息交流的实效性，资源使用的便捷性。当代高校学生属于互联网应用的"原住民"，善于利用网络辅助学习，诚然，"互联网+"背景下高等体育院校创新创业教育符合时下社会发展趋势，学校体育充分认识这一现状，努力开发"互联网+教育"的教学模式，建立以互联网为支撑的高校创新创业教育网络平台，实现对教学过程的课程建设、考核评价、过程监控、创业服务等内容精细化管理。另外，将体育产业行情动态纳入教育平台，通过对行业需求的分类管理，提供学生实践创业的行业发展实时动态，为其创业方向选择提供现实依据。通过积极推送创业教育、创业服务等实时资讯，开辟线上与线下相结合的创新创业教育产教融合的精细化服务路径。

（二）创新创业教学目标专一化

体育教学通常是以强化学生运动技能，加强基础专业知识为主要目标，在不同专业中运动技术与专业理论的比重各不相同，其教学目标又呈现多样化，势必影响学生创新创业能力。本研究在互联网支持下，整合体育产业实

时动态，共享创新创业教学资源，提供创新创业实践网络平台，贯彻以创新创业能力培养为中心的教学策略，坚持把学生创新创业能力培养作为教学目标，坚持以创新创业所需的心理品质、创业意识和创业能力教学主线，兼顾体育专项技术和专业理论，根据学龄按层次开展教学活动，使创新创业教学目标不断集中统一。同时，"互联网+"背景下高等体育院校创新创业教育的产教融合路径也彰显了学生创新创业能力培养教学要求，突出了探究思考、自主学习和主动实践的现代教育特征。

（三）创新创业教育与实践链式服务

"互联网+"背景下的高等体育院校创新创业教育产教融合路径提供学生创新创业学习与创新创业实践以链式服务，将创新创业教育划分为理论学习、创新创业孵化和创新创业转化三个阶段。在理论学习阶段，通过对学生创业能力的初始评估，提供创新创业能力发展的个性化教学方案，实现教学过程的因材施教。在孵化阶段，通过大数据匹配技术，先完成项目自动筛选，再由指导教师精选契合体育产业发展动态的创新创业项目进入孵化阶段。在筛选过程通过竞争激发学生的创作热情，同时选拔适合进入创新创业培养链的优秀项目进行培养。而在转化阶段，通过校企联动，将创新创业项目投入市场化自主运营，在企业的指导下，由市场检验创新创业的可行性。经过一系列的创新创业能力链式培养，实现对学生创新创业能力渐进式提高。而在其中取得成功创新创业的案例又可反馈于创新创业教育，进一步引导创新创业的教育方向选择。

参考文献

[1] 马腾 , 孔凌鹤 . 现代体育教学改革与信息化发展研究 [M]. 北京 : 中国商业出版社 ,2018.

[2] 受中秋 , 王双 , 黄荣宝 . 高校体育教育发展与改革探究 [M]. 长春 : 吉林大学出版社 ,2018.

[3] 刘大维 , 胡向红 . 新时代高校体育教育专业人才培养模式理论和实践研究 [M]. 成都 : 四川大学出版社 ,2019.

[4] 周怀玉 . 未来高校体育教师必备素质研究 [M]. 长春 : 吉林文史出版社 ,2017.

[5] 刘伟 . 高校体育教育创新理念与实践教学研究 [M]. 北京 : 九州出版社 ,2019.

[6] 周遵琴 . 高校体育教学改革与发展 [M]. 成都 : 电子科技大学出版社 ,2015.

[7] 史振瑞 . 移动健康和智慧体育互联网 + 下的高校体育革命 [M]. 天津 : 天津社会科学院出版社 ,2018.

[8] 闫二涛 . 中国高等体育教育改革之路 [M]. 北京 : 知识产权出版社 ,2019.

[9] 王崇喜 . 体育课程与教学改革研究 [M]. 郑州 : 河南大学出版社 ,2014.

[10] 沃克·索尔克 . 彭少麟 , 等 . 弹性思维 : 不断变化的世界中社会—生态系统的可持续性 [M]. 北京 : 高等教育出版社 ,2010.

[11] 苏竞存 . 中国近代学校体育史 [M]. 北京 : 人民教育出版社 ,2014.

[12] 王建 . 体育专业课程改革与发展 [M]. 武汉；华中师范大学出版社 ,2003.

[13] 马波 . 现代教育理念下体育教学的发展和探索 [M]. 北京 : 中国商务出版社 ,2016.

[14] 顾明远 . 教育大辞典 [M]. 上海 : 上海教育出版社 ,1998.

[15] 贾振勇 . 体育教学改革与实践应用探究 [M]. 北京 : 新华出版社 ,2018.

[16] 郭磊 . 体育教育的新视野 [M]. 长春 : 吉林大学出版社 ,2015.

[17] 黄宗英 . 通识教育必修课教学方法改革与实践 [M]. 长春 : 吉林出版集团有限责任公司 ,2012.

[18] 曲宗湖 , 刘绍曾 . 新中国学校体育 50 年回顾与展望 [M]. 北京 : 北京体育大学出版社 ,2000.

[19] 沈建敏.体育教学创新与运动训练研究[M].北京：新华出版社,2018.

[20] 戴信言.高校体育教学多种模式的探索[M].北京：中国原子能出版社,2016.

[21] 马鹏涛.高校体育教学改革创新与科学化训练研究[M].北京：新华出版社.2018.

[22] 陈栋,侯子章,周利明.终身体育视域下高校体育教学改革实施路径探讨[J].中国多媒体与网络教学学报(中旬刊),2021(1):102–104.

[23] 罗旌信.论高职体育教学中人文理念的融合策略[J].齐齐哈尔师范高等专科学校学报,2020(6):120–121.

[24] 张觅.高职院校体育教育教学改革探讨[J].现代职业教育,2020(40):210–211.

[25] 蔡科."健康中国2030"背景下社区体育文化建设与高校体育人才培养协同发展探讨[J].当代体育科技,2020(14):1–2.

[26] 秦敏,李正花,孔令明.基于DEA模型的高校体育教学评价改革的思考[J].体育科技文献通报,2020(5):75–76,82.

[27] 万屏.互联网+背景下高校体育教学改革策略分析[J].当代体育科技,2020(9):2–3.

[28] 李鹏举."互联网+"背景下的高校体育教学改革策略分析[J].当代体育科技,2019(36):4,6.

[29] 张洪波,连洋,唐云松.新媒体信息时代下新型高校体育教学改革研究[J].黑龙江科学,2019(19):38–39.

[30] 刘冠楠,王庆然."互联网+"与高校公共体育教育人才培养融合的策略[J].科技资讯,2019(28):224,226.

[31] 王思明."互联网+"背景下高等体育院校创新创业教育的产教融合路径研究[J].广州体育学院学报,2019(4):125–128.

[32] 安维强.素质教育视野下的大学体育教学改革实践路径研究[J].青年与社会,2019(15):93.

[33] 储庆桂,王亮.高校体育"教训赛一体化"模式探讨[J].开封教育学院学报,2019(5):127–128.

[34] 辛金花.素质教育视野下的大学体育教学改革实践路径研究[J].文体用品与科技,2019(7):149–150.

[35] 王瑞.素质教育视野下的大学体育教学改革实践路径研究[J].休闲,2019(3):125.

[36] 王家林.多媒体网络教学平台在高校体育教学中的应用[J].文体用品与科

技,2018(22):110–111.

[37] 郭铜樑."互联网+"时代地方高校体育创新型人才培养体系的构建研究[J].课程教育研究,2018(35):206–207.

[38] 轧学超,刘晋芳.我国大学体育教材优化探微[J].长江丛刊,2018(20):225.

[39] 王长平,任国莉,李秀霞,等."互联网+"时代地方高校创新型人才培养体系的构建[J].科技创业月刊,2017(15):48–49.

[40] 苏颜博,张洪波,连洋.新媒体信息时代下的新型高校体育教学改革[J].体育科技,2017(2):40–41.

[41] 郭振东.我国体育人才培养创新战略及市场战略[J].经济研究导刊,2017(16):139–140.

[42] 闫站站.浅析基于应用型人才培养的高校体育教学[J].吉林广播电视大学学报,2017(4):74–75.

[43] 张翔."以生为本"的公共体育教育评价改革探究[J].当代体育科技,2015(16):110–111.

[44] 江文奇.学校体育思想耦合路径研究[J].体育研究与教育,2015(3):56–59+76.

[45] 杨振宇.弘扬人文体育精神促进体育强国战略的建设[J].大连大学学报,2015(1):102–105.

[46] 苏云志.从我国学校体育教学思想的变迁审视我国学校体育教学改革[J].当代体育科技,2013(1):67–68.

[47] 张楠.以"快乐体育"教学思想推进高校体育改革[J].产业与科技论坛,2012(14):159–160.

[48] 马天龙,齐林,赵禹.人文素质教育理念下的体育教学改革[J].河北大学成人教育学院学报,2011(1):78–80.

[49] 张新华.对现代体育发展趋势的探讨[J].齐齐哈尔大学学报(哲学社会科学版),2007(6):172–173.

[50] 钱应华.论基于创新型体育人才培养的高校体育专业教学模式改革[J].中国电力教育,2008(9):157–158.

[51] 仇建生.健康第一目标下学校体育教学思想方法的改革[J].南通大学学报(教育科学版),2005(2):76–79.

[52] 江文奇,袁国良,刘广路.学校体育思想回报总和最优化的实施平台构建研究[J].山东体育科技,2014(4):87–91.

[53] 黄力生.中国近、现代学校体育思想的演进与发展过程[J].武汉体育学院学报,2009(5):88-89.

[54] 陈万红.我国学校体育教学指导思想的历史嬗变与反思[J].体育文化导刊,2015(3):127.

[55] 武海潭,季浏.中国近现代学校体育思想范式的流变—基于社会学视角的审视[J].北京体育大学学报,2013(6):109-114.

[56] 张洪潭.体质论与技能论的矛盾论[J].体育与科学,2000(1):8-16.

[57] 张洪潭.体育教学思想起论、互补原理与技术健身论[J].上海体育学院学报,1994(1):89-96.

[58] 陈琦.以终身体育思想作为学校体育主导思想的研究[J].华南师范大学学报(社科版),2003(1):105-111.

[59] 喻坚.以"健康第一"思想作为学校体育主导思想的研究[J].北京体育大学学报,2005(5):661-665.

[60] 张蓉."各美其美,美人之美,美美与共"——全球化背景下中国基础教育改革走向[J].教育与教学研究,2011(4):45-48+58.

[61] 江文奇,袁国良.学校体育思想集置状态的内生态机理构建研究[J].北京体育大学学报,2014,37(9):105-110.

[62] 邵伟德.我国现代各种学校体育思想的比较与指导思想框架构设[J].北京体育大学学报,2002(6):800-802.

[63] 刘进城.人文理念在高职院校普通体育教学中的应用研究[J].延边教育学院学报,2019,33(3):106-108.

[64] 焦献策.浅谈人文教育在高职体育教学中的应用[J].太原城市职业技术学院学报,2018(7):134-135.

[65] 严巍.人文理念在高职体育教学中的应用[J].当代教育实践与教学研究,2017(11):127-126.

[66] 王海龙.高职体育教学实践中人文理念的融入实践探寻[J].当代体育科技,2017,7(5):197-198.

[67] 王凤仙.论体育与人文教育结合下的高职体育创新[J].牡丹江教育学院学报,2014(7):105-106.

[68] 郭思华.高职院校体育教育中渗透人文教育理念与依据[J].当代体育科技,2012,2(22):55-56.

[69] 刘斌. 何志林体育专业教育领域"学科"与"术科"之争辩[J]. 上海体育学院学报,2009,1:91-93.

[70] 王建. 体育专业教育中"学科"与"术科"问题[J]. 天津体育学院学报,1999(4):50.

[71] 华卫平. 大学体育教材数字化及共享建设研究[J]. 郑州航空工业管理学院学报(社会科学版),2017,36(5):140-144.

[72] 沈建峰,巴登尼玛,范峰,等. 高等师范院校公共体育课教材应具备的特征与现存问题的改进[J]. 首都体育学院学报,2016,28(4):317-322.

[73] 朱艳,杨健科,郭睿南,等. 论大学体育数字教材的开发策略[J]. 当代体育科技,2016,6(31):41-43.

[74] 孙宏安. 关于教学评价概念的一个注记[J]. 大连教育学院学报,2015,31(2):1-3.

[75] 翟苏莹. 教育评价概念探析[J]. 齐齐哈尔师范高等专科学校学报,2016(2):27-28.

[76] 张晓明,王应明,施海柳. 考虑非期望规模收益的创新型企业并购决策[J]. 运筹学学报,2018,22(1):42-54.

[77] 田迅,李林. 课程与教学评价的发展趋势[J]. 现代教育科学,2011(02):112-114.

[78] 连洋. 素质教育视野下的大学体育教学改革实践路径研究[J]. 黑龙江高教研究,2016,(6):82-84.

[79] 郑烨. "互联网+"视域下高校"体育俱乐部"教学模式改革影响因素及对策分析[J]. 湖南科技学院学报,2018,39(10):161-162.

[80] 陈丽萍. "互联网+"教育时代背景下的高职体育教学改革研究[J]. 当代体育科技,2017,7(7):249.

[81] 张明,武坤玉,李伟,等. 互联网+背景下高校体育产业发展研究[J]. 明日风尚,2017(15):205-206.

[82] 鹿春春. "互联网+"背景下高校教学改革的现状与发展研究[J]. 佳木斯职业学院学报,2019,196(3):134-135.

[83] 蔡海云. "互联网+"下大学生就业创业平台建设[J]. 中国成人教育,2018(7):61-63.

[84] 王慧,林莹懿. "互联网+"背景下创客教育与高职创新创业教育融合模式探究——以时装零售与管理专业为例[J]. 中国职业技术教育,2018(8):78-81.

[85] 匡艳丽,林于良. "互联网+"思维嵌入高校创新创业教育课程建设研究[J]. 教育探索,2018(1):66-69.

[86] 杜红艳. 新时代产教融合下高职会计人才培养策略分析[J]. 淮北职业技术学

院学报,2019,18(2):24-27.

[87] 李兴会.产教融合背景下焊接专业人才培养模式优化策略[J].智库时代,2019(22):241-242.

[88] 王振亚,薛壮.互联网+在高校体育发展中的作用与趋势[J].体育世界:学术版,2018(4):34-35.

[89] 王继娜.近代我国学校体育思想的回顾与展望[J].体育科学研究,2016,(1):9-13+36.

[90] 邵伟德.试论近代我国学校体育思想发展[J].体育科学,2001,(05):14-16.

[91] 李亮亮.泛珠九省区金融资源配置效率的实证研究[D].海南:海南大学,2015.

[92] 刘斌.我国高校体育教育专业技术学科课程建设研究[D].上海:上海体育学院,2009.

[93] 康娜娜.新中国成立以后我国学校体育思想的嬗变及其发展研究[D].徐州:中国矿业大学,2014.

[94] 赵庆军.能力本位视域下的体育教育专业人才培养改革研究[D].天津:天津师范大学,2018.